ラテンアメリカの
LGBT

権利保障に関する6か国の比較研究

畑 惠子
[編著]

明石書店

謝　辞

　「ラテンアメリカにおける LGBT の権利保障」に関する共同研究を初めて
立ち上げたのは 2018 年 4 月のことであった。奇しくもこの年にある国会議
員による「LGBT には生産性がない」と題する記事が雑誌に掲載された。そ
れを機に、LGBT という総称が広く知られ、LGBT の人々を取り巻く環境や
権利についての議論がマスコミを賑わせることになった。

　2018 年度は早稲田大学特定課題 B の研究助成を得て、すでに同性婚が認
められていた 3 か国（アルゼンチン、ブラジル、メキシコ）を対象として、LGBT
運動と法整備の実態解明を始めた。なぜ、これらのラテンアメリカ諸国では
国際的にみても「先進的」といえるほどに権利保障が進んだのか、という素
朴な疑問から始めた研究であった。だがその過程で、日本ではジェンダー・
セクシュアリティ研究者の間でも実際に運動に関わる人たちの間でも、この
地域の実態について関心がもたれていないことに鑑みて、ラテンアメリカ地
域研究に携わる者として、この研究がもつ意味を考えるようになった。

　2019 年度～ 21 年度には日本学術振興会・科学研究費（基盤研究 B［一般］課
題番号 19 H 04371）を得て、「LGBT の権利保障に関するラテンアメリカ主要 6
カ国の比較研究」を継続した。

　対象国を 6 か国に広げ、LGBT 権利保障の進捗度によってもっとも進んだ
アルゼンチン、ブラジル、ある程度進んだメキシコ、コスタリカ、遅れてい
るペルー、ニカラグアとグループ化することにより、促進要因と阻害要因、
地域としての特徴を明らかにできると考えた。こうして 7 人による共同研
究が始まったが、本格的な現地調査を予定していた 2019 年度末から新型コ
ロナ感染が拡大し、海外調査ができなくなったことは予期せぬ事態であった。
だがオンラインを活用して、現地研究者ともネット等で連絡を取り合い、痛
手の補塡に努めた。さらにパンデミックを理由として 2022 年度まで科研費
研究が 1 年間の延長を認められたことにより、2019 年度末から途絶えてい
た海外調査を 2022 年度後半に行うことが可能となり、政情不安定なニカラ
グアを除く 5 か国で、7 人全員が現地調査を実施した。

研究を始めた 2018 年度から、研究会での講師として、あるいは学会発表での討論者として、専門家の方々から新たな知見と貴重な助言をいただいた。谷口洋幸氏（青山学院大学）、砂川秀樹氏（明治学院大学ボランティアセンター）、浅倉寛子氏（メキシコ・社会人類学高等研究所 CIESAS）、菊池啓一氏（ジェトロ・アジア経済研究所）、杉山知子氏（愛知学院大学）、ウアクス・エリアス氏（María Guadalupe Huácuz Elias, メキシコ・首都自治大学 UAM-Xochimilco）、トーレス・ファルコン氏（Marta Torres Falcón, UAM-Azcapotzalco）、『東南アジアと「LGBT」の政治』（明石書店）の共編者である日下渉氏（東京外国語大学）・青山薫氏（神戸大学）・伊賀司氏（中京大学）・田村慶子氏（北九州市立大学）に心より感謝を申し上げる。

また私たちの研究に関心を寄せ、何度も発表の場を設けてくださった在日メキシコ大使館にも謝辞を表したい。2023 年 5 月に開催された同大使館主催、アルゼンチン大使館・ブラジル大使館共催の「ラテンアメリカと日本──婚姻平等　同性婚獲得への道」と題するシンポジウムには本書執筆者の 3 名が登壇し、日本の活動家や大使館関係者と意見交換をすることができた。宇佐見耕一氏（同志社大学）の科研グループからも講演の機会をいただいた。

本書は、学術振興会・科学研究費（研究成果公開促進費・課題番号 24P518）を得て刊行されるものである。出版を引き受けてくださった明石書店、および編集者の佐藤和久氏にお礼を申し上げる。

『ラテンアメリカの LGBT──権利保障に関する 6 か国の比較研究』と題する本書の刊行により、日本で初めてラテンアメリカ主要 6 か国の LGBT の権利保障の現状とそれに至る過程についての研究成果を紹介できることは、私たちにとって大きな喜びである。ここでお名前すべてをあげることはできなかったが、これまで私たちの研究活動にご協力と励ましをくださった学術振興会、内外の研究機関、研究者、そして活動に関わっておられる諸団体のみなさまに感謝の意を表したい。

編著者　畑　惠子

2024 年 12 月

ラテンアメリカの LGBT
―― 権利保障に関する 6 か国の比較研究

目　次

謝辞 /　*3*
地図　本書で取り上げるラテンアメリカ 6 か国 /　　*8*

序章　LGBT の権利保障をめぐる政治〔畑 惠子〕 ·············· *9*
はじめに　LGBT をめぐる世界の二分化 /　*11*
1. ラテンアメリカにおける権利保障の実態 /　*14*
   （1）20 か国の概要 / *14*　　（2）6 か国の LGBT 権利 / *19*
2. LGBT の多様性と運動のジレンマ /　*24*
   （1）LGBT とは / *25*　　（2）LGBT 運動のジレンマ / *26*
3. LGBT を取り巻く環境とアイデンティティ・運動の変化 /　*28*
   （1）カトリック教会の支配と同性愛 / *29*　　（2）ローカルな文化の形成 / *30*
4. 黎明期の解放運動――ゲイかホモセクシュアルか /　*33*
   （1）ストーンウォール暴動の遺産 / *33*
   （2）ラテンアメリカ――欧米の影響と独自の展開 / *34*
5. エイズ・民主化・経済危機の時代と LGBT/　*37*
   （1）米国における HIV エイズと LGBT 運動 / *38*
   （2）ラテンアメリカ諸国のエイズ対応 / *39*
   （3）エイズと LGBT 組織・運動の変化 / *41*
6. LGBT 権利の政治争点化とバックラッシュ /　*46*
   （1）国際人権枠組みにおける LGBT の権利とラテンアメリカ / *46*
   （2）米州人権条約と米州人権裁判所 / *49*
   （3）対抗勢力のせめぎ合いとバックラッシュ / *52*
7. 本書の構成 /　*57*

1 章　アルゼンチン：同性婚合法化のその先に
　　　　――トランスジェンダーの権利保障〔渡部奈々〕 ············· *63*
はじめに /　*65*
1. アルゼンチンにおける LGBT の権利保障 /　*65*
   （1）政治・社会 / *65*　　（2）市民運動 / *70*
   （3）法律・制度 / *73*　　（4）宗教 / *79*
2. トランスジェンダーの人権をめぐる動き /　*84*
   （1）カサ・アニミ / *86*　　（2）モレノ市ダイバーシティ課 / *91*
   （3）モレノ市総合運動場 / *95*　　（4）モチャ・セリス学校 / *98*
おわりに /　*101*

6　　ラテンアメリカの LGBT

2章　ブラジル：性的マイノリティの権利
　　　　——その保障と世界最大パレードによる主張〔近田亮平〕………… *105*
はじめに / *107*
1.　ブラジルにおける LGBT の権利保障 / 　*108*
　（1）政治——選好されてきた社会的マイノリティ擁護 / *108*
　（2）市民社会——性的マイノリティの権利主張の歩み / *111*
　（3）宗教——家族観や倫理にもとづく主張と政治的活動 / *112*
　（4）法律・制度——性的マイノリティの権利保障の試み / *114*
2.　プライド・パレード——世界最大級の性的マイノリティの
　　主張と可視化 / 　*119*
　（1）ブラジルのプライド・パレード / *119*
　（2）世界最大級のサンパウロ市のプライド・パレード / *120*
　（3）スローガンにおける主張とパレードの継続 / *122*
おわりに——寛容性と排他性が衝突し合うブラジル / 　*124*

3章　ペルー
　　　　——「拒否権プレーヤー」が阻止する LGBT の権利保障〔磯田沙織〕
　　　　……………………………………………………………………… *131*
はじめに / *133*
1.　ペルーにおける LGBT の権利保障 / 　*136*
　（1）市民運動 / *136*　　（2）政治 / *141*　　（3）宗教 / *144*　　（4）制度 / *145*
2.　LGBT の権利保障を阻む「拒否権プレーヤー」/ 　*147*
　（1）制度整備の条件とペルーの現状 / *148*　　（2）カトリック教会とプロテスタン
　ト福音派 / *150*　　（3）左派政治家を含む保守勢力 / *152*　　（4）地域間格差と首
　都圏以外在住の保守層 / *153*
おわりに / 　*156*

4章　ニカラグア
　　　　——LGBT（性的マイノリティ）の権利なき可視化〔松久玲子〕… *159*
はじめに / *161*
1.　ニカラグアにおける LGBT の権利保障 / 　*162*
　（1）LGBT 運動と政治 / *162*　　（2）宗教と性的マイノリティ / *168*
　（3）LGBT の権利保障と法整備 / *171*　　（4）市民社会と LGBT 運動 / *173*
2.　LGBT 運動への罠——フェミニズム運動との連携 / 　*177*
　（1）刑法 204 条（ソドミー法）下におけるフェミニストとの連帯 / *178*
　（2）オルテガの帰還とフェミニストとの対立 / *182*
　（3）オルテガ政権の LGBT 文化支援 / *183*
　（4）2018 年危機以降の弾圧 / *185*
おわりに / 　*187*

目　次　　7

5 章　メキシコ
　　　──連邦主義と司法による同性婚の拡大〔上村淳志〕················· 193
はじめに / 196
1.　首都メキシコシティにおける先進的な LGBT 運動と権利保障 / 197
　　（1）首都における LGBT 運動の展開 / 197　　（2）政党別の LGBT への態度 / 201
　　（3）LGBT に関するキリスト教諸派の立場 / 204
　　（4）LGBT の権利保障の法的および制度的な展開 / 205
2.　同性婚認可の時期に大幅な差がある北東部 3 州 / 212
　　（1）コアウイラ州──二人のアライに支えられた LGBT の法的な権利保障の先進
　　　　州 / 213
　　（2）ヌエボ・レオン州──LGBT 運動の早期展開と同性婚認可の大幅遅延 / 216
　　（3）タマウリパス州──同性婚認可の一番遅れた最も保守的な州 / 219
　　（4）北東部 3 州における LGBT 運動の展開と同性婚認可プロセスの多様性 / 222
　　おわりに──日本への視座 / 224

6 章　コスタリカ
　　　──民主主義体制における保守主義と LGBT の権利保障〔尾尻希和〕
　　　·· 231
はじめに / 233
1.　コスタリカの LGBT の権利保障 / 234
　　（1）宗教 / 234　　（2）法律・制度 / 237　　（3）政治 / 240　　（4）市民運動 / 243
2.　コスタリカのナショナル・アイデンティティ形成と宗教 / 249
　　（1）コスタリカの独立 / 250
　　（2）国家建設としての自由主義政権による反カトリック法 / 252
　　（3）コスタリカにおけるナショナル・アイデンティティの形成 / 253
　　（4）政府とカトリック教会の間の相互承認メカニズムの確立 / 255
　　おわりに / 257

終章　6 か国比較からみる
　　　ラテンアメリカの LGBT 権利保障の特徴〔畑　惠子〕············· 263
1.　目的・手法と各国のまとめ / 265
2.　促進要因と阻害要因 / 267
　　（1）民主化・経済危機・HIV エイズ流行 / 267
　　（2）地域および国際的な人権保護枠組みと LGBT/ 269
　　（3）宗教とセクシュアリティの政治的争点化 / 271
3.　「性とジェンダーの多様性」がもつ含意 / 274
4.　日本への示唆と総括 / 277

索引 / 280

地図　本書で取り上げるラテンアメリカ6か国

序　章

LGBT の権利保障をめぐる政治

畑　惠子

世界の LGBT 関連年表

西暦	地域・国	出来事
1969	米州	米州人権条約制定。1978 年に発効
1969.6	米国	ストーンウォール暴動
1970.6	米国	初めてのプライド・パレード
1978.8		国際ゲイ・レズビアン協会の前身が発足。1986 年に ILGA に名称変更
1981	米国	最初のエイズ症例の報告
1987	米国	同性愛を疾病から削除
1986	バチカン	ラツィンガー枢機卿署名の書状「同性愛者の司牧的ケア」にて同性愛者批判。しかし同性愛者への暴力は批判
1989	デンマーク	世界初の同性登録パートナーシップ制度
1990	WHO	国際疾病分類「精神障害と行動障害」から同性愛の削除
1999	フランス	連帯市民契約（PACS）
2001	オランダ	同性婚の合法化
2003.4	国連	人権委員会に「人権の推進と保護決議案」をブラジルが提出。しかし強い反対を受けて 2005 年に取り下げ
2005	スペイン	同性婚の合法化
2006	南アフリカ	同性婚の合法化
2006.11	国際人権法専門家会議	「ジョグジャカルタ原則」採択 2007 年 3 月、国連人権理事会はこの適用原則を承認
2007	バチカン	ベネディクト 16 世　同性婚への反対を再確認
2008	国連	「人権、SOGI に関する共同声明」66 か国賛同
2008	米州機構（OAS）	人権保護を SOGI に拡大することを総会にて全会一致で承認
2011.6	国連人権理事会	「人権、性指向・性自認に関する決議」（SOGI 決議）採択
2012	国連人権高等弁務官事務所	冊子 "Born Free and Equal - Sexual Orientation and Gender Identity in International Human Rights Law" を発行
2012	米州人権裁判所	アタラ・リフォ対チリ裁判でチリ最高裁判決に対して米州人権条約違反との判断
2013	ロシア	同性愛プロパガンダ禁止法 2014 年それに反対して欧米首脳はソチ五輪開会式を欠席
2014	WHO 他	性別変更のために手術（生殖腺の除去等）を要件とすることに反対する声明を発表
2016.6	国連人権理事会	「SOGI を理由とする暴力と差別からの保護」に関する決議採択。ラテンアメリカ 7 か国などが共同提出
2017.12	米州人権裁判所	意見勧告で米州人権条約が同性婚を認めているとの判断
2019.2	バチカン教育省	「神は人を男と女に創造された」を発表し、ジェンダー・イデオロギーを批判
2019.2	台湾	特別法により同性カップルに婚姻と同じ法的効力を承認。アジア初
2021.3	バチカン	「同性婚は祝福できず」と公式見解
2023.11	ネパール	同国初の同性婚の登録承認。2024 年 4 月から全国的に可能に

はじめに　LGBT をめぐる世界の二分化

　21 世紀に入ってから、セクシュアリティやジェンダーの多様性に関する
議論は、国際社会においても、ラテンアメリカなどの地域社会においても、
一国内においても、世論を二分する争点の一つとなっている。LGBT と称さ
れる人々に平等の権利を認めるか否か、認めるのであればどのような権利を
どの程度容認するのか。こうした問題をめぐって、LGBT の人々を十全の権
利をもつ社会の成員として包摂しようとする、あるいは社会から排除・周縁
化しようとする、二つの対抗する力がせめぎ合っているからである。日本で
も状況は同じだが、LGBT の権利を特別なものとみなす傾向にあり、他の市
民の権利を脅かす可能性はないか、両者をどのように調整すべきかなど、欧
米先進国からみれば"後進的な"議論が繰り返されている。2023 年 6 月に
は「性別指向及びジェンダーアイデンティティの多様性に関する国民の理解
の増進に関する法律」（通称、LGBT 理解増進法）が施行されたが、そこには性
的指向・性自認を理由とする差別の禁止さえも明記されていない。

　本書が対象とするのはラテンアメリカである。日本ではほとんど知られて
いないが、この地域では半数の国で同性婚が認められ、地域人口の 75％が
性別にかかわらず結婚し、家族をもつ法的な権利を享受している。西欧、北
米につづく LGBT に寛容な地域といえる。先進国でも西欧でもないラテン
アメリカでなぜ、どのようにして権利が保障されてきたのか。LGBT の人々
の包摂はその後の社会にどのような問題と課題を残しているのか。他方、な
ぜ半数の国で権利保障が進んでいないのか、なにがそれを阻んでいるのか。
LGBT の権利保障に関して地域が二分化し、各国内でも激しい議論が続いて
いるラテンアメリカは、現代世界の LGBT をめぐるさまざまな政治力学を
考える上で、重要な事例であろう。

　LGBT とはレズビアン (L)、ゲイ (G)、バイセクシュアル (B)、トランスジェ
ンダー (T) の英語の頭文字を組み合わせたことばであり、性的（セクシュアル）
マイノリティとも呼ばれる。その対極に想定されるのが性的マジョリティで
ある。性的指向（だれを性愛の対象とするか、sexual orientation: SO）および性自認

12　　ラテンアメリカのLGBT

（生物学的な性と関係なく自分が自身の性別をどのように感じているか、gender identity:
GI）はすべての人がもつ属性として認識されるようになってきたが、異性に
性的感情を抱き、出生時に生物学的に割り当てられた性別に違和感をもたな
い人々が多数を占めることから、それが「当たり前」「普通」「そうあるべき」
という考え方が疑われることはなかった。それは異性愛規範（heteronormativity）
と呼ばれ、人間は男女どちらかの性別をもち（男女二元論）、異性を性愛の対
象とする（するのが自然）という考え方である。そのもとで性的マイノリティ
は見えない存在とされたり、スティグマ化されて差別・排除の対象になった
りしてきた。

「クローゼット」の中に身を隠し、ひっそりと生きてきた性的マイノリティ
がそこから出て、「我々はここにいる」と声を上げ始めるのは20世紀後半の
ことである。当初は「同性愛者」がその中心にいたが、徐々に「同性愛者」
という括りに違和感をもつ人々が新たな名称をもつようになった。そしてク
エスチョニング（性的指向・性自認が特定できない、あるいは特定しない人）または
クイア（規範的異性愛以外の性的指向・性自認をもつ人々の包括的総称）の「Q」あ
るいは「＋」を加えて、LGBTだけではないという意味を込めてLGBTQ＋
と表記されるようにもなってきた。本書ではあえて各章の表記を統一しない
が、「LGBT」と表記してもそこにはさまざまなアイデンティティが含まれ
ており、セクシュアリティ・ジェンダーが多様で複雑であるという前提に立っ
ている。

　現在、世界でLGBTの人々はどのような状況にあるのか。「同性愛者」だ
けがLGBTやその要求を代表しているわけではないが、理解を容易にする
ため、ここでは同性カップルの権利をとりあげる。国連に加盟する194か国
中、同性間性行為自体が違法でないのは131か国、違法（いわゆるソドミー法
がある）とするのは62か国（事実上違法である2か国を含む）であり、そのうち
7か国では死刑の可能性もある[1]。それらはアフリカ（31か国）、アジア（20
か国）に位置し、多くはイスラーム国であるが、カリブ（5か国）、オセアニ
ア（6か国）においてもソドミー法が有効な国がある[2]。このように全世界

[1] 男性間性行為は非合法国すべてで犯罪とみなされるが、女性間の場合は罪に問われない国もあ
る。
[2] ILGA World Database, "Legal Frameworks/ Criminalisation of Consensual Same-Sex Sexual Acts."

の3分の2の国家ではもはや成人間の合意にもとづく同性間性行為は犯罪ではないが、同性婚承認国／地域となると、2024年5月時点でその数は37にすぎず、そのうち25か国はヨーロッパ諸国、米国・カナダ、オーストラリア・ニュージーランドである〔3〕。だがここで注目すべきは、その他の12か国にラテンアメリカ9か国、南アフリカ、台湾、ネパールといった非欧米諸国が含まれていることである〔4〕。これは同性カップルに対する権利保障の動きが欧米先進国だけにとどまらないことを意味している。

　非欧米、非先進国の中でとりわけ目をひくのはラテンアメリカである。この地域は20か国もしくは19か国から構成される〔5〕が、前述のとおり、その半数で同性婚が認められ、地域人口の75％が法的にはその権利をもつ。このようなカバレッジの広さだけでなく、数か国においては同性婚の承認時期の早さ〔6〕も際立っている。ラテンアメリカ地域にはカトリシズムやマチスモ（machismo）にもとづく文化的土壌がある。マチスモとは男性優位主義を意味し、男性性の過度な誇示を求め、その裏返しとして女性蔑視・女性の従属などを当然とみなす。「男らしく」「女らしく」という男女の行動規範が強い社会は、多様なセクシュアリティ・ジェンダーのあり方に決して寛容とはいえない。また厳然たる社会経済的格差や差別・暴力の蔓延などにより、平等や人権が尊重されている社会でもない。それにもかかわらず、なぜ半数の国で同性婚が承認されたのか。また文化・伝統・価値観の同質性が高いにもかかわらず、国によって権利保障の進捗に不均衡があるのはなぜか。その背景にある諸要因を明らかにすることは、LGBTの権利保障をめぐる動態を

---

https://database.ilga.org（2024年5月26日閲覧）。ILGA（International Lesbian, Gay, Bisexual, Trans and Intersex Association, 国際レズビアン・ゲイ協会）は1978年設立の国際団体で、現在600以上の関連団体が参加している。また国連の非政府団体として諮問資格を獲得した。そのデータベースからは国連加盟国および非独立地域のLGBTに関する情報を入手できる。

〔3〕同性婚の他に同性間の登録パートナーシップなどの制度をもつ国も23か国あるが、その中には同性婚が認められている国も多い。登録パートナーシップ制度とはシビル・ユニオン（民事的結合）に婚姻における配偶者に準ずる法的地位を与えるもので、日本の地方自治体のパートナーシップ制度とは異なる。

〔4〕EMA日本「世界の同性婚」http://emajapan.org/promssm/world（2024年3月30日閲覧）タイでも同性婚法案が審議中であり、2024年に通過する見込み。

〔5〕スペイン・ポルトガルから独立した19か国からなる文化的・歴史的に同質性の高い地域だが、フランスの旧植民地のハイチを加えることもある。

〔6〕アルゼンチンは世界で10番目に、ブラジルは12番目、ウルグアイは14番目、メキシコは18番目に合法化された（EMA日本「世界の同性婚」）。

非西欧社会も含めたグローバルな視点から捉え直すために不可欠であろう。同時にそれは、「1980年代後半以降の民主化過程や社会変容」というラテンアメリカ地域研究の重要なテーマを異なった視点から理解することにもつながる。またそこから日本を考えるための有用な手がかりを得られることにもなろう。

　本書では、権利保障の進捗レベルの異なる6か国——保障先進国のアルゼンチン・ブラジル、ある程度進んだメキシコ・コスタリカ、進捗が遅いペルー・ニカラグアをとりあげる。また、4項目（法律、政治、宗教、市民運動）の6か国比較によって、20世紀後半からのラテンアメリカ諸国のLGBTをめぐるダイナミズムを明らかにする。比較には都市と地方・農村、社会階層、年齢層などミクロの視点が不可欠であるが、本書では法律・制度整備に向かう市民社会や政治の動きに焦点を当てるため、都市中間層の活動の分析が中心となる。各章では上記の4項目について精査するだけでなく、「その国に特徴的である」と執筆者が考えるテーマについても考察し、LGBTの権利をめぐる諸相を描く。

1. ラテンアメリカにおける権利保障の実態

（1）20か国の概要

　表序—1はラテンアメリカ20か国の現状を示している。表の左半分にはLGBTフレンドリー度と同性婚、法的性別・名前の変更の可否を、右半分には権利保障の実現に関連すると考えられる4つの要因——政治・市民の自由、社会経済開発、ジェンダー平等、キリスト教教派別人口構成——をまとめた。フレンドリー度とは権利の有無（差別禁止法、同性婚やシビル・ユニオン、トランスジェンダーの権利など）に関して3〜－1点を、反LGBT項目（宗教の影響、反ゲイ法、プライド・パレードの禁止など）や迫害・暴力に0〜－2点を、死刑の有無に0〜－5点を加算したスコアであり[7]、毎年発表されている。2024

---

〔7〕 "Spartacus Gay Travel Index 2024." https://startacus.gayguide.travel（2024年3月25日閲覧）。世界でもっともフレンドリーなのはカナダ、マルタ、ニュージーランド、ポルトガル、スペインの5か国でスコアは12点。最下位の210位には死刑制度をもつアフガニスタン、チェチェン、イラン、サウジアラビアが位置し、スコアは－21点である。

表序-1 LGBTフレンドリー度、政治的自由、経済社会開発

国名	LGBT+フレンドリー度 順位	LGBT+フレンドリー度 スコア	同性婚の可否 可否	同性婚の可否 承認年	法的性別・名前変更の可否	政治・市民の自由 程度	政治・市民の自由 スコア	人間開発指数順位	ジェンダー平等順位	教派別人口比率2020年(%) キリスト教	カトリック	エバンジェリコ
ウルグアイ	8	10	可	2013	要件なしで可 2009-、自己認識による変更 2018-	自由	96	58	72	62.2	32.4	—
チリ	13	9	可	2022	要件なしで可 (18歳以上) 2019-	自由	94	42	47	—	50.1	8.9
コロンビア	13	9	可	2016	要件なしで可 2015-	自由	70	88	75	95	68.9	16.8
アルゼンチン	21	8	可	2010	要件なしで可 2012-	自由	85	47	33	88.1	—	6.6
コスタリカ	29	7	可	2020	要件なしで可 2018-	自由	91	58	12	—	—	26.1
ブラジル	32	6	可	2013	要件なしで可 2018- 手術・医療治療など無料提供	自由	72	87	94	90.6	—	24.8
キューバ	32	6	可	2022	性別適合手術後に性別変更可	自由なし	12	83	—	61.7	—	—
メキシコ*	41	4	可	2015*	32州中21州で可 2008-	部分的自由	60	86	31	96.5	72.1	4.9
エクアドル	44	4	可	2019	要件なしで可 2016-	自由	70	95	41	—	54.2	—
ボリビア	54	0	否		要件なしで可 2016-	部分的自由	66	118	51	92.7	—	18.7
日本	70	-3	否		家裁の許可、身体的機能・特徴の要件あり	自由	96	19	116	—	—	—
エルサルバドル	93	-3	否		否	部分的自由	56	125	59	90.1	52.4	—
パナマ	93	-3	否		医療処置の後に可 2006-	自由	83	61	40	96.5	69.4	—
ペルー	93	-3	否		司法判断が必要 2016-	自由**	70	84	37	—	—	—
ホンジュラス	118	-7	否		否	部分的自由	48	137	82	—	44.9	—
ニカラグア	127	-8	否		否	自由なし	19	126	7	—	—	6.9
パラグアイ	127	-8	否		否	部分的自由	65	105	80	91.2	—	—
ベネズエラ	127	-8	否		否	自由なし	15	120	—	—	—	22
グアテマラ	137	-9	否		否	部分的自由	49	135	113	97.2	—	41.7
ハイチ	143	-10	否		否	自由なし	31	163	—	—	—	—
ドミニカ共和国	162	-11	否		否	部分的自由	68	80	84	94.6	—	21.5

* メキシコは州ごとに異なる。同性婚は2010年に首都で承認。2015年に最高裁が全国レベルでの同性婚の合憲性を判例で示した。全州での承認は2022年。

** ペルーの政治・市民の自由は元データでは「部分的自由」となっているが、スコアが70なのでこの表では「自由」とした。

(出所) 以下のデータをもとに筆者作成。

LGBT+フレンドリー度："Gay Travel Index 2024." https://spartacus.gayguide.travel（2024年3月25日閲覧）

政治・市民の自由：Freedom House 2023. "Countries and Territories." https://freedomhouse.org（2023年6月3日閲覧）

人間開発指数：UNDP 2022. Human Development Report 2021/22. https://hdr.undp.org（2023年6月3日閲覧）

教派別人口比率："Religion Affiliation in Latin America 2020." Statista https://www.statista.com（2023年6月14日閲覧）

ジェンダー平等（ジェンダー・ギャップ指数）：World Economic Forum 2022. Global Gender Gap Report 2022 :10. https://www3.weforum.org

"LGBT Rights in the Americas." https://en.wikipedia.org（2024年3月25日閲覧）

16   ラテンアメリカのLGBT

年のフレンドリー度によれば、ラテンアメリカの中でウルグアイがもっとも寛容で、ドミニカ共和国がもっとも排斥的な社会である。

　この表から明らかなのは、第一にラテンアメリカ20か国がフレンドリーな国とそうではない国に二分されていることである。まったくの偶然だが、その境界に位置しているのが日本である。日本はLGBTを保護する法制度が弱いが、暴力・差別の程度が低く活動の自由があるために70位という中位の上という評価になっている。権利承認については、ラテンアメリカの上位国は日本よりもはるかに進んでいる。同性婚承認国では同性カップルに養子縁組みや社会保障の適用など、異性間婚姻と同じ権利が認められている。性別・名前の変更に関しても、ラテンアメリカ8か国（3分の2の州で可能なメキシコも含めれば9か国）では医師の診断、司法の判断なしに自己認識による変更が可能である〔8〕。

　LGBT運動やその成否に関わる要因としては、①経済社会発展、②政治の制度化、③市民社会の活動、④当事者・支援者の運動、⑤宗教などが考えられる〔9〕。表 序―1 右の列ではそれをある程度示すと思われる指標やデータ（フリーダムハウス・政治市民の自由、国連開発計画・人間開発指数、世界経済フォーラム・ジェンダーギャップ指数、キリスト教教派別の人口構成比）を記した。フレンドリー度の上位国は総じて、政治・市民的自由が保障され、経済社会開発も進んでいることから、近代化論的説明が大枠で可能といえよう。だがそれにはあてはまらないケース——たとえば政治・市民の自由が部分的であるにもかかわ

---

〔8〕それに対して、日本の性別変更には以下の6要件に該当することが必須である。①二人以上の医師による性同一性障害の診断があること、② 18歳以上であること、③婚姻をしていないこと、④未成年の子がいないこと、⑤生殖腺がないことまたはその機能を永続的に欠く状態にあること、⑥他の性別の性器の部分に近似する外見を備えていること。改名に関しても、性別違和を理由に申請する場合には、性同一性障害の診断書を提出し、家裁が決定する。裁判所「性別の取り扱いの変更」「氏の変更許可」https://www.courts.go.jp（2023年6月3日閲覧）。しかし2023年10月に最高裁大法廷は「生殖腺喪失要件」は違憲であり無効とし、「外性器形態近似要件」は高裁への差し戻し審議とした。今後、「性同一性障害者の性別の取扱いの特例に関する法律」は改正される可能性がある。さらにWHOが精神疾患の分類から外して「性別不合」としたことに倣い、2024年3月に日本性同一性障害学会はその名称を「日本性別不合学会」に変更した。

〔9〕この5要因は、日下らがこれまで非西洋社会での運動の成否に関連すると考えられてきた要因としてあげた4要因［日下・伊賀2021: 7-8］、およびコラーレスがラテンアメリカ諸国間の権利保障の格差の説明要因として指摘する3要因［Corrales 2015: 54］を参照した。ただし両研究が強調するのは、このような要因だけで非西洋社会の状況を十分に説明することはできないため、土着的要因や、近代化論的説明から外れた事例に着目する重要性である。

らず LGBT に寛容なメキシコ、経済社会開発が比較的進んでいるのに寛容度の低いパナマ、ペルー——などについては、別の説明要因が求められる。

フレンドリー度とジェンダー平等の間には明確な相関はみられず、LGBT に不寛容だがジェンダー平等なパナマやペルー、さらに世界 7 位というジェンダー平等度とフレンドリー度 127 位というギャップがあるニカラグアの事例は、LGBT とフェミニズムの屈折した関係を示唆している。また、経済社会発展、ジェンダー平等ともにある程度達成しているのに、フレンドリー度が最下位のドミニカ共和国も別途、説明を要する事例であろう。LGBT 運動とフェミニズムの関係は多重的で複雑である。1960 年代後半から 1970 年代のラテンアメリカ LGBT 運動黎明期の同性愛者の運動では男女の共闘もみられたが、男性同性愛者が主導権を握った組織から離れて、新たな組織を立ち上げるレズビアンも少なくなかった。1975 年の第 1 回世界女性会議では、会議に参加したフェミニストが異性愛主義の枠組みでの議論に終始しているのに対し、レズビアン活動家が異を唱える場面もあった。近年、トランス女性の活動が活発になるにつれて、フェミニストの間では「トランス女性は女性でなく、フェミニズムからは排除すべき」という過激な主張も聞かれるようになっている〔10〕。

宗教に関してはすべての国を網羅するデータがないため、関係性を特定することはできない。しかしこの地域ではキリスト教人口が依然として多いが、カトリック教徒が大多数を占める時代は終わり、プロテスタント（エバンヘリコ）〔11〕の増加傾向が顕著である。コラーレスは宗教・信念にもとづく集団の存在の重要性について、「LGBT 権利の推進は国家と宗教の対立を招き、LGBT 権利の問題は市民権および国家・宗教関係にかかわってくる。現

---

〔10〕 Trans Exclusive Radical Feminists: TERF は運動への参加を生物学的な女性に限定し、トランス女性、ノンバイナリーなどは男性として生きた経験を有するという理由で拒絶する。メキシコでは近年 TERF の活動が顕在化し、トランスを受け入れるフェミニズム組織から批判を受けている。Leah Muñoz, "Debate. ¿Qué es el feminismo TERF, el feminismo transfóbico?" 25 de septiembre de 2018. hppts://www.laizquierdadiaria.com

〔11〕 エバンヘリコ（evangélico）とはプロテスタント福音派のエヴァンジェリカル、ペンテコステ派などの総称として、ラテンアメリカでは用いられている。カトリック教会と異なり教義や宗教実践は様々で、統一的な組織をもたず教団・教会単位で活動している。聖書を絶対視し、家族・セクシュアリティに関しては保守的である。信者数は 1980 年以前には地域人口の 4% 以下であったが、近年は 20% 以上を占める国もある〔Corrales 2019: 12〕。

18 　ラテンアメリカの LGBT

表 序 -2　同性婚承認に関する世論調査（キリスト教教派別）

国名	賛成（%）				反対（%）		
	全体	プロテスタント	カトリック	無宗派	全体	プロテスタント	カトリック
ウルグアイ	62	35	59	77	31	59	33
アルゼンチン	52	32	53	75	40	62	39
メキシコ	49	35	50	69	43	62	42
ブラジル	45	25	51	54	48	66	43
コスタリカ	29	14	32	45	64	78	57
ペルー	26	11	29	n/a	65	80	61
ニカラグア	16	10	21	25	77	80	70
エルサルバドル	11	7	12	20	81	88	81

（出所）Pew Research Center, "Religion in Latin America, Chapter 5 Social Attitudes." November 13, 2014. https://www.pewre
search.org（2023 年 6 月 3 日閲覧）をもとに筆者作成。

　　代は『宗教復権の時代』であり、宗教アクターが LGBT 政治のもっとも重
要な拒否権プレーヤーとなる。ラテンアメリカにおいてはカトリックとエバ
ンヘリコの結びつきもみられる」と指摘している。同じくコラーレスは革新
政権とカトリック教会の関係について、一般的に相いれないことが想定され
るが、ニカラグアのように教会の要望に応じるケースもあるのはなぜか、と
いう疑問も呈している［Corrales 2015: 54］。さらには国民の 4 分の 1 以上がエ
バンヘリコであるブラジル、コスタリカでは LGBT に抗する力が強いこと
が推察できるが、それにもかかわらずなぜ同性婚が認められたのかは、各国
の分析のなかで明らかにされるべきであろう。
　　表 序—2 は 2014 年に行われた同性婚についての世論調査であるが（本書
で対象とする 6 か国に賛成比率最上位のウルグアイと最下位のエルサルバドルを加えた）、
キリスト教教派別にみるとプロテスタントの間でカトリックよりも 20 ポイ
ント以上、反対意見が多い。またブラジルでは 2014 年時点ですでに同性婚
が承認されていたにもかかわらず、反対意見が賛成を 3 ポイント上回ってい
た。さらに調査時にはコスタリカとペルーの賛否比率はほぼ同じであったが、
その後、コスタリカでは同性婚を認め、社会が大きく動いているのに対して、
ペルーでは前進がみられない点も興味深い。
　　今日、LGBT と並んで世論を二分しているのは人工妊娠中絶の権利であ
る。2023 年 7 月の時点でラテンアメリカ地域において中絶を認めているのは、

同性婚承認国よりもさらに少ない5か国であるが〔12〕、カトリック教会、エバンヘリコ双方にとって人工中絶は絶対に許容できない事案である。国民の反対も強く〔13〕、そのため人工妊娠中絶問題をめぐって政府・政党、宗教団体、フェミニスト組織、LGBT組織間には利害関係が複雑に錯綜し、対立と連携が生じている。宗教はラテンアメリカのセクシュアリティに関する議論において、他のアクターと複雑に絡みながら、その帰趨を左右する力になっているのである。

（2）6か国のLGBT権利

なぜ本書ではアルゼンチン、ブラジル、メキシコ、コスタリカ、ペルー、ニカラグアの6か国をとりあげるのか。ラテンアメリカのLGBTに関しては、2000年代から当該国および米国で研究が始まった。だがその関心は権利保障先進国のアルゼンチン、ブラジル、メキシコに集中し〔14〕、遅れた国々に関する研究蓄積はほとんどない。また、一国に焦点を当てた歴史や現状に関する分析が多くみられる一方で、地域全体を視野にいれた研究は少なく、「ラテンアメリカの……」と題した著作であっても、各国のさまざまなテーマについての論考の集成、あるいは一つのテーマに関する国別の事例紹介である場合が多い。先行研究には一国を超えた、あるいは権利保障の進捗レベルを超えた、地域全体を俯瞰する視点が弱いように思われる。本書はこれらの先行研究に多くを負っている。しかし、先に述べたように権利保障が進んだアルゼンチン、ブラジル、ある程度進んだメキシコ、コスタリカだけでなく遅れたままのペルー、ニカラグアを対象に加えて、6か国を比較することで、

---

〔12〕キューバ（1965年承認。無料）、ウルグアイ（2012年）、アルゼンチン（2020年14週目まで可）、メキシコ（2021年最高裁定。12週目まで可。メキシコシティでは2007年から可）、コロンビア（2022年24週まで可）。

〔13〕2014年にキューバ、ハイチを除く18か国中、同性婚合法化に対して国民の70%以上が反対する国は8か国であったのに対して、人工妊娠中絶合法化に70%以上が反対する国は15か国に上った。また、同性婚・人工妊娠中絶への反対が77%、75%とほぼ同じであったニカラグアを除いて、他のすべての国では人工中絶への反対が10～28ポイントも高かった。Pew Research Center, "Religion in Latin America, Chapter 5 Social Attitude." November 13,2014. https://www.pewresearch.org（2023年6月3日閲覧）

〔14〕LGBTに関するパイオニア的研究であるDe la Dehesa 2010; Díez 2015; Encarnación 2016では、さまざまな国への言及はあるものの、アルゼンチン、ブラジル、メキシコ、チリに焦点が絞られている。

権利保障を進める要因と、進まない要因、阻害要因がより明瞭になり、地域としての動態をとらえることができるのではないか。そのように考え、3グループ6か国の比較研究を目指した。

　2018年にこの研究を企画したときに、本書で対象とする6か国のうち、同性婚を国全体で承認していたのはアルゼンチンとブラジルだけで、メキシコでは最高裁が同性婚に合憲裁定を出していたが、未承認の州が残っていた。その後コスタリカで同性婚が承認され、メキシコでも全州で認められるに至った。それに対してこの間、ペルーとニカラグアでは同性婚に関しては進展がなかった。

　だが権利は同性婚だけではない。表序―3、4、5はLGBT差別を禁止する法規定の有無、同性愛者の権利、法的性別・氏名の変更の権利についての6か国の実態を示している。それらを考慮しても、上記のグループ分けは妥当であるように思われる。

　この3つの権利すべてでもっとも先進的なのはアルゼンチンである。差別から保護される権利に関しては少なくとも1州で規定があるだけだが、SOGIを理由とする犯罪に対する罰則、コンバージョンセラピー禁止だけでなく、同性婚・同性カップルの養子縁組みの権利、名前・性別変更の権利もすべて認められており、しかも法律で定められている。それに続くのはブラジルであるが、ほとんどの権利が立法ではなく、司法判断や最高裁判断により保障されているところが、アルゼンチンと対照的である。司法の独立性・自律性が権利要求運動の成否を左右する条件であることを、複数の研究者が指摘しているが［日下・伊賀 2021: 8; Corrales 2015: 54; Encarnación 2016: 8］、なぜ立法ではなく司法判断なのか。また司法はいつから、何を契機にそのような独立性と使命感をもつようになったのかなども、明らかにされねばならない。

　司法に関するこのような疑問は、コスタリカ、メキシコにも投げかけられる。両国は立法と司法によって権利保障を実現してきたが、メキシコでは連邦制により家族・婚姻に関しては州法で規定されるという制約を最高裁の判断で打開し、コスタリカは米州人権裁判所の力を借りて同性婚合法化を実現した。その詳細は各章で論じられる。

　ペルー、ニカラグアは同じグループに区分したが、両者には大きな違い

表序-3　6か国における差別禁止法規定の有無

国名	差別からの法的保護				性的指向などを理由とする犯罪の罰則強化				コンバージョン・セラピー禁止規定の有無
	性的指向 SO	性自認 GI	表現したい性 GE	性的特徴 SC	SO	GI	GE	SC	
アルゼンチン	連邦憲法に禁止規定はないが、少なくとも1州（ブエノスアイレス州、1996年-）に禁止規定あり		ブエノスアイレス州にあり（2015年-）	なし	2012年の刑法改正で罰則強化			なし	2010年から あり。対象は SOGI、全国民メンタルヘルス法
ブラジル	連邦憲法に禁止規定はないが、27州中9州に規定あり		なし		2019年に最高裁判断によりホモフォビア・トランスフォビア行為に人種差別の罰則規定適用	なし			行政決定により1999年から あり。対象は SOGI、全国民
コスタリカ	2007年に最高裁判断がSO差別に違憲判断		なし		2022年の刑法改正により罰則強化	なし			なし
メキシコ	2011年に連邦憲法に性的指向の明記。ただし性的指向ではなく性的嗜好と記載	連邦レベルでは明記ないが、複数の州憲法に禁止規定	1州に禁止規定	少なくとも1州に禁止規定	連邦レベルではないが、32州中2州の刑法にあり	連邦レベルではないが、32州中5州の刑法にあり	2021年から刑法改正を上院で審議中	なし	2024年の刑法改正により罰則規定
ニカラグア	なし	なし			2008年の刑法改正により罰則強化	なし			なし
ペルー	なし	なし			2017年の刑法改正により罰則強化	なし			26県中1県にあり議会で法案審議中、2021年に保健省法発表

＊コンバージョン・セラピーとはLGBTQ+の人々の性的指向・性自認をヘテロセクシュアル、シスジェンダーに矯正するための"治療"行為
(出所) ILGA World Database. https://database.ilga.org（2024年5月30日閲覧）；"Diversidad sexual en Argentina." https://es.wikipedia.org（2024年8月31日閲覧）；"México aprueba sancionar con cárcel las llamadas 'terapias de conversión sexual'." Los Angeles Times, Abr.27,2024. https://www.latines.com をもとに筆者作成。

表序-4　6か国の同性愛者の権利

国名	合意による同性間性行為の脱犯罪化	同性婚・その他のパートナーシップ		同性カップルの養子縁組	
		同性婚/その根拠	その他のパートナーシップ	ジョイント・アダプション*	セカンド・ペアレント・アダプション**
アルゼンチン	1886年　最初の刑法に規定なし*** ただし表現が削除されたのは1903年	2010年から可。民法改正、婚姻平等法	2002－2015　可	2010年から可。婚姻平等法	
ブラジル	1831年　最初の刑法に規定なし	2013年から可。司法判断	2011年から可。	2010年から可。最高裁裁定	
コスタリカ	1971年　刑法改正により脱犯罪化 1941年刑法にソドミー罪あり	2018年から可。米州司法裁判所の意見勧告	司法判断	2020年から可。家族法改正	
メキシコ	1871年　最初の刑法に規定なし	連邦レベルの法はないが、2015年に連邦最高裁判所が認める判決 2022年から全州で可	32州中10州で可	連邦法なし。州によって異なる	
ニカラグア	2008年　刑法改正により脱犯罪化 1974年刑法　ソドミーに罰則 1992年刑法　ソドミーの解釈拡大		不可	不可	
ペルー	1924年　新刑法により脱犯罪化 1863年刑法にソドミー罪あり	同性婚法案、2017、2021年に議会で却下。2023年民法改正案議会に提出（審議中）	不可	不可	

* 生物学的親でない二人が養子縁組みにより子どもの法的親になることができる制度
** カップルの一人がすでに子どもの法的親であるとき、もう一人が望めば正式な養子縁組みを適用し、前者と平等の親としての権利を得る制度
*** ILGA Data Base によれば、最初の刑法129条は「レイプ」暴行等にはソドミー罪を適用していたが、ソドミー罪の規定なし。1903年に条項は削除
José A. Frías 1904, *Código penal y Código de Procedimintos en lo criminal.* Buenos Aires, Coni Hermanos, p.69. http://www.saij.gob.ar
（出所）ILGA World Data Base. https://database.ilga.org （2024年5月30日閲覧）をもとに著者作成。

表序-5 6か国の法的名前・性別の変更の可否

	名前の変更	法的性別の変更	ノンバイナリー記載
	可否、承認年、根拠、その他	可否、承認年、根拠、その他	
アルゼンチン	2012年から自己認識での変更可 ジェンダー・アイデンティティ法	2012年から自己認識での変更可 ジェンダー・アイデンティティ法 子どもの変更も可能	可
ブラジル	1973年から可。公的記録に関する法	2009年から最高裁判定により変更可 2018年から自己認識での変更可。子どもは不可	2023年から社会保障省がトランスの人々に、同省に関する事項では名前・性別変更の権利を認める
コスタリカ	2012年から可。民法上の地位登録に関する規定の改正 2016-18年 身分証に通称名記載 2018年から自己認識での変更可	2018年、大統領が自己認識での変更を進めるよう指示。身分証明書、パスポートの性別記載欄は削除。しかし出生証明書の性別変更は不可。	2023年、トランス、ノンバイナリー等の多様なジェンダー・アイデンティティを認める法案提出
メキシコ	連邦民法 (1928年) 登録記録の変更可	2009年から立法により可 自己認識での変更の可否は州による 子どもの変更も可	2024年からパスポートにノンバイナリー記載
ニカラグア	不可	不可	不可
ペルー	不可 しかし2021年、最高裁が民事訴訟手続きの整備を要請 2021年、ジェンダー・アイデンティティ法案を議会に提出 (保留中)		不可

(出所) ILGA World Database. https://database.ilga.org (2024年5月30日閲覧); "El canciller Marcelo Ebrard expide los primeros pasaportes con genero binario en Mexico y en el exterior." 17 de mayo, 2023. Gobierno de México. https://www.gob.mx。本書各章をもとに筆者作成。

がある。両国ともに保障された権利といえるのは、刑法改正により SOGI を理由とする犯罪に罰則が科されていることだけであるが、ペルーでは同性婚・同性パートナーシップ制度法案やジェンダー・アイデンティティ法案の議会提出が試みられているのに対し、ニカラグアではそうした動きが一切ない。ニカラグアの遅れは独裁政権の長期化に原因があると思われるが、これまで述べてきたように、政権とカトリック教会、フェミニズムとの関係などにも着目して、その背景にある諸要因が解明されねばならない。他方、ペルーの場合も法案がことごとく廃案になってきた要因はなにか、他の国のように司法が代替することは不可能なのかなど、考察すべき課題は多い。近い将来、もしペルーで少しでも前進がみられれば（現段階でニカラグアの可能性は低い）、何が突破口となるのかを知る手がかりにもなろう。

2．LGBT の多様性と運動のジレンマ

　さまざまな文献で用語の定義はなされているが、本書でも LGBT がどのような人々を指すのかを簡単にまとめておきたい。というのは、日本では「LGBT」を一括りに捉え、その要求も同性カップルの結婚や養子縁組の権利、あるいは性別適合手術、法的性別・名前の変更だけであるかのように論じられているからである。また、その多様性の理解をとおして、運動に内在する、他の社会運動とは異なる難しさも把握しておきたい。

　LGBT コミュニティという表現がよく用いられる。男女二元論的ジェンダー規範、あるいは異性愛規範に当てはまらない人々を包括する総称という意味では、コミュニティといえるが、具体的に統一化された実体が恒常的にあるわけではない。また、まとまった集団と捉えることで、個々の要求やその内部にある諸関係を見落とすことにもなる。本書では、LGBT にはそれぞれのアイデンティティと要求をもつ多様な集団が含まれ、それらは目的実現のために連携したり、個別に行動したり、時に対立・離反したりするものとして捉えている。

（1）LGBT とは

すでに「性的指向：SO」「性自認：GI」については述べたが、それに「表現したい性」(gender expression: GE)および「生物学的・解剖学的な身体の特徴」(sex characteristics: SC）を加えた SOGIESC という略語がある。これらは身体の性と心の性が一致し、異性に関心をもつマジョリティを含めて、すべての人がもつ属性である。ここではこの4つの属性と LGBT のそれぞれのアイデンティティの関係性を単純化してまとめるが、実際には属性と諸集団が1対1で対応しているわけでなく、どのような属性をもち、何に悩み、何をどのように解決したいのかは当事者個人によって千差万別といえるほどに、セクシュアリティ・ジェンダーは多様で複雑である。

①性的指向（SO）：恋愛感情・性的欲望がどこに向かうのかを意味するが、それは個人の性別とは連動していない。主に次の集団が異性愛以外の性的指向をもち、ゲイ・レズビアンを中心に同性シビル・ユニオン、同性婚の権利が求められてきた。
 ・ゲイ／レズビアン　恋愛感情・性的欲望が同性に向かう
 ・バイセクシュアル　男性・女性双方に向かう
 ・アセクシュアル　　恋愛感情・性愛欲望がない
②性自認（GI）：本人が自認する自分のジェンダー。出生時に割り当てられた性別（生物学的・解剖学的ジェンダー）に対して、心のジェンダーともいう。生物学的性別に違和感のない人々は「シスジェンダー」として、異なった性自認をもつ人々は「トランスジェンダー」としてグループ化される。後者の人々が求めるのは、望まない性別やジェンダー規範を押し付けられることなく自認する性別を生きることであり、すべての人が医学的治療や性別適合手術を求めるわけではない。
 ・トランスジェンダー　出生時に割り当てられた性別とは異なる性別を自認する人々。狭義には割り当てられた性別と異なる性別を生きる人々を意味し、広義にはトランスセクシュアル、トランスヴェスタイト、ノンバイナリーなどをも含む概念。法的な性別や名前の変更を求める人たちも多い。

・トランスセクシュアル　性自認に合わせて自らの身体を変化させた
（あるいはそれを望む）人々。医学的治療や性別適合手術の自由を求め
ている。
・トランスヴェスタイト、クロスドレッサー（異性装）　服装、化粧な
どのジェンダー規範を越境する人々。性自認は必ずしも問題ではな
い。
・ノンバイナリー　出生時の割り当てられた性別に違和感をもつが、
トランスジェンダーとは異なり、「男性・女性」といった二分化の
どちらか一方にとらわれない（とらわれたくない）人々。
③表現したい性　自己が望む服装、話し方、動作などを実践すること。
トランスヴェスタイト、トランスジェンダー、ノンバイナリーなどがジェ
ンダー規範にとらわれない性表現を行う。
④性的特徴　生物学的・解剖学的な性的特徴。この属性が問題になるの
はインターセックス（体内・体外の生殖器によって身体的に男女どちらかに分類
しにくい人）、トランスセクシュアル、一部のトランスジェンダーの人々
であると考えられる［森山 2017: 27-57; ヤング 2022: 22-27; Corrales and Pecheny
2010: 3-7]。

（2）LGBT 運動のジレンマ

　上記以外にも、新たな名称をもつアイデンティティが生成され、LGBT は
その範疇を広げながら細分化している。このことはセクシュアリティ・ジェ
ンダーの複雑さを示すと同時に、人々の意識が高まり、明確な自己認識と要
求が立ちあがってきたことの証左である。ラテンアメリカでも状況は同じで
あり、20 世紀末まではゲイが運動の中心を占めていたが、近年ではトラン
スジェンダーやノンバイナリーの活動も目立つようになっている。
　このように LGBT の人々が求めるものは一律ではない。すべての集団に
共通するのは、SOGIESC を理由とする差別を受けることなく、国民や市民
に認められている権利を享受してありのままで生きられること、必要な場合
には保健・医療の提供を受けられること、この二つぐらいなのかもしれな

い〔15〕。なにか特別な権利を求めているわけではない。だが、社会や国家の視点にたつと、LGBTは既存の秩序を脅かしうる存在である。多くの社会は男女の婚姻にもとづく「生命の再生産機能」をもつ家族を基本単位として成り立ち、ジェンダー規範、異性愛規範、さらには家父長制によって社会としての、国家としての統合と継続を図ってきた。だが、LGBTの人々の「ありのままに生きたい」という姿勢は、それを根底から崩すことになりかねないからである。そこにLGBTの権利をめぐり世論が二分する理由がある。

　他方、コラーレスとペチェニーは当事者側の視点から、運動に内在する二つのジレンマを指摘する。一つは、LGBTが固定化されたジェンダー規範や異性愛規範に挑戦するためには、政治的力の獲得に向けて自らのアイデンティティを強化せねばならないが、ある集団の権利の実現は他の集団の活動を刺激することになり、LGBTコミュニティというような一体化した包括的なアイデンティティを維持しにくいことである。またもう一つはLGBTの人々がもともと少数であるのに加えて、その属性を隠して生きてきたためにつながりにくく、最初から社会集団としてたち現れているわけではない、ということである［Corrales and Pecheny 2010: 8-9］。要求実現のためには政治力と社会集団としての結束が不可欠であるが、これまでクローゼットの中で生きてきた人々が、近年のように多様なアイデンティティが生成する中で、違いを越えて集団としてのまとまりをもつのは容易ではない。

　コラーレスが指摘するように、コミュニティ内の分裂・対立、とりわけゲイとその他のグループの関係に目を向け、内部対立が表面化する条件や運動の力を弱める条件を考察することは重要であるが［Corrales 2015: 59-90］、対立を乗り越え、運動体としての求心性、まとまりを獲得する条件についても検証する必要があろう。具体的には、差別禁止の要求、「人権」概念の共有、あるいはプライド・パレードや文化イベントの実施などには、たとえ一時的であっても、異なったアイデンティティを結合する機能があると考えられる。

---

〔15〕2023年1月30、31日にメキシコシティで行ったゲイの人権活動家（50代）、セクシュアリティ専攻の大学院生（20代）への聞き取りでは、二人とも同じ意見であった。

3．LGBTを取り巻く環境とアイデンティティ・運動の変化

　ラテンアメリカにおいてLGBTに向けられる社会の視線や環境は何を契機としてどのように変わってきたのだろうか。LGBTの人々は自らをどのように意識し、その要求をどのように表出してきたのだろうか。またその要求が国家・社会の安定的な継続にとって潜在的な脅威になりうることや、次々と新たなアイデンティティが立ち上がり、新たな要求を始めるために全体的な求心力が弱まるという運動内のジレンマは、LGBTの活動にどのように影響したのだろうか。現在に至る変化の過程を、植民地期から運動の黎明期（1960年代、70年代）まで、エイズ対応に追われた1980年代後半から1990年代まで、そして21世紀以降という3期に分けて整理する。ラテンアメリカのような周辺地域は、中心（欧米先進国）で生じた変動の余波を一方的に受ける存在としてみなされがちだが、ラテンアメリカのアクターは主体的に外部の影響を取捨選択し、独自の文脈の中で咀嚼してきた。HIVエイズの流行によって、LGBT問題は国際的な公衆衛生支援体制の中に組み入れられ、21世紀に入ってからは国際的な人権枠組みの中でLGBTの権利が議論されるようになってきた。このような「グローバル化」に対しても、ラテンアメリカのLGBT当事者や権利推進派はそれに適応し利用しながら、権利の獲得を図ってきた。域内にはLGBTの国際人権レジーム構築に関わっていこうとする積極的な国もあった。だがLGBTの権利保障が進むにつれ、それに危機感をもつ抵抗勢力が台頭し、LGBTの権利がこの二つの力の間で政治的争点となっている。それが現状である。

　以下、上記の3つの時期区分ごとにその特徴をまとめる。本節では植民地期にカトリック教会に支配されたラテンアメリカで形成された独自の文化的価値について述べる。それは過去の話ではなく、現在もなおLGBTフォビア（嫌悪）を再生産し、なおかつLGBTに反対する勢力が現代の文脈の中で新たな戦略として標榜している価値観でもある。

（1）カトリック教会の支配と同性愛

　非キリスト教社会では、歴史的にも現在においても、同性間の性行為に寛容な、あるいは男女だけでなく第三の性をもつ社会があったことが知られている。マヤ文明では男性間性行為が宗教儀礼と結びつけられていたし、北米・中米の先住民社会には「ベルダーシュ」（Berdache）と呼ばれる女性の役割を担う男性が存在していた。現在もメキシコのサポテカ民族の社会であるフチタンには男性でも女性でもない「ムシェ（Muxe）」と呼ばれる第三の性があり、社会に受け入れられているが、それは西欧的な同性愛者、バイセクシュアルなどのカテゴリーにぴったりと当てはまるものではない。またこのような第三の性が存在しても、フチタンは異性愛中心の社会である［ベンホルト＝トムゼン 1996: 271-330］〔16〕。だが、西洋キリスト教国の支配とその価値の浸透により、土着の慣習や男女以外の性の存在は周縁化されたり、形成された新たな文化価値の底に埋められたりしたのも事実である。

　他方、西洋キリスト教社会では、男女間以外の生殖を伴わない性行為は「ソドミー」として自然に対する罪と考えられ、とくに男性間性行為は重大な宗教犯罪の一つであった。だが世俗権力が台頭すると、風俗犯罪として取り締まられるようになり、18世紀の啓蒙主義の下で宗教犯罪は否定された。そして革命後のフランスでは、ソドミーは不道徳とみなされたが、法的には脱犯罪化し不処罰となった。だが、欧米諸国の中にはソドミー法が20世紀後半まで続く国があった。また同性愛は19世紀後半からは医学的疾患として捉えられるようにもなったが、20世紀末からは脱病理化が進んだ。

　15世紀末以降の征服と植民地化の過程で、ラテンアメリカでも反宗教改革的スペインの統治と強大なカトリック教会の権力のもとで、ソドミーは宗教犯罪として厳罰に処せられた。しかし19世紀前半の独立後に多くの国はフランス法に倣ったために、刑法にソドミー罪が盛り込まれることはまれであった。だが、公序良俗に反するという理由で、同性愛者やトランスジェンダーの人々は警察の取り締まりの標的として暴力にさらされ続け、現在に至っている。

---

〔16〕フチタンで性を規定するのは仕事であり、その前提にあるのは男女の仕事が明確に分けられていることである。ムシェは生物学的には男性だが、多くは女性としてのジェンダー表現（服装・化粧）をし、男女の中間的仕事（例えば、刺繍などの手工芸）に従事する。

（2）ローカルな文化の形成

マチスモ・マリアニスモ

　3世紀にわたる植民地支配はラテンアメリカ社会に多くのイベリア半島の文化・価値を移植したが、それらは現地独自の環境の中で再構成され、新たな文化・価値として定着した。その一例がマチスモと家族主義である。そして今もなお人々はそれを内面化している。

　マチスモとは女性に対する男性優位の主張であり、男性性の誇示（とくに身体的強さ、性的放縦さが強調される）を男性のあるべき姿とみなす。男性優位主義は世界中でみられ、ラテンアメリカだけの文化ではない。また同地域でもロカリティ、社会階層、年齢層などによってその内面化の程度に違いがある。だが、この地域では現在もマチスモの伝統は強く、女性の規範であるマリアニスモ（Marianismo）と対になり、セクシュアリティ・ジェンダーのありようを規定している。マリアニスモとは、男性の性的放縦さを受け入れ、聖母のように母として子を育てる、セクシュアリティをもたない女性を理想化する考え方である。それは結婚して母となるものと結婚せず母とならないものに女性を二分することにもなる。

　マチスモは男性同性愛者への嫌悪・侮蔑を醸成してきた。だが、同性間であっても性行為における役割を男女のそれ——能動的 activo と受動的 pasivo ——に区分し、後者の役割を引き受けるものにより強い憎悪と蔑視が向けられてきた。幼少期から始まるマチスモの社会化によって、本人だけでなく家族の名誉を守るために、男性は「女っぽい」「男らしくない」と思われる言動を回避せねばならない。そうしなければ、精神的苦痛、身体的暴力にさらされ、ときに命を落とすことになるからである。ジェンダー規範から逸脱した同性愛者・トランス女性に対する暴力や犯罪的行為に対して社会は比較的寛容であり、警察官や第三者だけでなく、男性親族による殺傷事件もめずらしくはない［Reding 2003: 10-15］。

　他方、女性間の同性愛は男性間ほどに脅威とは受け止められていないが、マチスモの女性観に起因する暴力の標的となりやすい。女性の二分化により、レズビアンは母にならない女性、すなわちセクシュアリティをもつ性的対象となり、性暴力が正当化される。暴力の多くは親族・知人によるため、家族

内問題として処理されることにもなる［Reding 2003: 18-19］。

　このように、男女を問わずジェンダー規範からの逸脱は可視化されれば、生命にかかわる。SOGI を理由とした犯罪かどうかはわかりづらく、特定されるケースはごく一部にすぎない。2011 年以降、ラテンアメリカおよびカリブ地域では毎年 200 人以上の LGBT の人々が殺害され、2020 年には 297 人と過去最多となった〔17〕。2020 年 10 月から翌年 9 月の 1 年間に、全世界の被害者数は 375 人だったが、その 70％が中南米に集中し、ブラジルが最多の 125 人、続いてメキシコが 65 名であった〔18〕。ラテンアメリカは LGBT にとってもっとも危険な地域であると警告さえされている〔19〕。こうした事態はラテンアメリカ全域でみられるが、権利承認国においても、それに同意できない人々の不安や怖れが煽られ、LGBT フォビアが暴力となって表出する。実際に権利保障が進むブラジルでは、2019 年に LGBT フォビアを公言するボルソナロ（Jair M. Bolsonaro）が大統領に就任すると、その政権下で暴力が増加した。

ファミリアと家族主義

　マチスモやマリアニスモが実践され、次世代へと継承される主たる場の一つが家庭である。そしてラテンアメリカ独特の「家族主義」がそれを支え、LGBT フォビアの醸成に加担してきた。キリスト教では、同性愛は宗教上の重罪とされてきたが、その裏面にあるのは男女の婚姻と性行為によって形成される「正しい家族」であった。しかし、ラテンアメリカでは植民地時代を通して、このような家族の形が一般的であったわけではない。むしろ人々にとってより重要だったのは、血縁・非血縁の人々がさまざまな関係の中で結びついて形成された「ファミリア」（familia）の紐帯であり、それが不安定な社会の中で個々人を守る役割を果たしてきた。

---

〔17〕Statista, "Number of reported murders of trans and gender-diverse people in Latin America and the Caribbean from 2008 to 2021." https://www.statista.com（2023 年 6 月 24 日閲覧）
〔18〕ブラジル、メキシコは人口が多いので、人口当たりの殺人件数は他の国に比べて特段多いわけではないが、メディアでは殺人件数トップ 2 として扱われることが多い。
〔19〕Ester Pinheiro, "Brazil continues to be the country with the largest number of trans people killed." Brasil de Fato. 23 de Janeiro de 2022. https://www.brasildefato.com.br; Anastasia Moloney, "LGBT+ Murders at 'Alarming' Levels in Latin America-Study." 2019/08/08. https://www.reuters.com

32 　ラテンアメリカのLGBT

　このような家族意識は核家族化が進んだ現在も残り、コンパドラスゴ
(compadrazgo, 宗教上の代父母制）によって補強されている。それはカトリック
教徒の洗礼式で立会人としての役割を担う代父母が、その後も実父母ととも
に代子の成長を見守るだけでなく、その実父母、代子の兄弟姉妹などとも親
密な疑似家族関係を維持する制度で、親族のほかに有力者や雇用者が代父母
になることもある。都市社会では個人間のつながりが強くなってきているが、
相互扶助を求めてファミリア的・コンパドレ的紐帯も積極的に作られている
〔大貫 2006: 109-110, 183-184〕。また統計上は核家族であっても、近隣に集まって
暮らす家族も多い。

　ラテンアメリカ諸国は日本と同じように、家族が福祉を担う社会である
が、血縁関係にもとづく狭い範囲での家族を前提とする日本と、非血縁者も
含めた大家族的つながりを前提とするラテンアメリカの家族観はまったく異
なっている。ラテンアメリカでは成員に対するファミリアの監視の目は厳し
く、またその関係をすべて断ち切って生きることは日本以上に困難であるこ
とが推察できる。その一方で、血縁にこだわらず家族の紐帯を尊重する〔20〕
ラテンアメリカの方が、同性カップルによる養子縁組み、とりわけジョイン
ト・アドプション（生物学的親でない二人が子どもの法的親になる権利）に対する
抵抗が小さいといえるかもしれない。

　「家族主義」「正しい家族」は、今日、カトリック教会やプロテスタント福
音派（エバンヘリコ）が同性婚の承認に反対し、LGBTフォビアを煽る際に用
いる言説となっている。また、国連人権理事会でも家族を含めた伝統的価値
観と普遍的人権の関係が一つの争点となってきた〔21〕。LGBTをめぐる議論

───────────────
〔20〕ブラジルでは最高裁が同性カップルを憲法上の家族団体として異性間カップルと同等の権利義
　　務を認めたが、その根拠となったのは、同性カップルが「情愛（afeto）」にもとづく安定的結合
　　であるとの理解であった。近年のブラジル家族法においては、'情愛'という概念が次第に大き
　　な役割を担うようになっている。ダニエル・マシャド「ブラジル法における親族関係──日本法
　　との比較（1）」ブラジル法の会、2017.12.07. https://burajiruhounokai.wordpress.com
〔21〕国連人権理事会ではロシアのイニシアティブにより2009年から「人類の伝統的価値観のより
　　よい理解を通じた人権および基本的自由の促進」に関する議論が始まり、2012年に決議された。
　　さらに2014年にはイスラーム諸国等の賛同によって「家族の保護決議」が採択された。伝統的
　　家族の尊重を謳うこれらの決議に対して、反対国（主に欧米先進国）からは、LGBT家族のよう
　　な新たな家族の多様性を認知せず、LGBTの人々に対する人権侵害を助長し、危険にさらすこと
　　になるという批判が出ている。谷口 2017: 232-233; Maggie Murphy, "Traditional Values' vs Human
　　Rights in UN." Open Democracy,18 February 2013; 平和政策研究所「国連人権理事会が採択『多様な
　　家族の形』却下し「家族保護」を決議」『IP政策ブリーフ』Vol.3, 2015.9.20. https://ippjapan.org

では権利の平等だけでなく、それ以上に家族のあり方が争われている。

4. 黎明期の解放運動──ゲイかホモセクシュアルか

（1）ストーンウォール暴動の遺産

　第二次大戦後、国際連合により世界人権宣言、人権規約等が定められ、国際社会は人権保護に取り組んできた。しかし当初、そこに性的マイノリティの人権やセクシュアリティ・ジェンダーの多様性は想定されていなかった。それが関連諸機関、会議の場で議論に付されるのは21世紀に入ってからのことである。この問題が国際人権の歴史の「忘れ物」と言われるゆえんである［谷口 2015a: 150］。

　第二次大戦前からヨーロッパでは同性愛者によるホモフィアル運動が始まり、運動は1950年代、60年代の米国で勢いを得た。そのリーダーの多くは中間層出身で大学教育をうけた専門職の白人男女であり、共産党とのつながりもあった。マタシン協会（Mattachine Society）、ビリティスの娘たち（Daughters of Bilitis）など、組織化が進み、雑誌も発行された。だがその活動は70年までに終わる[22]。

　その終焉をもたらしたのは1969年ニューヨークのゲイバー「ストーンウォール・イン」で起きた暴動であった。6月28日深夜に警察が踏み込んだ際に、店内にいたゲイ、レズビアン、ドラァグクイーンたちが激しく抵抗し、その後数日にわたり、差別撤廃と解放を求める当事者・支援者と警察の衝突が続いた。ホモファイル運動で主張されたのは、同性愛者であっても異性愛者と同じように善き市民である自分たちは、社会に受け入れられるに値するということであった。ゆえに研究者たちはこの運動を同化主義的、妥協的と評価してきた。だが、ストーンウォール暴動は「性の解放」「ゲイ・コミュニティの多様性」を前面に出した点で、それまでの運動とは一線を画す急進性をもっていた。1か月後にはニューヨークで「ゲイ解放戦線」（Gay Liberation Front）が結成され、組織化は全米に広がった。

　ストーンウォール暴動には二つのレガシーがある。一つは1年後から始ま

─────────────
[22] "Homophile Movement." https://www.encyclopedia.com（2023年7月3日閲覧）

るプライド・パレード、もう一つはそれまでメディアによって支配され、お
としめられてきた自分たちのイメージを、「ゲイ文化」として自らの手で作
り出し、それを広げるネットワークを構築していったことである。またこ
の暴動を機に、当事者の要求がネガティヴな権利（例えば、尊厳と欲求を尊重し、
嫌がらせや差別的な法を廃止して、自分たちをそっとそのままにしておいてほしいという
要求）からポジティヴな権利（同性婚などの法制定要請など）へと移行した。こ
のような変化の中で、1970 年代からソドミー法を廃止する州が現れ、アメ
リカ精神医学会では同性愛の脱病理化の動きも始まった[23][Encarnación 2016:
18-20]。

（2）ラテンアメリカ──欧米の影響と独自の展開

　ストーンウォール暴動に始まるゲイ解放運動は、ラテンアメリカ諸国にど
のような影響を与えたのだろうか。20 世紀初めからブエノスアイレス、リ
オデジャネイロ、メキシコシティのような大都市には同性愛者のコミュニ
ティが秘密裏に形成されていたが、第 2 次世界大戦後の都市化や社会変容と
ともにその存在は徐々に知られるようになった。しかし、家族や社会に受け
入れられることなく、日常的に警察の取り締まりを受け、保守派から拒否さ
れるだけでなく、左派からも「上流階級の性癖」として敵視されていた。米
国のホモファイル運動は知られてはいたが、類似の組織化はなかった。
　1960 年代、70 年代のラテンアメリカは米国とは全く異なる政治社会状況
にあった。1959 年のキューバ革命の成功は地域の左翼活動に火をつけ、暴
力的なゲリラ活動が広がった。それを抑え込もうとする保守・中道との間で
熾烈な対立が始まり、1964 年のブラジルの軍事クーデターを嚆矢として軍
事政権が次々と誕生した。軍事政権はメキシコ、コスタリカなどの 4 か国
を除いてラテンアメリカ全土を覆い、1980 年代半ばまでこの地域を支配し
た。アルゼンチンは 1966 ～ 73 年および 1976 ～ 83 年、ブラジルは 1964 ～
85 年、ペルーは 1968 ～ 80 年の間、軍政下にあった。ニカラグアでは 1979
年のサンディニスタ革命の成功が近隣諸国を巻き込む中米紛争へと発展し、

---

[23] アメリカ精神医学会は 1987 年に、同性愛はいかなる意味でも病気ではなく、正常の範囲であ
るとの見解を示し、同性愛は疾病から外された。

1988 年にようやく政府と国内反政府勢力間の暫定停戦が実現したが、その後も内政は安定せず、2007 年の再選以来 2024 年の現在まで、オルテガ（Daniel Ortega）大統領による独裁的統治が続いている。

　アルゼンチン、メキシコで 1971 年に「同性愛者解放戦線」（Frente de Liberación Homosexual: FLH）が組織された。ストーンウォール暴動直後にニューヨークで「ゲイ解放戦線」が組織されると、同様の団体が米国内の主要都市や大学に広がっただけでなく、1970 年にはロンドンでも同名の団体が発足した。アルゼンチン、メキシコでの組織化もこの流れの中で捉えられるかもしれないが、これを受動的なアイデンティティ形成あるいは組織化とみなすのは間違いであろう。アルゼンチンではすでに暴動の 2 年前の 1967 年 11 月に、大ブエノスアイレス圏の労働者居住区で同性愛者組織「我らの世界」（Nuestro Mundo）が発足し、機関誌も発行されていた。アルゼンチンの FLH は「我らの世界」と他のグループによって結成されたものである。またメキシコでの FLH の結成は、前年に首都のシアーズ・デパートの店員が同性愛者であることを理由に解雇された事件が直接的な発端であった。知識人の間では同性愛者としての明確なアイデンティティの主体化も進んでおり、1964 年にアルゼンチン、メキシコ両国で同性愛をテーマにした初めての小説が刊行された〔24〕。ラテンアメリカの知識人は欧米とのつながりが深く、その影響は否定できないものの、両国では早い段階からホモセクシュアルというアイデンティティが確立していたとみるべきであろう。ブラジルでは 70 年代初めは軍政下の厳しい時期だったために、組織化は軍政下での政治開放が始まる 70 年代末まで待たねばならなかった。だが、ブラジル同性愛者連合（União do Homossexual Brasileiro）が 1976 年 7 月に第 1 回ブラジル同性愛者会議を呼び

---

〔24〕 当時は同性愛を小説のテーマにすることはタブーであったが、1964 年にアルゼンチンでは『アスファルト』（Renato Pellegrini, *Asfalto*）が、メキシコでは『ホセ・トレドの日記』（Miguel Barbachano Ponce, *El diario de José Toledo*）が刊行された。Fernando Pagano, "Asfalto : asi es la primera novela gay argentina, que hoy resulta casi imposible conseguir." 20 abril 2022. https://www. infobae.com; Ricardo E.Tatto, "El diario de José Toledo : la primera novela gay en México." 29 agosto, 2022. https://yucatancultura.com 。ゲイをテーマとするラテンアメリカ小説としては邦語訳もある、アルゼンチン人作家マヌエル・プイグ（Manuel Puig）の『蜘蛛女のキス』（*El beso de la mujer araña*,1976）が最も著名であるが、プイグは FLH の創設メンバーでもあった。Martín Villagarcía, "Manuel Puig y el Frente de Liberación Homosexual:un diálogo nunca abandonado." 1/nov./2021. https:www.moleculasmalucas.com

かけるなど、素地はできつつあった。ちなみにこの会議は会場のリオ近代美術館が事前に警察に包囲されて失敗に終わった [Green 1994: 43]。

　米国発祥のプライド・パレードは、今日では世界中で行われ、ブラジル・サンパウロでは世界最大のパレードが祝われている。だが、ラテンアメリカの多くの国でパレードが始まるのは 1990 年代以降である。メキシコシティではもっとも早い 1979 年 6 月に初めて行われた[25]が、その前年には「キューバ革命 20 周年デモ」「トラテロルコ事件[26]追悼デモ」に便乗する形で少人数の同性愛者が初めて公衆の前に姿を現し、人々を驚かせる出来事があった。以後、メキシコシティでは今日に至るまで、毎年、パレードが実施されている。しかし他の国では、アルゼンチン・ブエノスアイレス 1992 年、ブラジル・リオデジャネイロ 1996 年、ペルー 2001 年、コスタリカ 2010 年[27]というように、開始が遅れた。

　プライド・パレードが西欧諸国で開催されるようになったのも、数か国を除いて 80 年代、90 年代のことである。権利要求の場として、あるいは自らの文化表出の場として戦略的に実践するためには、組織力・実行力とパレードを容認する政治環境が不可欠である。ラテンアメリカでそのような条件が整ったのは 1990 年代のことであり、それはまさに民主化の時代であった。

　1970 年代までのラテンアメリカの運動には主に米国の運動とは一線を画そうという姿勢が感じられる。それは 1980 年代に入るまで「ゲイ」ではなく「ホモセクシュアル」という表現が使われたことにも表れている。ゲイとは米国において当事者が使い始めた自称であり、同性愛者がセクシュアリティによる分類であるのに対して、ゲイはそのセクシュアリティにもとづく生き方である [Díez 2011: 697]。米国ではストーンウォール暴動後にゲイという呼称が一般化し、自己認識もホモセクシュアルからゲイに代わった。暴

────────────

〔25〕「性の自由なくして政治的自由なし、性の自由なくして社会的自由なし」というスローガンが掲げられた。
〔26〕1968 年 10 月、首都でのオリンピック開催を 10 日後に控えた政府は、拡大し続ける学生・市民の民主化を求める抗議行動を封じ込めるために、軍を出動させて数百人を殺害した。これはメキシコの制度的革命党長期政権の暗部であり、民主化要求を象徴する出来事として記憶されている。
〔27〕コスタリカのパレードは「多様性の行進」と称され、2003 ～ 07 年にはフェスティバルが開催された。ちなみに日本では 1994 年に初のパレードが東京で実施されたが、1996 年実施後に中断。その後 2000 年に再開され、今日まで続いている。

序章　LGBT の権利保障をめぐる政治　　37

動直後に組織された団体名も「ゲイ解放線」であった。ところが、アル
ゼンチン、メキシコで 1971 年に組織されたのは「同性愛者解放戦線」であ
り、その後も 70 年代末までにメキシコでは同性愛者を冠する名称が用いら
れ〔28〕、アルゼンチンでも 1984 年に結成されたのは「アルゼンチン同性愛
者コミュニティ」(Comunidad Homosexual Argentina: CHA) であった。CHA は今日
まで続く同国を代表する団体である。ブラジルでも前述の同性愛者連合をは
じめ、その後の組織も同性愛者を名乗っていた〔29〕。米国のゲイ活動家の多
くは左派であったが、ラテンアメリカにおける同性愛者という名称へのこだ
わりと「ゲイ」という表現の忌避には、当時の知識人の反帝国主義的志向性
が反映されていた。とりわけメキシコにはこの傾向が顕著だった〔Laguarda
2005: 124〕。このことはキューバ革命がラテンアメリカ左翼知識人にいかに大
きな影響を与えていたかを示している。また南米諸国、とくにアルゼンチ
ンはヨーロッパとの関係が強く、軍政下では多数の知識人たちがヨーロッ
パに亡命していたことから、当時のユーロコミュニズムの思想的影響など
もうけつつ、ヨーロッパ（とくにフランス）というフィルターをとおして解釈
された米国のゲイ文化が、アルゼンチンにもたらされたと考えるべきであろ
う〔30〕。1980 年代に入るとブラジルの「バイーア・ゲイ・グループ」(Grupo
Gay da Bahia) のように、3 か国ともに名称にゲイを冠するのが一般化し、ゲイ
という自己表象が定着する。

5．エイズ・民主化・経済危機の時代と LGBT

　HIV エイズの拡がりはゲイ、トランス女性、バイセクシュアル男性に多
くの犠牲者を出し、当事者を震撼させただけでなく、社会不安をも招き、同

---

〔28〕「同性愛者革命行動戦線」(El Frente Homosexual de Acción Revolucionario: FHAR)、「同性愛者解
　　放ラムダグループ」(El Grupo Lambda de Liberación Homosexual) など。
〔29〕1978 年 5 月に結成された「同性愛者の権利のための行動部隊」(Núcleo de Ação pelos Direitos
　　dos Homossexuais)、同年 12 月にその名称変更により誕生した「ソーモス（我々たち）－同性愛
　　を肯定するグループ」(Somos: Grupo de Afirmação Homossexual) など〔Green 1994: 44-45〕。
〔30〕CHA の創設者ハウレギ(Carlos Jáuregui)は、パリ留学中の 1981 年にパリで開催されたプライド・
　　パレードをみて衝撃を受け、1992 年に初のプライド・パレードを組織した〔渡部 2021: 104〕。
　　またハウレギは 1987 年に『アルゼンチンの同性愛』(La Homosexualidad de la Argentina) を刊行し
　　ている。

性愛者にエイズというスティグマを負わせて差別や偏見を増幅した。しかも
この時期のラテンアメリカはのちに「失われた 10 年」と呼ばれる経済危機
と政治の民主化という大変動の中にあった。それにエイズの流行が重なった
のである。LGBT の人々には厳しい試練を強いたが、エイズ禍は社会におけ
る LGBT の位置づけと LGBT 組織の方向性・目的等の大きな転換点となった。
それは感染対策を介した当事者組織・運動と内外の諸機関の結びつきであり、
関係のグローバル化とも言うべき変化であった。

（1）米国における HIV エイズと LGBT 運動

　1970 年代の米国ではゲイやレズビアンの組織化が進み、各地でプライド・
パレードが実施され、音楽・出版などの文化発信も活発であった。プロテス
タント教会の中には多様性を尊重し、LGBT を受け入れるものも現れた。カ
ムアウトしたゲイ・レズビアンの民主党下院議員も誕生した〔31〕。このよう
に順調に進むかにみえた LGBT の権利運動であったが、エイズの流行によっ
て 80 年代、90 年代はその対応に追われることになる。

　1981 年 7 月、米国の同性愛者の間で未知の病気が広がっていることが一
般のメディアで報じられた。1982 年には疾病対策センター（CDC）がエイズ
(後天性免疫不全症候群) と命名し、ゲイだけの感染症ではないこともわかって
きた。しかし、感染者や発症者の多くが男性同性愛者であったために「ゲイ
のペスト」「ゲイの癌」と呼ばれ、同性愛者は社会を脅かす存在とみなされ
た。86 年には原因のウイルス HIV が特定され、87 年には最初の治療薬が承
認されたが、有効な治療法が開発されるのは 1996 年のことであった。同性
愛者や支援者はアクトアップ・エイズ連盟（ACT UP － AIDS Coalition to Unleash
Power）などを組織し、政府に適切な対応を求めた。要求には治療支援、差別
禁止などだけでなく、同性パートナーシップ制度あるいは同性婚の法的承認
が加わった。パートナーの感染や死に際して、同性カップルには何の権利も
なかったためである。またこのような現実からゲイの権利も人権として捉え
られるようになっていった ［Encarnación 2016: 25］。

---

〔31〕 Bonnie J. Morris, "A Brief History of Lesbian, Gay, Bisexual, and Transgender Social Movements."
　　 American Psychological Association, July 21,2017. http://www.apa.org

感染は世界中に広がり、国際社会にとって途上地域支援が喫緊の課題となった。1990年代からは政府機関、国際機関、そして多くのNGOが支援活動を本格化し、予防活動・医療サービス提供のために先進国から途上国に莫大な資金が動いた。

（2）ラテンアメリカ諸国のエイズ対応

ラテンアメリカでも1982年、83年に数か国で初の発症例が報告された。だが、1980年代半ばのこの地域では経済的には債務危機が始まり、政治的には軍政末期あるいは民政移管直後の移行期にあったため、この感染症の重大性がすぐさま認識されることなく、政府の対応は遅れた。むしろ当初には、ラテンアメリカとは関係のない「欧米のもの」とみなす風潮さえあった〔32〕。

最初に行動を起こしたのは当事者組織である。アルゼンチンは1983年に、ブラジルは1985年に民政移管を実現し、軍政期に押さえ込まれていた市民社会運動が活発になっていた。メキシコでも1929年から続く権威主義体制がほころび始め、さらに1985年の首都大地震を機に市民の自助活動が本格化していた。80年代半ば以降、各国で多くのLGBT組織が誕生し、先進国からの情報にもとづいて感染予防策の普及と感染者支援にあたった。80年代末になると、各国政府も国際機関や海外の諸団体からの圧力で、ようやく対策を開始する。だが1996年までの対応は、感染予防に努め、発症者が他の疾病を併発しないよう防ぐことだけであった。

アルゼンチンでは国内外の圧力により、1990年に国家エイズ法（Ley Nacional de SIDA）が制定され、治療に関する個人の決定権、医師・患者の守秘義務、感染者への差別禁止、情報・教育の提供が定められた。さらに94年の法律により、すべての医療機関がエイズ治療を行い、患者自身の支払いが困難な場合には保健省が医療費を負担することにもなった。対策が遅れがちな政府とは対照的に、同性愛者団体であるCHAは80年代から国際機関やNGOの支援を受けながら予防活動を一手に引き受けた。そして1992年に政府公認団体となった［Encarnación 2016: 118-119］。

---

〔32〕 ブラジルでは海外旅行を楽しむ資産をもったゲイの疾病であると考えられていたし［Thorsen 2010: 85］、メキシコではゲイ雑誌に、アメリカ人との性交渉を避けることで命が助かるという記事が掲載された［Teutle López 2013: 194］。

40　　ラテンアメリカのLGBT

　ブラジルでは、サンパウロ州保健省のようにいち早く始動した地方行政機関もあった。しかし連邦政府は事態が深刻化し、世銀の警告をうけてから、ようやくエイズ国家プログラム（Programa Nacional DST/AIDS: PNDA）を立ち上げ、96 年の連邦法によって感染者の投薬治療の無料化と普遍化を定めた。2000年代半ばまでにブラジルの感染は予測よりも低く抑えられたが、それは感染防止対策の必要性を訴え、政府に積極的に協力した同性愛者や人権活動家たちの努力によるところが大きかった。彼らは 88 年憲法の健康に関する条項に準拠して、エイズ治療が人権であることを主張した。また政府と LGBT組織の連携は後者の NGO 化を促進した［Encarnación 2016: 173-176］。

　メキシコでもさまざまな組織がエイズに関する情報やサービスの提供などに奔走した。政府も米州保健機関（Pan American Health Organization: PAHO）〔33〕からの要請によって 1986 年に委員会を、1988 年に国家エイズ予防管理審議会（Consejo Nacional de Prevención y Control del SIDA: CONASIDA）を設置した。CONASIDA はエイズ予防のために流入する膨大な国際資金の受け入れ・管理機関となる。「市民団体」（Asociación Civil: A.C.）として登録する組織も現れ、当事者・支援団体、政府、国際機関の間には新しい協力関係ができていった。その一方で、CONASIDA などによる「安全なセックス」キャンペーンはカトリック教会や保守派の強い反発を招くことにもなった［Carrillo 2002: 216-218］。

　内戦終結直後のニカラグアでも 1986 年末から半地下組織による支援活動が始まった。ゲイ・レズビアン活動家が人民エイズ教育集団（Popular Education AIDS Collective: CEPSIDA）を結成し、80 年代末にはその活動をサンディニスタ政権の保健省が支援した［Thayer 2010: 160; Babb 2010: 276］。ペルーでも 90 年代に「性感染症・エイズ管理計画」（Programa de Control de Enfermedades de Transmisión Sexual y SIDA: PROCETSS）が発足し、2000 年代に入ると政府、グローバル基金、米国開発庁（US Agency for International Development: USAID）、NGO などが協力して対応した［Vargas 2015: 24-2］。またコスタリカも USAID などと協力関係にあった〔34〕。

────────────
〔33〕PAHO は米州システムの保健部門であると同時に WHO の地域機関でもある。
〔34〕USAID 2002. "HIV/AIDS in Peru and USAID Involvement." https://pdf.usaid.gov>pdf_docs>Pnacq946 ; USAID 2002. "HIV/AIDS in Costa Rica and USAID Involvement." https://pdf.usaid.gov.>pdf_docs>Pnacq151

序章　LGBTの権利保障をめぐる政治　　*41*

　本書で対象とする6か国では、HIV感染とエイズ発症事例の増加を機に、LGBT組織・他の市民組織・政府間だけでなく、国際機関・国際NGOとの間にも連携関係ができあがっていったのである。2004〜05年をピークとして世界のエイズに関連する死亡件数は減少に転じた〔35〕。しかし、2022年8月のPAHOの報告書によれば、ラテンアメリカ・カリブ地域での年間新規感染者は12万人、死者は3万5000人で、新規感染者は2010年から5％増となった。エイズは現在も継続する問題であり、PAHOは2000年から治療のための戦略的基金を設置し、資金援助を行っている〔36〕。その根絶はSDGs第3目標の一つにも掲げられており、国連合同エイズ計画（UNAIDS、1994年発足）、PAHOなどの国連機関、米国開発庁などの各国機関、世界エイズ・結核・マラリア対策基金（Global Fund）など、さまざまな国際団体が支援活動を継続している。

（3）エイズとLGBT組織・運動の変化

　エイズの世界的拡大に各国政府、国内のさまざまな組織、国際機関、国際NGOなどが連携を図りながら対策を進めたことは、ラテンアメリカのLGBTを取り巻く環境とLGBT運動のあり方そのものを大きく変えた。その変化を以下の4つにまとめる。

①第1の変化はLGBTの人々が社会の中で実際に生活しているということが広く認識されたことである。エイズ禍において当事者の人々が好意的に認知されたわけではなかったが、各国政府は無関心でいることを許されず、公衆衛生の問題としてではあったが、LGBTの人々と初めて向き合った。政府がそのようにしたのは、WHO、PAHO、UNAIDSなどが政府に圧力をかけたこと、国際的なエイズ対策の枠組みを通して莫大な資金が動いたことなど、外的要因も大きかった。このパンデミックは世界的現象であり、ラテンアメリカが自力で対応できる範囲を遥かに超えていた。だがそれだけでなく、エイズの国際的な取り組みが抵抗なく

〔35〕Our World in Data, "HIV/AIDS." https://ourworldindata.org （2023年7月20日閲覧）
〔36〕PAHO, "HIV/AIDS:40 Years Tackling an Epidemic That Has Marked Humanity." August 2022. https//www.paho.org

受け入れられた背景には、民主主義体制を維持しながら、国際協力の中で債務危機をなんとか乗り越えつつあった 1990 年代のラテンアメリカ諸国では、西側諸国のグローバル標準に合わせた国内の政治経済制度の再編が進められていたこと、すなわち政治経済のグローバル化があったと考えられる。

②第 2 の変化は LGBT 組織と他機関・他組織などとの連携にみられる。エイズ以前の当事者組織には左翼イデオロギーが強く、政府に批判的かつ反米的で、ゲイという言葉さえ拒否していた。だが組織の活動がエイズ対策と予防教育に移る中で、政府との緊密な連携が不可欠となり、政府公認の NGO（あるいは市民団体）としての登録も増えてきた。それを政権批判や広い視点に立った運動のアドボカシー能力の低下とみることもできようが、むしろ個人的には活動家たちがキューバ革命の呪縛から解放され、より現実的な路線に転換した、と捉えたい。キューバ革命の成功は当初、ラテンアメリカの左翼活動家に革命による社会変革の幻想を抱かせた。だが、キューバの現実〔37〕への失望と冷戦終結、そして軍政下の厳しい弾圧を経て、自国の民主化と市場経済化を肯定的に、あるいは抗えない現実として受け止め始めていた。このような活動家の姿勢の変化も、国際機関と欧米先進国が中心になって策定したエイズ対応策が容易に受け入れられた背景にあったと考えることができる。この時期からゲイという自己規定が一般化し、ゲイ文化週間なども開催されるようになった。また次節で述べるように、政党とのつながりを強め、選挙をとおして政治に直接参加する当事者も現れてくる。

③第 3 の変化は、「人権」が強く意識され、権利として医療サービスやパートナーシップ制度が求められるようになったことである。HIV エイズは国民全体の公衆衛生に関わる事案であり、国家にはそれに対処する責

---

〔37〕キューバでは同性愛は革命の敵として弾圧されてきたが、1986 〜 94 年には HIV 陽性者の隔離政策がとられた。Julian de Mayo, "Cuba's HIV Sanatoriums: Prisons or Public Health Tools? " NACLA (North American Congress on Latin America), 2017/11/29. https://www.nacla.org>news>2017/11/29 (2023 年 7 月 23 日閲覧)

任・義務があるとの認識が広がった。また法的家族でない同性カップルはパートナーが感染し死亡しても何もできない、何も保障されないという現実に直面した。

「人権」が意識された背景にはラテンアメリカ固有の事情がある。すなわち軍政下の国家犯罪（「汚い戦争」と呼ばれる）による人権侵害の記憶である。ほんの少し前まで、反政府的と目される人々が秘密裏に拉致、監禁、拷問、殺害されていたのである。民政に復帰するや否や、多くの市民団体がその犯罪の実態を暴き、責任を追及し始めた。本書で扱う国の中ではアルゼンチンの人権侵害がもっともひどく、軍政の時代から行方不明者（強制失踪者）を捜す活動が行われていた〔38〕。民政移管直後には新政府によって真相究明委員会が設置され、1984 年には『二度と再び』（Nunca Más）と題する報告書が出ている。またアルゼンチンの場合はカトリック教会が軍部と緊密な関係にあったために、民政移管後に教会の権威が失墜することにもなった。人権の尊重という理念を共有することにより、LGBT の要求は他の人権団体の理解と共感を得て、両者の連携が急速に進んだのである。

　ブラジルでは民主化を象徴する新憲法が 1988 年に発効した。民主主義、基本的人権を柱とする進歩的なこの憲法では、196 条から 198 条にわたって、健康はすべての国民の権利であり、国家には経済・社会政策をとおして国民が健康に普遍的かつ平等にアクセスできるようにする義務があることが定められた。LGBT 組織は憲法の差別禁止項目に性的指向・性自認が明記されることを強く望んでいたが、それはかなわなかった〔39〕。しかし後述するように、2003 年に国連人権委員会においてブラジル代表は、性的指向にかかわらずすべての人に人権と自由を保障することを求める決議案を提出した。結局、それは取り下げられたが、これが SOGI 議論の先鞭を切った。

---

〔38〕政府の責任を追及したわけではないが、家族が行方不明になった母親たちが毎週、行進をおこなう「五月広場の母たち」の活動が象徴として知られている。また 1980 年には人権活動家アドルフォ・ペレス・エスキベル（Adolfo Pérez Ezquivel）がノーベル平和賞を受賞した。

〔39〕Chamber of Deputies 2010. "Constitution of the Federative Republic of Brazil." https://globalhealthrights.org. 3 条 IV では「出身、人種、性、肌の色、およびその他の形の差別に関する偏見なく」という表現にとどまっている。

44   ラテンアメリカのLGBT

　メキシコでは 1983 年に憲法第 4 条にすべての人が必要時には医療を受ける権利をもつこと、そして国家・州が公衆衛生のために協働することが盛り込まれた [40]。人権に関しては 1990 年に国家人権委員会（Comisión Nacional de los Derechos Humanos: CNDH）が設置された。それは 1994 年に発効する北米自由貿易協定の締結相手である米国が、メキシコの人権状況を不安視し、圧力をかけたためであった。また 2003 年には連邦差別防止撤廃法（Ley federal para prevenir y eliminar la discriminación）が制定され、管轄機関である国家差別防止委員会（Consejo Nacional para Prevenir la Discriminación: CONAPRED）が発足した。さらに 2011 年の憲法改正で第 1 章（1 〜 29 条）の見出しが「個人の保障」（garantías individuales）から「人権とその保障」（derechos humanos y sus garantías）に変更され、差別禁止項目のなかに「性的嗜好」（preferencias sexuales）[41] が明記された。

　このように「人権」は 1990 年代のラテンアメリカ諸国のさまざまな活動を結びつけるキーワードとなったのである。

④最後の変化は、LGBT の多様なアイデンティティが生成し、「性とジェンダーの多様性」（diversidad sexual y de género）[42] の尊重へとつながる流れができたこと、そしてそれらを包括する組織や、多様な団体をとりまとめるアンブレラ団体が形成されるようになったことである。アルゼンチンのブエノスアイレスでは 1993 年にトランス連合（Asociación de Travestis, Transexuales y Transgéneros de Argentina: ATTTA）が、警察の職権乱用による嫌がらせに対抗すべく発足した。それは今もなおトランスの人々のネットワークとして人権を守る活動を行っている [43]。また 1991 年にはトランスジェンダーや異性装など、すべてを含めた性的マイノリティを代

---

[40] Instituto Nacional de Desarrollo Social, Gobierno de México, "Constitución Política de los Estados Unidos Mexicanos." 16 de junio de 2021. https://www.gob.mx
[41] 2001 年の憲法第 1 条改正時には、差別を禁じる事由の一つとして、嗜好（las preferencias）と表記されていたが、2011 年の改正によって性的嗜好（preferencias sexuales）と明記された。保守派の反対によって性的指向（orientación sexual）を用いることはかなわず、嗜好という表記はその妥協の結果といえる。
[42] 「性」より「セクシュアリティ」のほうが適切だと考えるが、このフレーズに関して本章および終章では「性とジェンダーの多様性」で統一した。
[43] ATTTA, "Historia." http://attta.org.ar（2023 年 7 月 29 日閲覧）

序章　LGBT の権利保障をめぐる政治　　*45*

表する組織として「市民権を求めるゲイ」（Gays por los Derechos Civiles: Gays DC）が、ハウレギらによって発足した。97 年に CHA がそれを統合すると、CHA そのものが多様な性・ジェンダーの利益を代弁するようになった［Encarnación 2016: 121-123］。

　ブラジルでは 1995 年に LGBT 横断的な「ブラジル LGT 連合」（Associação Brasileira de Lésbicas, Gays, Bissexuais, Travestis, Transexuais e Intersexsos: ABGLT）が発足した。90 年代にはエイズ予防に取り組み、2004 年に始まる「ホモフォビアなきブラジル計画」の構想、活動にも参加した。2009 年には国連経済社会理事会の諮問団体にもなった[44]。メキシコでも 96 年には、250 団体が参加するセクター横断的な「民主主義とセクシュアリティ・ネットワーク」（Red Democracia y Sexualidad: DEMYSEX）が発足した。それは性教育、セクシュアリティの権利、リプロダクティブヘルス・ライツに関わる諸組織のアンブレラ団体で、市民団体（A.C.）として登録され、CONASIDA の予防委員会にも参画している[45]［Díez 2015: 92-94］。このように 90 年代以降には健康へのアクセスだけでなく、セクシュアリティも人権と結びつけて解釈されるようになっていった。

　民主化、経済のグローバル化、そしてエイズという三重の大変動期に、アルゼンチン、ブラジル、メキシコの LGBT 活動家たちは「人権」という理念を共有して他の市民組織、政党などと連携を強め、権利実現に向けて基礎固めをしていった。民主主義の「優等生」であるコスタリカではもとから政党政治が根付いていたため、この 3 か国のような民主化という大きなうねりはなかったが、エイズ禍で LGBT 当事者や支援者による市民活動が活発になった。また人権に関する国内法が米州人権システムと直結しているという特殊な条件も加わって、かなり唐突に LGBT の権利保障へと進んでいった。

　それに対して、ペルー、ニカラグアでは性的マイノリティが声を上げるのを許すような状況ではなかった。ペルーでは 1980 年の民政移管後に、センデロ・ルミノソ、トゥパク・アマル革命運動などの左翼ゲリラが勢力を拡大し、

---

［44］ ABGLT, "Historia de Luta." https://www.abglt.org（2023 年 7 月 22 日閲覧）
［45］ Democracia y Sexualidad, A.C., https://movimientodeaccionessocial.org.mx（2023 年 7 月 22 日閲覧）

90 年代を通して国内は混乱した。政権は国民に対しても抑圧的にならざる
をえなかった。21 世紀にはいりゲリラの脅威が消滅しても、政情は不安定
なままである。ニカラグアでは、内乱終結後しばらくは選挙によって政権交
代が行われていたが、政治は安定せず、2007 年からはオルテガの独裁政権
が続いている。社会経済的にもラテンアメリカの最貧国の一つである。この
ような各国の政治社会状況については、各章で詳しく述べられる。

6．LGBT 権利の政治争点化とバックラッシュ

　21 世紀のラテンアメリカでは、同性パートナーシップ制度や同性婚だけ
でなく、法的名前や性別の変更、ノンバイナリーの承認、トランスジェン
ダーへの差別・暴力への対応など、新たな要求への取り組みが始まる一方で、
それに脅威を覚える人々の抵抗が強まり、セクシュアリティ・ジェンダーに
関わる諸問題が争点化している。現在のラテンアメリカの LGBT というイ
シューを考えるとき、まず理解すべきは国際環境の変化、すなわち国連等で
の議論を経て LGBT の権利を国際人権の中に位置づける枠組みが形成され
たことである。そして一部のラテンアメリカ諸国はその過程に積極的に関与
してきた。だが、国際的な枠組みを国内の政策にどのように反映させるかは
その国の政治社会情勢による。国際的な枠組みと歩調を合わせるかのように
国内での改革を進める国もあれば、消極的な国もある。本節では国際的な議
論の推移を概観したのち、政治と宗教の関係に焦点をあてて、現在のラテン
アメリカの LGBT 権利をめぐる二つの力のせめぎあいについてまとめる。

（1）国際人権枠組みにおける LGBT の権利とラテンアメリカ
同性シビル・ユニオン、同性婚の承認
　第 2 次大戦後のヨーロッパではソドミー法とヨーロッパ人権条約（1951 年
発効）の適合性が議論されてきたが、1980 年代に初めてソドミー法が同条約
の「私生活の尊重を受ける権利」を侵害しているという判例が確立した。そ
して 1990 年代にさまざまな国際機関で同性愛が人権課題として議論される
ようになった［谷口 2015a: 151-154］。同時期の 1989 年には登録パートナーシッ

プ制度がデンマークで導入された。フランスでは民事連帯契約（PACS）が1999年に施行され、性別を問わず二人の成人の間で安定した持続的共同生活を営むことが可能となった。さらに2001年にはオランダで同性婚が承認され、2003年ベルギー、2005年スペインと続いた。欧米先進国の流れは同性シビル・ユニオンの承認、そして同性婚の承認へと向かっていった。

　フランスのPACSおよび旧宗主国でありカトリック国でもあるスペインでの同性婚の合法化は、ラテンアメリカの権利要求運動を後押しした。同性シビル・ユニオンはブエノスアイレス市で2002年に、ブラジル・リオグランデドスル州で2004年に、メキシコシティ〔46〕では2006年に認められた。また2010年にはアルゼンチン全土で、メキシコでは首都で同性婚が承認された。

国際人権理事会とラテンアメリカ

　ラテンアメリカでこのような新たな法律・制度が整備され始めた頃、国際社会では性的指向・性自認（SOGI）に関する議論が活発に行われていた。そして「SOGIを理由とする差別はあってはならない」「セクシュアリティは人間の本質をなし、それに関する権利保障は人権保障であり、人間としての『尊厳』の保障であらねばならない」〔三成美保 2015: 4〕とする考え方が主流となっていった。そのような議論と合意形成の舞台になったのは、国連人権理事会〔47〕（2006年国連人権委員会から改組・改称）である。そこでラテンアメリカの理事国は性的マイノリティ差別の禁止とその尊厳と平等な権利の保障に向けた議論において重要な役割を果たした。

　まず2003年4月、ブラジルが同委員会に、性的指向に関係なくすべての人々に人権と自由の保障を求める「人権と性的指向」決議案（UN E/CN.4/2003/L.92, 17 April 2003）を付議した。東欧・アジア・アフリカなどの反対によって最終的には取り下げられたが、これを機に性的指向の議論が本格化した。そ

---

〔46〕メキシコシティの同居社会法（Ley de sociedad de convivencia）では、民事登記局に登録した成人二人には、性別を問わず、相互扶助権、相続権、後見人資格等が認められた。*Gaceta Oficial del Distrito Federal*, 16 de noviembre de 2006. https//cgsservicios.df.gob.mx
〔47〕人権理事会は国連総会が秘密投票によって絶対過半数原則で選出した47理事国から構成され、ラテンアメリカ・カリブ海諸国は8議席を有する。その他の地域の議席数はアフリカ13、アジア・太平洋13、西欧他7、東欧6。任期3年、連続2期6年まで。United Nations Human Rights Council, https://www.ohchr.org（2023年7月27日閲覧）

48　　ラテンアメリカの LGBT

れは他国の支援を受けての共同提案であったが、「ブラジル決議」（Brazilian Resolution）と呼ばれている。決議案提出は、ブラジルでルーラ（Luiz Inacio Lula da Silva）大統領が率いる左派の労働者党（Partido dos Trabalhadores: PT）政権が発足した直後のことであった。その後 2016 年までの PT 政権下では LGBT のための改革が進んだ。

　性的マイノリティの人権保護にとって第一の標石は、2006 年国際人権法専門家会議で策定された「ジョグジャカルタ原則」である。そこには、すべての人間は生まれながらにして自由で尊厳と権利において平等であること、しかし SOGI を理由とする深刻な差別や弾圧・人権蹂躙が存在すること、ゆえに国家は法規定においてすべての人権の普遍的享受を保障すべきこと、などが明記された。その後、この原則を追認する形で国連人権理事会にいくつかの共同声明が出されたが、それにも南米諸国が関わっていた。2008 年 12 月、同理事会発足 60 周年を記念する「人権、SOGI に関する共同声明」の提出にはアルゼンチン、ブラジルが加わり、また 2011 年の「SOGI にもとづく暴力を終わらせるための共同声明」の代表提出国はコロンビアであった。

　第二の標石は 2011 年 6 月 17 日の国連人権理事会での「人権、性的指向・性自認に関する決議」の採択、およびそれにもとづいて人権高等弁務官事務所が作成した報告書「生まれながらの自由と平等――国際人権法における SOGI」（Born Free and Equal: Sexual Orientation and Gender Identity in International Human Rights Law）[48] である。さらに 2014 年にはブラジル、チリ、コロンビア、ウルグアイが「人権、SOGI に関する決議」を提案し、2011 年報告書のフォローアップを求めた［谷口 2015b: 123-127; 谷口 2017: 227-231; 畑 2019: 282-285］。

　国連創設 70 周年にあたる 2015 年には、持続可能な開発目標（SDGs）と関連付けたイベントで、国連の 12 機関が LGBT の人々に対する暴力と差別を終わらせるための緊急行動を各国に呼びかける共同声明を出した［椎野 2018: 120-121］。さらに 2016 年 6 月末には人権理事会で「SOGI を理由とする暴力と差別からの保護」に関する決議が可決された。この決議案は LGBTI コアグループメンバー[49] のラテンアメリカ 7 か国（アルゼンチン、ブラジル、チリ、

〔48〕日本語訳は、国連人権高等弁務官事務所（山下梓訳）2016 年『みんなのための LGBT 人権宣言』合同出版。
〔49〕LGBTI コアグループは国連のインフォーマルな地域横断的組織として、LGBT の人々に対して

コロンビア、コスタリカ、メキシコ、ウグルアイ）および 41 か国の共同提出であった。

　このように、SOGI が世界人権宣言第二条の「いかなる事由による差別も受けることなく、宣言に掲げるすべての権利と自由を享受できる」属性の一つであるとする認識が形成され、国際人権法を根拠に SOGI のいかんにかかわらず平等な権利を保障し、差別・暴力を禁じることが各国政府の義務として捉えられるようになった。とはいえ、2016 年決議においても、賛成 23 票、反対 18 票、棄権 6 票という結果が示すように、アジア・アフリカ諸国の多くは反対・棄権票を投じた。だがこの決議に関して、ILGALAC（ラテンアメリカ・カリブ海地域国際 LGBTI 連盟）からは、「ラテンアメリカ諸国は私たちの人権状況の改善に向けた共通の道筋を築く上でとても重要な役割を果たした」との賛辞が送られた〔50〕。

　一部とはいえ、なぜラテンアメリカ諸国は LGBT に関する国際的な人権レジーム構築にこれほど積極的に関わってきたのであろうか。推測にすぎないが、そこには軍政の負の遺産を清算し、新たな民主国家として法律・制度を整備しつつあるという自負と、国連原加盟国〔51〕として、そして米州人権システムを構成する国としての人権に対する矜持が、少なくとも国際舞台で活動するエリート層にはあったのではないだろうか。

（2）米州人権条約と米州人権裁判所

　米州とは南北アメリカに位置する米国、カナダ、ラテンアメリカ、カリブ海諸国 35 か国を含む地域である。この地域の紛争処理や問題解決にあたる国際機関が 1951 年に発足した米州機構（Organization of American States: OAS）である。原加盟国は米国とラテンアメリカ 20 か国であったが、その後、カナダ、カリブ諸国すべてが参加するに至った。しかし 2023 年 11 月にニカラグアが脱退したため、現在の加盟国は 34 である。発足から 40 年間は冷戦期

　人権尊重と基本的自由を保障するための活動を目的として、2008 年に設置された。2024 年 4 月時点でラテンアメリカは 12 か国が参加し、アルゼンチンはオランダと共同チェアを務めている。ちなみに日本もこのメンバーである。UN LGBTI Core Group, https://unlgbticoregroup.org （2024 年 4 月 25 日閲覧）

〔50〕Human Rights Watch,「国連：性的指向と性自認に関する歴史的一歩」2016 年 7 月 1 日。https://www.hrw.org>news>2016/07/01

〔51〕原加盟国 51 か国中 20 か国はラテンアメリカであった。

50　ラテンアメリカのLGBT

にあり、OASは共産主義の脅威からアメリカ大陸を守るための反共の砦として、主にキューバ革命の地域への影響を食い止めることを使命としてきた。しかし冷戦終結後は平和・民主主義・経済社会開発等の分野に活動を移している。

　OAS発足前の1948年に「米州人権宣言」が発せられ、1959年には米州人権委員会が設置されたが、地域の基本的人権保障のための枠組みを強化するために、米州人権条約（American Pact on Human Rights, 別称サンホセ条約）が1969年に制定され、1978年に発効した。また条約の適用・解釈を行う独立した司法機関として、米州人権裁判所が設置された。OASは米国主導の機関であるが、米州人権条約に関しては米国もカナダも批准しておらず、2024年10月時点での条約批准国はラテンアメリカ18か国（キューバ、ベネズエラを除く）とカリブ5か国の計23か国である。そのうちラテンアメリカ18か国とカリブ2か国が米州人権裁判所の管轄権を受け入れている〔52〕。条約および人権裁判所は米州を冠しているものの、実質的にそれを構成するのはラテンアメリカであるといえよう。

　人権裁判所はLGBTに関しても明確な方向性を示すようになる。一つ目は裁判所ではなくOAS総会においてであるが、2008年にSOGIを理由とする人権侵害を非難する決議が満場一致で採択されたことである。これはジョグジャカルタ宣言などにもとづく国連人権理事会での議論に呼応するものであったと考えられる。二つ目はアタラ・リフォ（Karen Atala Riffo）の訴えに対する同裁判所の裁定である。彼女の元夫は離婚時に3人の娘の親権をアタラ・リフォがもつことに同意していたが、その後に彼女がレズビアンであることをオープンにしたところ、元夫が3人の娘の親権の返還を求め、チリ最高裁がそれを認めた。そしてこの件で提訴をうけた米州人権裁判所はチリに米州人権条約違反の裁定を下したのである。これは同裁判所がLGBTの権

---

〔52〕ニカラグアは2023年11月のOAS脱退後も、米州人権裁判所のホームページでは加盟国、管轄権受け入れ国として記載されている。また米国国務省等は、ニカラグアの脱退は米州人権条約等、人権に関する義務を無効化するものではないとしている。Inter-American Court of Human Rights, https://www.corteidh.or.cr（2024年10月6日最終閲覧）；Wilfredo Miranda Aburto "The Ortega Regime Has Officially Withdrawn Nicaragua from the OAS." *El País*, 21 nov, 2023. https://english.elpais.com；US Department of State, Press Statement, "Accountability for Daniel Ortega and Rosario Murillo Following OAS Departure." November 19, 2023. https://www.state.gov

利に関わった初めての事案であった〔53〕。そして三つ目がコスタリカ政府からの諮問に答える形で2017年に裁判所が出した「意見勧告」である（通達は2018年1月）。それは、①性自認の権利保護は米州人権条約に含まれること、②性自認による名前の変更には外科手術やホルモン療法を義務づけず、国の実情に合わせて簡易な手続きを設置すればよいこと（裁判手続きがなければなおよい）、③同性カップルの関係を家族として認め、いかなる差別も禁じられること、としていた［尾尻 2021: 7-8］。

　コスタリカでは人権に関して、米州人権委員会および米州人権裁判所の権限を「例外なく認める」とし、米州人権裁判所の訴訟判決や意見勧告が国内で法的拘束力をもつとみなされてきた［尾尻 2021: 5-6］。ゆえに、米州人権裁判所の意見勧告は2020年のコスタリカにおける同性婚の承認へと自動的につながっていった。しかし、2018年1月に意見勧告の内容を知った国民の間には動揺が広がり、同性婚は突如、大統領選の争点となり、合法化されたのちもわだかまりを残している。

　2017年の米州人権裁判所の意見勧告は管轄権を受け入れているラテンアメリカ18か国では法的拘束力をもつ。だが、速やかにそれを受け入れて自国の法制度改革に着手するのが困難な国も多い。しかし、ここで確認しておきたいのは、政情不安、貧困・格差、社会経済開発の遅れなどから、人権保護とは縁遠いとみなされがちなラテンアメリカが、米州人権システムの中に統合された地域であり、独自の人権条約や人権裁判所をもっていることである。そして人権裁判所はLGBTの人権に関しても機能し始めている。これは他のアジア・アフリカなどとは異なった、むしろ西欧に近い地域の特徴といえよう。

　さらにサブリージョナルな動きとして、南米南部共同市場（MERCOSUR）の社会労働宣言にも言及しておきたい。それは1995年にアルゼンチン、ブラジルを中心に南米諸国の市場統一を目的として発足したが、1998年の社会労働宣言には1条の雇用・就業に関する差別禁止項目に性・性的指向が、2015年の同宣言には第4条に性・性的指向と並んで性自認が明記された〔54〕。

〔53〕Loyola Law School, "Atala Riffo and Daughters v.Chile." https://iachr.iis.edu（2023年7月22日閲覧）
〔54〕"Decralación Sociolaboral del Mercosur 1998." https://www.argentina.gob.ar; "Decralación Sociolaboral del Mercosur 2015." https://documentos.mercosur.int （2024年9月7日閲覧）。メルコスール加盟国

52　　ラテンアメリカのLGBT

　このようにラテンアメリカには地域的、あるいは亜地域的な人権保護枠組が存在している。だが、あえて指摘するまでもなく、人権システムに組み入れられているだけで、現実に人権が保障されるわけではない。

（3）対抗勢力のせめぎ合いとバックラッシュ

　2000年代半ば以降、ラテンアメリカの一部の国ではLGBTの権利を守るための法律・制度が整えられてきたが、それは国際的な人権解釈を根拠とし、国内の人権意識の高まりと多様な要求運動を推進力としていた。だがそれと平行して抵抗勢力も弾みをつけ、LGBTの包摂と排除をめぐる覇権争いが激しさを増している。もっとも強力な反対勢力はカトリック教会およびプロテスタント福音派（エバンヘリコ）という宗教勢力であるが、とくに後者は積極的に政治に介入し、ラテンアメリカの政治や選挙のありようまでを大きく変えつつある。だがすべての教派がLGBTを敵視しているわけでなく、プロテスタント系のメトロポリタン・コミュニティ・チャーチ（1968年米国で設立）のように、LGBTの人々の信仰心を支えているものもある[55]。だが政治的存在感が際立っているのはエバンヘリコである。

包摂に向かう力

　2000年代から権利保障が急速に進んだ要因の一つに、左派政権の存在がある。民主化によって各国では多様な政党が発足し、2010年代半ばにかけて南米諸国は左派政権の下にあった。ブラジルでは2003年から左派労働者党（PT）政権が発足するが、1980年の結党時からLGBT運動とはつながりがあり、PT政権はその権利実現に積極的に取り組んだ。アルゼンチンでも2003年以降、ペロン党左派のN・キルチネル（Nestor Kirchiner, 任期2003〜07年）、クリスティーナ・フェルナンデス（Cristina Fernández K., 任期2007〜15年）のもとで制度化が進んだ。クリスティーナは同性婚承認の先頭にたったことで知

はアルゼンチン、ブラジル、パラグアイ、ウルグアイ、ボリビア（国内批准手続き中）、ベネズエラ（2016年から加盟資格停止中）。

[55] メトロポリタン・コミュニティ教会は「ゲイ、LGBTと人権」を標語としている。アルゼンチン、ブラジル、コスタリカ、メキシコなど地域6か国の諸都市にいくつもの支教会をもつ。米国以外で支教会がもっとも多いのはラテンアメリカである。Metropolitan Community Churches, https://www.mcchurch.org（2023年7月22日閲覧）。

序章　LGBTの権利保障をめぐる政治　　*53*

られている。メキシコの権利保障を牽引したのは首都であったが、1997 年
から 2018 年の間、首都の政治は新生の左派政党「民主革命党」(Partido de la
Revolución Democrática: PRD) の手中にあった。またコスタリカでも 2014 年の大
統領選で勝利した市民行動党 (Partido Acción Ciudadana: PAC) の下で、低迷して
いた LGBT 政策が動きだした。PAC は LGBT 支援を初めて公言した政党で
ある。左派政党は市民運動と親和性が高く、人権意識が強いこと、一般的に
カトリック教会と距離を置いていることなどから、LGBT のための改革を支
援する傾向にある。また選挙での競争が激しくなる中で、LGBT の権利に関
して賛成あるいは反対の立場を鮮明にすることは、支持の獲得にもつながっ
た。

　21 世紀にはいって顕著になったのは当事者の政治参加である。メキシコ
では 1982 年に初めて 2 人の当事者が国政選挙に出馬した。このときは当
選には至らなかったが、1997 年にレズビアンであることを公表していた
ヒメネス (Patria Jiménez) が初の下院議員 (PRD) になった。アルゼンチンで
は 2011 年にゲイを公表し同性婚をしているラモン・ロペス (Osvaldo Ramón
López) が上院議員になり〔56〕、ペルーでも 2014 年にベテラン議員のブルー
セ (Carlos Bruce) がゲイであることをカムアウトし、2016 年にはゲイを公に
している候補者ベラウンデ (Alberto de Belaúnde) が当選した〔57〕。当事者の国
政や地方政治への参加は、議会での審議を進め、法改正を促進する力となっ
ている。メキシコでは 2021 年の下院選挙で少数者集団に対するアファーマ
ティブ・アクションが暫定的に実施された。その対象集団の一つが性的多様
性 (diversidad sexual) であり、各政党には 1 人区で 2 名以上、比例代表区で 1
名以上 (候補者リスト上位 10 位以内) の候補者擁立が義務づけられた。その結果、
この枠で 4 名の当事者が下院議員となった [畑 2022: 79-80]。その後、マイノ
リティに対する特別枠の設置は 2023 年 3 月の選挙法等の改正に盛り込まれ

---

〔56〕 "Osvaldo Ramón López became Argentina's First Openly Gay, Married Senator." On Top Magazine,
　　 July 29, 2011. http://www.ontopmag.com（2023 年 7 月には確認できたが、2024 年 6 月 5 日時点では
　　 アクセス不能。しかしこの事実に関しては他の情報から確認済み）
〔57〕 "Insults and Support Greet Peru's First Openly Gay Congressman." NBC News, May 27, 2014. https://
　　 www.nbcnews.com; "Gay Peruvian Congressman Resigns." Bay Area Reporter, October 2, 2019. https://
　　 www.ebar.com.

た〔58〕。

排除に向かう力

政治活動の自由、政治の多元化はLGBTの権利推進派だけでなく、それを拒絶・阻止しようとする勢力にとっても政治に参加し、影響力を行使する好機となった。カトリック教会、エバンヘリコ教会および関連諸団体は政治活動をとおして政策決定に影響を与えるだけでなく、さまざまなキャンペーンを展開してLGBTフォビアを煽ってきた。カトリック教会はこれまでも家族、リプロダクティブヘルス・ライツなどを「道徳の問題」、すなわち自らの領域と捉えて介入してきた。しかし近年の変化は、エバンヘリコ指導者と信者がこうした問題にカトリック以上に強い姿勢で臨み、政治的関与を強めていることである。エバンヘリコは1980年代以降、その信者数を急速に増やして宗教勢力として力を強めてきただけでなく、政党支援や選挙協力をとおして選挙結果に影響を与えるほどの政治力をもつに至っている。

ブラジル政治はエバンヘリコの影響をもっとも受けている事例である。同国国会では超党派議員から成る「議員団」の活動が認められているが、2005年には福音派議員団が、2015年にはカトリック議員団が登録団体として結成され、両議員団は時に共闘しながら、立法過程に影響を与えている〔近田 2016: 236-237〕。またPTのルセフ大統領（Dilma Rousseff, 任期2011～16年）の弾劾と罷免に積極的に動いたのも、2018年の大統領選挙の時からボルソナロを支援したのもエバンヘリコであった。ボルソナロは過激な発言でホモフォビアを煽り、同政権下では暴力が増大した。2019年には同国2人目となるゲイを公言していた下院議員ウィリス（Jean Wyllys）が脅迫を受けて離職し、国を出るという事件も報道されている〔59〕。コスタリカでは、2018年選挙でエバンヘリコである大統領候補が善戦し、決戦投票まで闘った〔Corrales

---

〔58〕対象となる集団は先住民、アフロ系、障がい者、性的多様性の人々、海外居住者、若者。メキシコをはじめラテンアメリカでは「性的多様性」という表現がよく使われる。2023年3月の改正は官報（Diario Oficial Fedeeral: DOF02/03/2023）で報じられ、この時点では閲覧できたが、2024年6月時点でのアクセスはできなくなっている。"Decreto por el que se reforman, adicionan y derogan diversas disposiciones de la Ley General de Instituciones y Procediminetos Electorales... ." https://dof.gob.mx

〔59〕"Gay Congressman flees Brazil, Citing Death Threats." Reuters, 2019/01/24. https.//www.reuters.com

序章　LGBTの権利保障をめぐる政治　　*55*

2019: 191〕。

　エバンヘリコが支援するのは保守派の政党や政治家だけではない。ニカ
ラグアのオルテガ政権を右派左派という基準で区分するのは難しいが、エ
バンヘリコはカトリック信者以上にオルテガの再選を支持した。またメキ
シコの 2018 年大統領選挙では、国民再生運動（Movimiento Regeneración Nacional:
MORENA）などの左派政党が社会連帯党（Partido de Encuentro Social: PES）と選挙
連合を組んだが、PES の党首は元エバンヘリコ牧師であった。革新政党との
連携は保守的な教義と矛盾するようにみえるが、税の優遇、放送権の獲得と
いった具体的実利と結びついた行動でもある。実際、MORENA のロペス・
オブラドール大統領（A. M. López Obrador, 任期 2018 〜 24 年）はエバンヘリコに
メディア、ビジネス、不動産へのアクセスを拡大したといわれる〔60〕。

　歴史的にカトリックとプロテスタントは抗争を繰り返してきたが、現在の
ラテンアメリカでは両者が手を組むこともある。それは人々の宗教離れ・世
俗化が進み、「道徳の問題」においてキリスト教的価値観が脅かされている、
という危機感を共有しているからである。LGBT に対しては教会・信者とも
にカトリックのほうが少しだけ寛容である。アルゼンチン出身のローマ教皇
フランシスコ（在位 2013 年〜）も理解を示すかのような発言を繰り返してきた。
しかしバチカンは 2021 年 3 月の声明で、「神は罪を祝福せず」として同性婚
に対する従来の姿勢に変更がないことを改めて強調した〔61〕。カトリック教
会とエバンヘリコは LGBT の権利、リプロダクティブヘルス・ライツ、性
教育等に関して、同じ立場をとる。そして両者が用いる言説は、「ジェンダー・
イデオロギー」批判と家族・子どもの権利である。

　ジェンダー・イデオロギーとはセクシュアリティ・ジェンダーの流動性・
多様性を認めようとする動きに貼られたラベルである。それを批判する側は、
まず何よりもそれがイデオロギーであり、人が本来、普遍的にもつ感情とい
うよりは信念であると断定する。次に人は男女という解剖学的特徴をもった
二元的な性に生まれ、ジェンダー・アイデンティティはこの解剖学的な特徴

---

〔60〕 Radha Sarker, "The Alliances of Leftists and Evengelicals in Latin America." NACLA, October 12, 2021.
　　https://nacla.org
〔61〕「バチカン、同性婚を祝福せず　声明で『罪』と形容」CNN、2021 年 3 月 16 日。https://www.
　　cnn.co.jp

に基づくべきであり、性的関係は男女に限られると聖書に書かれているにもかかわらず、それに反するものであると非難する。イデオロギーとして位置づけることにより、LGBT アジェンダは独断的な解釈とみなされ、そこから「子どもや青少年を守らねばならない」という強い使命感が生まれる。世俗教育や性教育に反対するキャンペーンでは、「私の子どもに手を出すな」をスローガンに掲げて、子どもを守る親の義務・権利が叫ばれている。このようなジェンダー・イデオロギーの「発明」は、新たな局面に合わせて同性愛を嫌悪する人々が自らの戦略を立て直す手段となっている［Corrales 2019: 194; 畑 2021:188-121］。またバチカン教育省も 2019 年に「神は人を男と女に創造された」と題する文書の中で、ジェンダー教育が男女の差異を無効とし、家族を解体しようとしていると糾弾している［教皇庁教育省 2019］。

「人権理念」と宗教の争い

　現在の状況は、LGBT の「人権」「平等な権利」という理念と宗教的・伝統的価値観のせめぎ合いとして捉えることができる。しかし、後者は必ずしも宗教指導者や熱心な信者だけの問題ではない。それは第 3 節で述べたように、ラテンアメリカにはマチスモや家族主義という伝統的価値観が根付いており、内面化された家族像が人権のような理念によって払拭されるのは容易ではないからである。2021 年のメキシコ統計局（INEGI）の調査では、同性カップルの民事婚を支持すると回答したのは LGBT 当事者の人たちで 83.7％、それ以外の人たちで 58.9％、同性カップルの養子縁組の支持率は LGBT 当事者で 76.1％、それ以外で 43.8％であった［62］。合法化によって同性カップルへの社会的理解は進んでいるが、いまだ彼ら／彼女たちの養子縁組には抵抗があることがみてとれる。またラテンアメリカ諸国では LGBT への差別と暴力、とくにトランス女性に対する苛烈な暴力の実態が統計的にも示されている。そこからも、法律や公的制度とは離れたところに人々の感情がとり残され、それを LGBT フォビア・キャンペーンが煽っていることが推察できる。

---

［62］2021 年 8 月 23 日～ 2022 年 1 月 16 日に 15 歳以上の国民全員に対して行われた調査の結果である。INEGI (Instituto Nacioanl de Estadística y Geografía), "Encueta Nacionlal sobre Diversidad Sexual y de Género (ENDISEG) 2021." http://www.inegi.org.mx（2023 年 4 月 25 日閲覧）

序章　LGBT の権利保障をめぐる政治　　*57*

　本書が対象とする 6 か国中 4 か国で同性カップルに結婚し家庭をもつという平等な権利が保障されているが、アルゼンチンを除いて、ブラジル・メキシコは最高裁判断によって、コスタリカは米州司法裁判所という外圧を利用して、実現された。LGBT の権利は当事者組織、市民組織、政党など、さまざまな連携の中で獲得されたものではあるが、司法という国民と離れた場で、結果を急ぐ形で最終的決定がなされたという一面も否定できない。欧米先進国でも LGBT を拒絶する巻き返しが起きているので、それは世界的な現象でもあるのだが、ラテンアメリカにおける現在のバックラッシュは、理念先行の改革、国民感情とのずれ、そして地域がエバンヘリコの勢力拡大の最前線の一つになっている中で起きているセクシュアリティ・宗教の政治化であり、地域固有の条件の組み合わせの結果でもある。だが、法律や制度が人の感情や態度を変えていくのも事実であり、ラテンアメリカはちょうどそれを実証し始めたところである、といえるかもしれない。

7．本書の構成

　本書では SOGI のいかんにかかわらず権利を平等に保障し、多様なセクシュアリティ・ジェンダーを人権として尊重することが、現代世界を二分する争点になっているとの認識にたって、LGBT の権利をめぐってラテンアメリカ地域でここ半世紀の間に、どのような連携と対立の中で LGBT の権利保障が進んできたのか、あるいは進まなかったのか、その過程と要因を探ることを目的としている。日本ではラテンアメリカへの関心が薄く、この地域の LGBT に関する研究はほとんど行われていない。だが、冒頭で述べたように LGBT 権利に関しては「先進的」な一面もあり、研究されるべき地域である。本書のもう一つの狙いは、権利保障の進捗状況が異なる 6 か国を比較することによって、各国の特徴をより明確に把握するだけでなく、地域としての動向や特徴も明らかにすることである。そのために、6 か国に共通の項目として、法律・制度、市民社会、政治、宗教を設定した。1 章から 6 章では国別の分析が行われるが、各章の前半ではこれら共通の 4 項目に沿った形で、権利要求運動がどのように展開し、どのように権利が実現されたか（さ

れなかったか）が整理される。

　だが、文化的同質性が高いとはいえ、法制度、政治制度などが異なり、しかも権利保障のレベルに大きな差がある 6 か国には、これまでの経緯や直面する課題などに違いがある。したがって各章の後半では、LGBT の人々に関連して、執筆者が「その国らしい」と考えるテーマにしぼって考察を行っている。そこで描かれる多様な側面をとおして、ラテンアメリカの実像に近づくことができると考える。

　序章ではラテンアメリカにおける LGBT の権利保障の実態、LGBT の人々に向けられた視線や自己認識、LGBT 運動の変化について、全体の流れをまとめた。続く各章では以下のテーマが論じられる。

　もっとも先進的なアルゼンチン（1 章）に関しては、ジェンダー・アイデンティティ法が施行されても今なお深刻なトランスジェンダー排除の動きに対して、民間・行政レベルでどのような支援・権利保障がなされているかに焦点があてられる。同じく先進グループのブラジル（2 章）では、世界最大とされるサンパウロ市のプライド・パレードをとおして、性的マイノリティや性の多様性がどのように表象されているのかを分析し、同国の LGBT をめぐる問題や状況が明らかにされる。

　ペルー（3 章）では、強固な拒否権プレーヤーとして LGBT 関連法案の議会での審議を阻止している保守派の政治家、地方・農村部の保守層および宗教勢力の存在が分析される。権利保障の動きがほとんどみられないニカラグア（4 章）に関しては、LGBT 運動が権威主義体制維持の道具にされ、運動の自律性が損なわれ、具体的な権利保障がないまま、存在だけが顕在化している現状とその背景にある諸要因が検証される。

　メキシコ（5 章）とコスタリカ（6 章）は、独自のやり方で連邦制や保守的国民性という阻害要因を乗り越えて、権利保障を実現した事例である。メキシコは連邦制により婚姻・家族に関わる法制定の権限は各州にある。5 章では首都圏と北東部の州を対象に同性婚導入に至った経緯とその違いが分析される。またコスタリカは米州人権裁判所の力を借りて権利保障を実現したが、6 章ではそうせざるを得なかった背景にはカトリックがナショナル・アイデンティティの一部であり、政府と教会の間には相互承認メカニズムがあるこ

とが再検討される。

　そして終章では、各国共通項目の比較および個別テーマの分析から得られた知見を整理し、ラテンアメリカにおける LGBT 運動の特徴、促進／阻害要因などを総括する。

　なお、本書ではウェブサイトからの引用については脚注に記載した。また全章を通しての表記等の統一は最小限にとどめている。

【引用文献】
〈日本語文献〉

大貫良夫・落合一泰他監修　2006『ラテンアメリカを知る事典』平凡社.

尾尻希和　2022「米州人権システムとコスタリカにおける同性婚合法化プロセス」『イベロアメリカ研究』43(1): 1-13.

教皇庁教育省　2019「神は人を男と女に創造された――教育におけるジェンダーの課題に関する対話の道にむかって」カトリック中央協議会 2020. https://www.cbcj.catholic.jp

日下　渉・伊賀　司　2021「性的少数者をめぐって何が争われているか――東南アジアの視座から」日下渉・伊賀司・青山薫・田村慶子編　2021『東南アジアと「LGBT」の政治――性的少数者をめぐって何が争われているのか』明石書店: 7-33.

近田亮平　2016「ブラジルにおける国家とキリスト教系宗教集団の関係」宇佐見耕一・菊池啓一・馬場香織編『ラテンアメリカの市民社会組織――継続と変容』ジェトロ・アジア経済研究所: 217-253.

椎野信雄　2018「国連人権理事会 SOGI 以降の Sexuality/Gender 概念の動向」（パート 1）『湘南フォーラム』No.22: 117-128.

谷口洋幸　2015a「『同性愛』と国際人権」三成美保編『同性愛をめぐる歴史と法――尊厳としてのセクシュアリティ』明石書店: 148-174.

――　2015b「国連と性的指向・性自認――人権理事会 SOGI 決議の意義」『国連研究』（ジェンダーと国連）16 号　国際書院: 123-140.

――　2017「LGBT/SOGI の人権と文化多様性」北村泰三・西海真樹編『文化多様性と国際法』（日本比較法研究所研究叢書 112）中央大学出版部: 225-241.

畑　惠子　2019「性的マイノリティと人権――国際社会、日本、ラテンアメリカ」大曾根寛他編『福祉社会へのアプローチ　下』成文堂: 277-303.

――　2021「セクシュアリティの多様性をめぐるラテンアメリカ社会」畑惠子・浦部浩之編『ラテンアメリカ――地球規模課題の実践』新評論: 103-123.

――　2022「自著紹介『ラテンアメリカ――地球規模課題の実践』」『ジェンダー研究 21』Vol.21: 70-83.

ベンホルト＝トムゼン、ヴェロニカ編　1996『女の町フチタン――メキシコの母系制社会』加藤燿子ら訳　藤原書店.

三成美保編　2015『同性愛をめぐる歴史と法——尊厳としてのセクシュアリティ』明石
　　書店.
森山至貴　2017『LGBTを読み解く』ちくま新書.
ヤング、エリス著　2022『ノンバイナリーがわかる本』上田勢子訳　明石書店.
渡部奈々　2021「アルゼンチンにおけるLGBTの権利運動」『マテシス・ウニウェルサ
　　リス』23(1): 97-118.

〈外国語文献〉

Babb, Florence E. 2010. "Out in Public: Gay and Lesbian Activism in Nicaragua." In Javier
　　Corrales and Mario Pecheny eds., *The Politics of Sexuality in Latin America*: 274-279.

Carrillo, Hector 2002. *The Night is Young: Sexuality in Mexico in the Time of AIDS*. Chicago:
　　The University of Chicago.

Corrales, Javier 2015. "The Politics of LGBT Rights in Latin America and the Caribbean:
　　Research Agendas." *European Review of Latin American and the Caribbean Studies*,100,
　　December: 53-62.

―――― 2019. "The Expansion of LGBT Rights in Latin America and the Backlash." In Michael
　　J.Bosia, Sandra M.MacEvoy, and Momin Rahman eds., *The Oxford Handbook of Global
　　LGBT and Sexual Diversity Politics*. New York: Oxford University Press:185-200.

Corrales, Javier and Mario Pecheny eds. 2010. *The Politics of Sexuality in Latin America:
　　Reader on Lesbian, Gay, Bisexual, and Transgender Rights*. Pittsburgh: The University of
　　Pittsburgh Press.

Corrales, Javier and Mario Pecheny 2010. "Introduction: The Comparative Politics of Sexuality
　　in Latin America." In Javier Corrales and Mario Pecheny eds., *The Politics of Sexuality in
　　Latin America*: 1-30.

De la Dehesa, Rafael 2010. *Queering the Public Sphere in Mexico and Brazil: Sexual Rights
　　Movements in Emerging Democracies*. Durham: Duke University Press.

Díez, Jordi 2011. "La trayectoria política del movimiento Lésbica-Gay en México." *Estudios
　　sociológicos* XXIX, 86: 687-712.

―――― 2015. *The Politics of Gay Marriage in Latin America: Argentina, Chile, and Mexico*.
　　New York: Cambridge University Press.

Encarnación, Omar G. 2016. *Out in the Periphery: Latin America's Gay Revolution*. New York:
　　Oxford University Press.

Green, James N. 1994. "The Emergence of the Brazilian Gay Liberation Movement, 1977-1981."
　　Latin American Perspectives, 21(1) Winter: 38-55.

Laguarda, Rodrigo 2005. "De lo rarito al ambiente: aproximación a la construcción de la
　　identidad gay en la Ciudad de México." *Clío*, Nueva Época, 5(34): 119-131.

Reding, Andrew 2003. "Sexual Orientation and Human Rights in the Americas." New York:
　　World Policy Institute, New School University. https://www.researchgate.net

Teutle López, Alberto 2013. "Male Homoeroticism, Homosexual Identity, and AIDS in Mexico
　　City in the 1980s." In Saskia Wieringa and Horacio Sivori eds., *The Sexual History of the
　　Global South*. London and New York: Zed Books: 187-205.

Thayer, Millie 2010. "Identity, Revolution, and Democracy: Lesbian Movements in Central America." In Javier Corrales and Mario Pecheny eds., *The Politics of Sexuality in Latin America*: 144-172.

Thorsen, Mathilde 2010. *The Development and Achievement of a LGBT Movement in Latin America*. Saarbrüchen: Lambert Academic Publishing.

Vargas, Veronica 2015. "The New HIV/AIDS Program in Peru: The Role of Prioritizing and Budgeting for Results." UNAIDS, World Bank Group. January. https://www.hrhresourcecenter.org

1 章

アルゼンチン：同性婚合法化のその先に

トランスジェンダーの権利保障

渡部　奈々

アルゼンチン LGBT 関連年表

西暦	国政	LGBT 関連
1816	スペインより独立	
1886		ソドミー法廃止
1936		社会予防法成立、売春宿閉鎖
1944		ペロン売春宿再開
1946	ペロン政権発足（〜 1955）	
1949		法令 2H 制定
1966	オンガニア軍政樹立（〜 1970）	
1967		「我らの世界」結成（〜 1971）
1971		「同性愛解放戦線」結成（〜 1976）
1976	プロセソ軍政樹立（〜 1983）	
1983	民政移管	
1984		「アルゼンチン同性愛コミュニティ」結成（〜現在）
1985	エイズ感染拡大	
1992		第 1 回プライド・パレード
1996		性的指向に基づく差別禁止（ブエノスアイレス市）
1998		警察法規廃止（ブエノスアイレス市）
2002		シビル・ユニオン法成立（ブエノスアイレス市）
2003	キルチネル政権発足（〜 2007）	
2006		包括的性教育（ESI）法成立
2007	クリスティーナ政権発足（〜 2015）	
2010		同性婚合法化
2012		ジェンダー・アイデンティティ法成立
2013	フランシスコ教皇就任（〜現在）	
2019	フェルナンデス政権発足（〜 2023）	女性・ジェンダー・多様性省設置
2020		人工妊娠中絶合法化
2021		トランス公職クオータ法成立。ノンバイナリー選択
2023	ミレイ政権発足（〜現在）	女性・ジェンダー・多様性省廃止

はじめに

　近年、国際社会では性的指向・性自認（SOGI: Sexual Orientation, Gender Identity）にもとづく差別を禁じ、性的マイノリティに平等な権利を保障する動きがみられている。2024年のLGBTフレンドリーな国ランキング調査[1]によるとアルゼンチンは21位であった。これは、差別禁止法の制定や同性婚、同性カップルによる養子縁組、トランスジェンダーの権利など、LGBTの権利が保障され、差別や暴力が少ない国ほど順位が高くなっている。1990年代以降、性的マイノリティの権利が拡大したアルゼンチンでは、2010年にラテンアメリカで初めて同性婚が合法化され、国内で結婚した同性カップルは2020年の時点で2万組を超えている。また、2012年には世界に先駆けてジェンダー・アイデンティティ法（後述）が成立した。しかしその一方で、LGBTへの差別・抑圧を正当化するような宗教の影響や、性的マイノリティを標的にした殺人といったマイナス要因も指摘されている。

　本章ではまず、アルゼンチンにおけるLGBTの権利保障を4つの側面（政治・社会、市民運動、法律・制度、宗教）から概観し、後半ではトランスジェンダーの人権をめぐる動きを取り上げ、民間・行政レベルでの支援と権利保障の現状を紹介する。

1. アルゼンチンにおけるLGBTの権利保障

（1）政治・社会

独立から1950年代

　アルゼンチンは1816年にスペインからの独立を果たしたが、その後もしばらく国内の混乱が続き、国家として機能するようになったのは1860年代に入ってからであった。1880年代には国内のインフラ整備が進み、小麦や牛肉の生産量が飛躍的に増加した。さらに鉄道の発展によって、国内におけ

---

〔1〕 Spartacus International Gay Guide が毎年発表している The Gay Travel Index によるもの。https://coupleofmen.com/34551-spartacus-gay-travel-index-lgbtq-travel-in-2024/（2024年6月11日閲覧）

る農牧産品の大量輸送が可能となり、郊外の生産地からブエノスアイレスに運ばれた品物は次々とヨーロッパに輸出された。急速な経済成長によって国内の労働力不足が深刻化したアルゼンチンは、国外、特にヨーロッパからの移民に活路を見出そうとしていた。1886年に公布されたアルゼンチン初の刑法では「成人間における合意の上で」という条件つきで、同性愛行為を禁止するソドミー法[2]が消滅したが、これは移民の獲得をめぐる国際競争が過熱する中、「自由で暮らしやすい国アルゼンチン」をアピールしてヨーロッパからの移民を呼び込もうという意図があってのことだった。しかしソドミー法が廃止されてもなお、男性同士が腕を組んで通りを歩くなどの行為は公然わいせつとして処罰の対象とされ、同性愛は忌まわしいものとして嫌悪された。

　1870年代以降、移民が急増し1879年にはブエノスアイレス市民の約半数が「外国人（移民）」になった。当時のブエノスアイレスは男色文化に寛容な都市として知られており、港湾業が盛んなボカ地区には男性同士がペアとなって踊る男性専用タンゴ喫茶がいくつも存在していたという。犯罪学者のエウセビオ・ゴメスは、その著書の中でブエノスアイレスに暮らす同性愛者の存在を指摘しながら、彼らが売春業界を生み出すほどの大集団となっていることに驚きを隠さなかった［Bazán 2016: 174］。

　1930年代に入ると、多くの国内移民がアルゼンチン内陸部から職を求めてブエノスアイレスに流入した。首都の人口は20年余りで150万人から350万人（1935年）に急増し、市の郊外にはビジャ・ミセリアと呼ばれるスラム地区が形成された。またこの時期にブエノスアイレス市では警察法規が導入され、同性愛者に対する警察の組織的な抑圧や嫌がらせが正当化されるようになった［Encarnación 2016: 82-83］。警察法規とは、アルゼンチンの各州や市で存在していた独自の法規で、その多くは移民の流入が本格化した19世紀末に導入されたものである。当初は、社会風紀を乱すとされた浮浪者や物乞い、売春の客引きなどの取り締まりを目的としていたが、次第と同性愛者にも適用されるようになった。また、カトリック教会が政治的影響力を持つ

───────────────────

〔2〕ソドミーとは主に男性同性間の性行為を表す語で、旧約聖書のソドムの町の物語にちなむ。語源との関係からキリスト教の影響の強い国、またその植民地だった国で使用され、ソドミーの語が指す行為を犯罪とし、それを禁止する法律を一般的にソドミー法と呼ぶ。

ようになるのもこの頃からである（詳述は本節4項）。

1944年、国内で実権を握ったフアン・ドミンゴ・ペロン（Juan Domingo Perón）は1936年以降禁止となっていた売春宿を軍の駐屯地で再開させた[3]。彼は、軍隊で同性愛者が増えている原因は、売春宿が閉鎖されているために女性と性的関係を持つことが難しくなっている現状にあるとして、売春宿を再開すれば男性同士で性行為をする必要はなくなり、同性愛も消滅すると主張したのである。売春宿の再開に異を唱えるカトリック教会に対して政府は「1936年に売春宿を閉鎖して以来、非合法な売春が増えるとともに性病の感染が爆発的に増加している。性病の根絶は国家の管理下で売春宿を合法化することにより可能となる。売春宿の再開というのはモラルの問題ではなく、アルゼンチンの公衆衛生上の問題である」ともっともらしい理由をつけて説得を試みた。さらに「売春宿は伝統的な異性愛を促進することで同性愛者を減らし、結婚や家族といった社会制度を強化する」と主張し、カトリック教会の許可を得ることに成功した［Bazán 2016: 274-275］。

1946年、大統領に就任したペロンはカトリック教会との良好な関係を維持すべく、学校での宗教教育など教会寄りの政策を打ち出し、1949年には法令2Hと呼ばれる刑法を制定した。これは、公共の場で性行為の勧誘をした者、または性行為を行った者は30日間の拘留に処せられるというもので、特に同性愛者をターゲットにしていた。その他にも、同性愛者の軍隊へ入隊が禁じられ、ブエノスアイレス州では選挙権がはく奪されるなど、生活の様々な場において同性愛者に対する抑圧が強まっていた。その後、離婚法制定と宗教教育の禁止という反カトリック政策を実施して教会からの支持を失ったペロンは、1955年のクーデターにより失脚した。

軍政時代（1966～1983年）

1960年代に入るとさらに事態は悪化し、政府は国民にモラルを強要して

---

〔3〕1930年代ブエノスアイレスでは売春業が盛んであったが、売春婦の多くが海外から半ば拉致されるようにして連れて来られた女性たちであった。この事実はかつてアルゼンチンに移民を送り出していたヨーロッパの国々を驚愕させ、アルゼンチンは国際社会からの厳しい批判にさらされた。これに対して政府は社会予防法（1936年）を施行して、すべての売春宿の閉鎖に踏み切ったのである。

68 　ラテンアメリカのLGBT

市民生活を監視した。特に1966年に軍政を樹立したオンガニアは国粋主義的カトリック信徒で、共産主義の脅威からアルゼンチンの西洋的・キリスト教的文明を固守すべきと主張した。カトリック教会はこのイデオロギー政策を歓迎し、国民は自由な文化・芸術活動が禁じられた。新聞・雑誌から子ども向けの絵本、映画、演劇、音楽、ラジオ、テレビ番組などあらゆるものが検閲対象となった。ダンスホールでは若者が警察に連行され、ビーチでは監視員が公序良俗に反する市民はいないか常に目を光らせていた。その中でも厳しい取り締まりと暴力の対象となったのが売春婦や同性愛者であった[Recalde 2019: 148-149]。

　その後1976年にはアルゼンチン史上最も悪名高い軍政が誕生した。この軍政は、国家安全保障上の脅威となりうる危険分子の排除と、アルゼンチンの伝統的価値観の基盤であるカトリシズムや西洋文明による社会の再構築を掲げて、カトリック教会から全面的な支持を得た。具体的には、国内の左翼思想を一掃することによって反共体制の確立を図ったのである。この弾圧はゲリラや反体制派のみならず一般市民にまで及び、軍や警察による市民の誘拐や逮捕、拷問が日常的に行われた。そのような状況で、人々は身近な司祭や司教に助けを求めたが、軍政を支持するアルゼンチン司教団はこの人権侵害を黙認し続けた[渡部 2017: 68-71]。さらに軍政は、共産主義から国家を守るためには性的逸脱を排除しなければならないとして、同性愛者を弾圧した。そして1976年から1983年の軍政期に、400人以上の同性愛者が拉致殺害されたといわれているが、その存在は公的記録に残されていない[4][Insausti 2015: 68-75]。

民政移管以降（1983年～）

　国内における大規模な人権侵害、そしてフォークランド戦争敗北という失策を重ねた軍政に対する人々の憤怒が頂点に達した1983年、デモなどの動員が繰り返される中で民政移管が行われた。多くのゲイバーやディスコが開

---

〔4〕 1984年発表の公的報告書では、軍政の人権侵害による行方不明者の数は8,961名であるが、人権団体によると3万人ともいわれている。"Una duda histórica: no se sabe cuántos son los desaparecidos." *Clarín*, 6 de octubre, 2003. https://www.clarin.com/ediciones-anteriores/duda-historica-sabe-desaparecidos_0_B1FG1JglCKl.html

店したブエノスアイレスで、同性愛者は自由を謳歌できるようになった。しかし、大統領となったアルフォンシンは「警察法規による刑罰の廃止」という公約を果たすことなく、警察による手入れや同性愛者の不当逮捕、暴行、差別は続いていた。同性愛者たちは路上では法令 2H によって逮捕され、ディスコなどの屋内では酩酊や騒ぎを理由に拘留された。そして拘置所では尋問と称して同性愛者であることを罵られ、当事者が身元調査のために拘留されていることを家族や職場に知らせるといった嫌がらせ（故意のアウティング）が頻繁に行われた。

　アルゼンチンで初めてエイズが確認されたのは 1982 年であった。1985 年にはこの病が世間でも広く知られるようになったが、「エイズはゲイの病気」「神の命令に背いた罰」といった歪曲された情報が飛び交い、HIV 感染者に対する差別と偏見は大都市のみならず辺鄙な地方の村にまで広がっていた。パタゴニアの雑誌『コノスール』は「同性愛という性的指向はオプションではなく逸脱である。エイズを根絶するためには同性愛者たちにその異常な性行為を止めるよう説得するしかない。同性愛者は人類を危険にさらしている」という記事を掲載してエイズへの恐怖と同性愛者に対する憎悪を煽った [Bazán 2016: 409]。このように、エイズ患者は得体のしれない病気に対する恐怖だけでなく、様々な差別と排除——病院で治療を断られる、仕事を解雇される、家族から絶縁される等——に苦しんでいたが、政府は何の対策も講じず、感染者の支援もしなかった。1990 年、国内外の圧力によりアルゼンチン議会は対エイズ法案を可決し、翌年に施行された。しかし保健省はエイズ予防として「性行為の自粛または特定の相手とだけ行うように」と提唱するのみで、最も効果的な予防法であるコンドームの使用や薬物使用における注射針の交換を推奨することもなかった [Pecheny 2011: 265-267]。これは、政府に対して婚外性交や避妊に反対するカトリック教会の強い圧力があったことによる。

　1990 年代、メネム政権（1989〜1999 年）のもとで市場機能を重視する新自由主義政策が実施された。しかし国営企業の民営化と労働市場の規制緩和という経済政策は、国内雇用の不安定化と大量失業の常態化を招き、2001 年アルゼンチンは深刻な経済危機に陥った。その後 2003 年に誕生したキルチ

ネル政権（2003 〜 2007 年）は新自由主義を批判し、国家介入型経済政策を行った。対外債務交渉においては自国民の利益を優先して強硬姿勢を貫き、民営化した企業に圧力をかけて物価の安定を図った。また、貧困家庭への現金給付プログラムや 70 歳以上の貧困者に対する年金の拡大など、貧困層を対象にした社会扶助プログラムを実施した。LGBT の権利保障は、貧困撲滅、社会正義、人権・平等・社会包摂を推進したキルチネル政権とその後のクリスティーナ政権（2007 〜 2015 年）において大きく前進することとなる（詳細は本節 3 項）。

（2）市民運動
「我らの世界」

　オンガニア軍政下の 1967 年、ラテンアメリカ初のゲイ組織「我らの世界」(Nuestro Mundo) がブエノスアイレス市郊外で誕生した。代表のアナビタルテは同性愛者であることを理由に勤めていた郵便局を解雇され、同性愛者の権利運動に従事するようになった [5]。「我らの世界」は 3 冊の冊子を発行したが、彼らは同性愛行為自体ではなく、同性愛の実情を歪曲せず世に伝えようとした。冊子にはブエノスアイレス大学で開催された第 1 回集会についての報告、西ドイツで行われている抗男性ホルモン物質の実験（性的欲求をコントロールする薬の製造に向けた実験）に関する記事、性転換に関する米国のニューヨーク・タイムズの記事などが収められている。メンバーたちは、当時多くの人が信じていたように、自分の性的指向は精神的な病に由来するのではないかと考え、解決策を見出そうとしていた。しかし同時に、オンガニア軍政による同性愛者への抑圧——特に路上や公衆トイレ、公園での警察による嫌がらせ——を止めさせることを目指していた。彼らの活動は「警察による恣意的な暴力を受けない」というすべての人に保障されるべき基本的人権を訴えるものであり、同性愛者としての特別な権利を要求するものではなかった。

---

〔5〕アナビタルテは 1967 年にモスクワで開催されたソビエト革命 50 周年記念大会に共産党員として派遣され、そこで性科学者に同性愛について質問したが「ソ連に同性愛者は存在しない。女性と結婚すれば同性愛は治る」と言われて失望したという逸話がある［Bazán 2016: 336］。

「同性愛解放戦線」（FLH）

　1971 年、売春宿やいかがわしい映画館が立ち並ぶブエノスアイレスのオンセ地区で「同性愛解放戦線」（Frente de Liberación Homosexual: FLH）は誕生した。FLH はアナビタルテが取りまとめる労働者や組合員を中心とした「我らの世界」に学生や知識人をはじめとするいくつかのグループが統合したものである [Bazán 2016: 341]。活動開始直後から FLH は、米国のブラックパンサー党や女性の権利擁護団体など世界の権利運動に注目していたが、彼らに最も衝撃を与えたのはニューヨークで起きたストーンウォールの反乱であった。FLH はその声明の中で「同性愛者たちは社会的・文化的・道徳的・法的抑圧を受けている。この抑圧は、セックスの唯一の目的を生殖とする社会構造が原因である。男が権威者としての役割を担い、女性や同性愛者は劣った者として抑圧されている。我々が受けている抑圧に対する闘いは、社会的・政治的・文化的・経済的抑圧に対するすべての闘いと切り離せない。今日の社会システム――同性愛者を抑圧するもの――から抑圧され搾取されているすべての人は、解放を求める闘いの中で我々と連帯することが可能である」と述べたが、マチスモが浸透するアルゼンチン社会で 彼らの呼びかけに応答する者はこの時代にはいなかった [Bazán 2016: 342]。

　そのような中、FLH に接近してきたのがペロニスタ左派 [6] であった。もともと反帝国主義とキューバ革命に共鳴していた FLH は、グループ内の意見対立はあったがペロニスタ左派と同盟することを決断し、ペロンのアルゼンチン帰還とその後に実現する自由な社会を夢見たのである。そして 1973 年 5 月に行われたカンポラの大統領就任式には、100 名ほどの FLH メンバーが「愛と平等がこの国を支配する」と書かれた巨大な横断幕を掲げてペロニスタ左派の応援をした。カンポラが大統領になると事態は好転し、同性愛者に対する抑圧は緩和され、FLH もより自由な活動が可能となった。彼らはブエノスアイレス市内のすべての警察署に手紙を出して同性愛者に対する抑圧を止めるよう求めたり、冊子『同性愛者』を発行した。この冊子は国会の

---

〔6〕1955 年のクーデターにより失脚したペロンはスペインへ亡命したが、彼の政治的理念（ペロニズム）はアルゼンチン社会でその影響力を拡大し、「ペロンなきペロニズム」と呼ばれるマルクス主義的ペロニズムが発展した [松下 2004: 175]。このマルクス主義的ペロニズムを信奉する人々はペロニスタ左派と呼ばれた [渡部 2017: 76-77]。

様々な陣営に配布され、ブエノスアイレス市中心部のキオスクにも置かれるなど、同性愛者にとっての春が到来したかにみえた。しかし、ペロンが亡命先のスペインからアルゼンチンに帰国した日を境に状況は一変する。

カンポラ政権は外資系銀行の国有化など左派的政策を進めたが、ペロニスタ右派の反発は強く、党内両派の抗争は激化していた。そして 1973 年 6 月 20 日、ブエノスアイレスの空港に降り立ったペロンの目前で、ペロニスタ左派の根絶を謀った右派による襲撃事件が起こり、300 名超の左派が犠牲となった。これ以降、ペロニスタ右派は左派を「同性愛者で麻薬中毒者」と嘲笑するようになり、右派を敵に回すことを恐れたペロンは党内から左派を追放し [Burdick 1995: 192-196]、アルゼンチンでは再びホモフォビアが強まっていった。1975 年に発行されたペロニスタ右派雑誌『カウディージョ』には「市民自警団を結成して街を見回り、女のような服装、女々しい話し方をする奴らを捕まえて、髪の毛をむしって丸坊主にして木に縛りつけよう」と同性愛者狩りを扇動する記事が掲載された [Bazán 2016: 365]。そしてペロンの死後、アルゼンチンは軍事政権という暴力と混乱の時代へと突入し、活動停止を余儀なくされた FLH は 1976 年に解散した。

「アルゼンチン同性愛コミュニティ」（CHA）

民政移管翌年の 1984 年、警察の手入れによりゲイバーにいた 200 名が一斉に逮捕される事件が起きた。これに憤慨した活動家 150 名は「アルゼンチン同性愛コミュニティ」（Comunidad Homosexual Argentina: CHA）を結成し、カルロス・ハウレギ（Carlos Jáuregui）が代表となった。CHA はその後 1990 年代初頭までアルゼンチンの LGBT 運動をけん引し、現在も活動を続けている。この事件の後、雑誌『シエテ・ディアス』に「アルゼンチンにおいて同性愛者であることのリスク」という特集が組まれ、その表紙にハウレギと彼の同性パートナーの抱き合う写真が出て世間に衝撃を与えた。また、CHA は全国紙『クラリン』に「差別と抑圧のあるところに民主主義はない」という文章を掲載して、警察の恣意的な逮捕や手入れを止めるよう求めた。そして、「個人のセクシュアリティを表現する自由は人権である」というモットーの下に人権組織と協働した [Brown 2010: 90]。

エイズの拡大が深刻化した 1980 年代後半、CHA はパンアメリカン保健機関の支援を受けてストップ・エイズ・キャンペーンを開始し、エイズ予防と患者の支援を行った。その後 1991 年に CHA はいくつかのグループに分裂した。その 1 つはハウレギが代表を務める「市民権のためのゲイとレズビアン」（Gays y Lesbianas por los Derechos Civiles: Gays DC）であり、性的マイノリティやエイズ患者の法的支援を主とした活動を行った。

1992 年 7 月 2 日には、アルゼンチン初のプライド・パレードがブエノスアイレス市で開催された。パレードの開催にはいくつかの同性愛者組織がかかわったが、その中心となったのがハウレギであった[7]。ハウレギは常々、同性愛者が自分の素性を明かすことこそ最も効果的なポリティックスだと明言していた。プライド・パレードは彼が意図したように、同性愛者たちが公的空間を占拠しながら「同性愛者＝恥」という既存の価値観にノーを訴える場となり、同性愛者組織が連帯して政治的要求を行う機会となった[8]。この第 1 回パレードは 1969 年 6 月 28 日にニューヨークで起きたストーンウォールの反乱を記念して開催され、300 名ほどの参加者が集った。パレードに参加することによって周囲から白い目で見られたり、職場から解雇されることを恐れた彼／彼女らは、ポスターや旗、仮面で顔を隠しながらブエノスアイレスの街を練り歩いた。その後、プライド・パレードは 1997 年を境に 11 月に開催されるようになった。これは「我らの世界」が 1967 年 11 月 1 日に設立されたのを記念してのことである。

（3）法律・制度

性的指向にもとづく差別禁止法（1996 年 ブエノスアイレス市）

先述の通り、民政移管から 10 年以上が過ぎても、アルゼンチンの各地で警察法規による同性愛者への抑圧が横行していた。国内では 1988 年に差別禁止法が制定されたものの、そこに「性的指向」や「ジェンダー・アイデン

---

[7] 第 1 回パレードには、Gays DC の他に 5 団体が参加した。その 1 つがメトロポリタン・コミュニティ・チャーチ（Iglesia de la Comunidad Metropolitana: ICM）である。Laura Verdile, "La historia detrás de la Marcha del Orgullo LGBTIQ." *La Primera Piedra*, 14 de noviembre, 2017. https://www.laprimerapiedra.com.ar/2017/11/la-historia-detras-de-la-marcha-del-orgullo-lgbtiq/

[8] Mabel Bellucci, "El orgullo continúa." *Página12*, 5 de noviembre, 2010. https://www.pagina12.com.ar/diario/suplementos/soy/1-1702-2010-11-05.html

ティティ（性自認）」にもとづく差別の禁止は明記されていなかった。

　1994 年に自治市となったブエノスアイレス市は、独自の議会をもち法令を制定することが可能になった。そこで LGBT の権利を拡大しようと市議会議員選挙に出馬したハウレギは落選こそしたものの、ゲイであることを公表した初の候補者として社会の注目を集めることに成功した。そして 1996年、「性的指向」にもとづく差別の禁止がブエノスアイレス自治市の法令に定められた〔9〕。LGBT 活動家たちが人権団体、女性団体、急進的ジャーナリストらと協働して行ったキャンペーンが、この法令制定に大きく寄与したといえる。

　性的指向にもとづく差別禁止の法制化が、同性愛者の逮捕を容認してきた従来の警察法規との矛盾を生み出し、ブエノスアイレス市議会は警察法規の廃止を決定した。そして 1998 年 3 月 4 日、50 年以上も同性愛者を抑圧してきた警察法規が廃止されたのである。

シビル・ユニオン法（2002 年 ブエノスアイレス市）

　1980 年代、エイズの流行から同性愛者の間ではシビル・ユニオンの必要性が認識されるようになった。家族でないという理由から、エイズで入院しているパートナーの付き添いができない、共同で築いた財産をパートナーの死後相続できないという事例が少なくなかったのである。その後、スペインのいくつかの自治州でシビル・ユニオン（1990 年代）が、そしてフランスで PACS（連帯市民協約、1999 年）が成立したことにも触発されて、2000 年には CHA を中心にブエノスアイレス市での組織的な運動が始まった。彼らは道徳やモラルといった観点での議論は避けながら、あくまでも人権イシューとして議論するという戦略に徹した。彼らの主張に共感したジャーナリストや主要新聞はシビル・ユニオンを支持する記事を掲載して、運動は短期間のうちに広まった。そして 2002 年 3 月シビル・ユニオン法が成立した。その後、ブエノスアイレス市に倣って他州（リオ・ネグロ州、サンタ・フェ州、エントレ・リオス州、コルドバ州）でもシビル・ユニオン法制定を目指す動きがあった

----

〔9〕2015 年には「ジェンダー・アイデンティティ」とその表現（異性装など）にもとづく差別の禁止も加えられた。

1章　アルゼンチン：同性婚合法化のその先に　*75*

がどれも失敗に終わっている［Díez 2015: 123］。

包括的性教育法（2006 年）

　アルゼンチンでは 2006 年に包括的性教育法が成立し、国家の責任におい
てすべての児童と青少年に包括的性教育を行うことが定められた。包括的性
教育（Educación Sexual Integral: ESI）とは、避妊や DV、性的多様性、LGBT の人
権など多様なテーマを含んだ統合的教育であり、幼児教育から初等・中等・
高等教育、そして教員養成に至るすべての教育レベルで行われ、全国の公立
学校、私立学校、それ以外の教育機関においても実施されるものである。

　ESI は、「ジェンダーの観点を認識する」、「多様性を尊重する」、「愛情に
価値を置く」、「我々（生徒）の権利を行使する」、「体と健康に気を配る」と
いう 5 つの軸から構成されている。ジェンダーに関しては、「女性はこうあ
るべき」というようなジェンダー・バイアスや、ジェンダー間における力関
係（マチスモにもとづく男尊女卑）など文化や日常生活に浸透している価値観に
気づくことが目的とされる。また、LGBT などの性的多様性を「良いもの」
として捉え、誰もが同じ権利を有していること（愛する人と結婚し家庭を築くこ
と等）を学ぶとともに、性的指向やジェンダー・アイデンティティにもとづ
く暴力を否定する。さらに、幼児であっても権利の主体であり、家族を含む
他者による差別や虐待（身体的・精神的・性的）に従属しないことを学ぶ。し
かし実際には、法律が適切に施行されないまま現在に至っている。2017 年
に行われた調査によると、8 割近くの学生が ESI は十分に行われていないと
回答している［10］。

同性婚合法化（2010 年）

　2005 年にスペインで同性婚が合法化されると、それまでシビル・ユニオ
ン法を全国に拡大しようとしていた活動家たちは、アルゼンチンでも同性婚
は可能だと考えるようになった。そのことがこの時期のプライド・パレード
のテーマにも現れている。例えば 2005 年の「我々は同じ権利を欲する」と

---

［10］ Maximiliano Fernandez, "Educación sexual integral: la realidad de la ley de la que mucho se habla, pero
　　poco se cumple." *Infobae*, 5 de agosto, 2018. https://www.infobae.com/educacion/2018/08/05/educacion-
　　sexual-integral-la-realidad-de-la-ley-de-la-que-mucho-se-habla-pero-poco-se-cumple/

いうテーマは、異性間でのみ認められている婚姻という制度を同性間においても認めるよう求めたものであった。そして同性婚以外のどのような形態(シビル・ユニオン)であっても、それは二級市民の権利であり、婚姻のみが完全な平等であると市民社会に訴えた。

2008年になるとシビル・ユニオン法成立にかかわった多くの弁護士や法専門家、活動家らが運動に参加し、著名人や俳優などが同性婚を求めて訴訟を起こした。これは、同性カップルが結婚証明書を役所に申請することから始まる。結婚証明書の発行を役所が拒否した場合、当該カップルが裁判所に訴訟を起こす。同様の訴訟を国中で一斉に起こせば、国として対応せざるを得なくなるという戦略であった。2009年末には訴訟の数が60を超え、この問題が世間に周知されるようになると、活動家たちはテレビや新聞で精力的に意見を発信した。

そして2010年、上院採決を前にして同性婚合法化キャンペーンが展開された。俳優やアーティストなど多くの有名人が合法化支持を訴えるビデオクリップを作成してFacebookで流したところ、フォロアー数は27万に達した。これに対して反対派も激しく応戦し、国民の大多数が合法化に反対していると主張して、同性婚合法化を直接国民投票で決めるよう求めたが実現することはなかった。上院採決の日が近づくにつれて両サイドのロビー活動は激しくなり、カトリック司教から合法化を阻止せよとの脅迫めいた電話を受けた議員もいたが、2010年7月15日、14時間に及ぶ議論の末、30対27で同性婚合法化法案が上院を通過した[11]。

ジェンダー・アイデンティティ法(2012年)

同性婚という権利を獲得したLGBT組織や当事者たちは、さらなる権利を要求した。それがトランスジェンダーの権利を保障するジェンダー・アイデンティティ法である。1993年、トランスジェンダーの権利擁護団体「アルゼンチン・トランスベスタイト・トランスセクシュアル・トランスジェン

─────────────────────

[11] キルチネル大統領(任期2003～2007年)とクリスティーナ大統領(任期2007～2015年)は同性婚を支持しており,合法化に至るプロセスにおいて重要なアクターとなった。日本語では「同性婚」という言葉を使用しているが、婚姻における平等を表して、原語ではLey de matrimonio igualitario(平等婚法)である。

ダー協会」（Asociación de Travestis, Transexuales y Transgéneros de Argentina: ATTTA）が誕生した。活動開始当初、ATTTA は売春を生業としている多くのトランス女性に対する日常的な暴力（殴打、虐待、拘束、拷問、殺人等）に抗議し、トランスジェンダーの逮捕を可能とする警察法規の廃止を要求していた。その後 2008 年からはトランス・コミュニティ内の結束を強め、権利獲得に向けた具体的方策を議論するために全国大会を開催している（2022 年までに 11 回開催）。1994 年には、著名なトランス女性活動家であるロアナ・バーキンス（Lohana Berkins）が「トランスベスタイト・トランスセクシュアル・アイデンティティのために戦う協会」（Asociación de Lucha por la Identidad Travesti y Transexual: ALITT）を設立し、2006 年にトランスジェンダーの団体としては全国で初めて法人格を取得した。

　1966 年、アルゼンチンでトランス女性の性別適合手術を施術した医師が執行猶予 3 年の有罪判決を受けるというセンセーショナルな事件があり（人の身体を傷害した者は 3 年から 10 年の懲役または禁錮に処すると規定した刑法 91 条の傷害罪が適用された）、国内での性別適合手術の禁止が定められた。それから 41 年の歳月を経た 2007 年、17 歳の青年が性別適合手術を受ける権利と公的書類の性別を変更する権利を求めて訴訟を起こし、最高裁でそれらの権利が認められた。このように 21 世紀に入ると、トランスジェンダーの権利が拡大する兆しがみられたが、彼／彼女たちは司法判断ではなく立法による権利保障を要求した。2010 年にはフローレンスという名のトランス女優が ATTTA 等の支援を受けて、性別適合手術なしに自らの氏名・性別を変更できるよう裁判所に申し立てを行い、それが認められた。彼女の主張は「フローレンス・ドクトリン」と呼ばれ、ジェンダー・アイデンティティ法の成立に大きな影響を与えることになる。

　そして 2012 年、上院において満場一致でジェンダー・アイデンティティ法案が可決された〔12〕。この法律は、すべての国民に対して手術等の医療行為や司法判断なしに公的書類の氏名と性別を変更する権利を保障し、性別適合手術やホルモン治療などが無償で提供されることを明記した画期的なものであった。それまで何の条件もつけずに氏名や性別の変更を認める法律は世

〔12〕 下院では 2011 年に賛成 167、反対 17、棄権 7 で通過した。

界に存在しなかったため、アルゼンチンのジェンダー・アイデンティティ法
が国際社会に与えた影響は計り知れない[13]。この法律が制定された翌年に
は6歳のMTF[14]が氏名と性別を変更して国中の話題となった[15]。

女性・ジェンダー・多様性省の設置（2019年）

1979年の国連総会で採択された「女子に対するあらゆる形態の差別の撤
廃に関する条約」（通称、女子差別撤廃条約）の批准に伴い、アルゼンチンでは
1992年に「女性国家審議会」が創設された。その17年後の2019年、フェ
ルナンデス政権（2019〜2023年）は差別や暴力から女性とLGBTの人権を守
ることを目的として、それまでの女性国家審議会を「女性・ジェンダー・多
様性省」（Ministerio de las Mujeres, Géneros y Diversidad）へと改編した。人権擁護
の具体的な政策として、DV等の暴力被害を受けている女性と性的マイノリ
ティに最低賃金と同等の金額を6か月継続して支給するという支援プログラ
ムがある[16]。

トランス公職クオータ法（2021年）

フェルナンデス政権は2020年にトランス公職クオータ制度に関する大統
領令を発布した。これは公職の1%をトランスジェンダー、トランスベスタ
イト、トランスセクシャルに割り当てるというもので、2021年1月に法制
化された。この制度は短期間ですでに確実な成果をあげており、公職で働く
トランス人口は101名（2021年1月）から955名（2023年8月）に拡大してい

---

[13] 2014年WHOは人を機能障害にしてしまうおそれのある手術に反対して、手術なしで性別変更
を許可する各国政府に呼びかけた。また2017年、欧州人権裁判所は断種を強要する手術は
人権侵害であると判断し、欧州議会でも性別違和を抱える人が手術を受けなくても性別変更でき
る権利を認める決議をした。
[14] Male to Female を略した言葉で、生まれながらの性別は男性であるがジェンダー・アイデンティ
ティ（性自認）が女性である人。本章では「トランス女性」という名称も同様の意味で使用して
いる。FTMはその逆。
[15] この少女の実話はYo nena, yo princesa（『私は女の子、私はお姫さま』）というタイトルで2014
年に書籍化、2021年には映画化された。
[16] 正式名称はPrograma Acompañar（「ともに歩む」の意）であり、2019年12月から2022年12
月の間に258,000名以上の女性と性的マイノリティが支援を受けている。"El Ministerio de las
Mujeres, Géneros y Diversidad de la Nación en números." Argentina.gob.are. https://www.argentina.gob.ar/
generos/el-ministerio-de-las-mujeres-generos-y-diversidad-de-la-nacion-en-numeros（2024年6月13日
閲覧）

る〔17〕。法律の正式名称には、トランスジェンダーの権利のために尽力した活動家ディアナ・サカヤン（Diana Sacayán）とロアナ・バーキンスの名前がつけられている〔18〕。

ノンバイナリーの選択（2021 年）

2021 年 7 月に布告された大統領令により、身分証明書やパスポートの性別欄に「X」（ノンバイナリー）の分類が導入され、この条項はジェンダー・アイデンティティ法に加えられた。フェルナンデス大統領は、これまでの「F」（女性）、「M」（男性）という分類に含まれないジェンダー・アイデンティティをもつ人々の人権を尊重すると述べ、2 年間で 1,044 人が性別をノンバイナリーに変更している〔19〕。

（4）宗教

アルゼンチンでは 19 世紀後半に政教分離が進められ、教育の世俗化と出生・死亡・婚姻における行政への業務移行が行われた。カトリック教会はそれまで冠婚葬祭の執行や登録で得ていた収入を失うことになり、市民社会における教会の役割は縮小された。1930 年代には世界恐慌を発端とした経済悪化と政治不安がアルゼンチンを襲い、軍部や民衆の間で社会的秩序の回復を求める声が高まった。折よく、軍部と結びついたカトリック教会は「真のアルゼンチン人はカトリックである」という言説を社会に広めて宗教的ナショナリズムを高揚させた［Klaiber 1998: 69］。これ以降、カトリック教会の社会的プレゼンスは一挙に高まり、教会は時の政権に正統性を付与する最高権威機関となった。カトリック教会が 1960 年代、70 年代の軍事政権を支持・黙認し、性的マイノリティを抑圧してきたのは本節 1 項で述べたとおりであ

---

〔17〕 "Ley 27.636: ya son 955 las personas Travestis, Transexuales y/o Transgénero que trabajan en la Administración Pública Nacional." Argentina.gob.are, 5 de diciembre, 2023. https://www.argentina.gob.ar/noticias/ley-27636-ya-son-955-las-personas-travestis-transexuales-yo-transgenero-que-trabajan-en-la

〔18〕 正式名称は、トランスベスタイト、トランスセクシュアル、トランスジェンダーの人々のための公職雇用促進法「ディアナ・サカヤン―ロアナ・バーキンス」（Ley de Promoción del Acceso al Empleo Formal para Personas Travestis, Transexuales y Transgénero "Diana Sacayán - Lohana Berkins"）。

〔19〕 "DNI no binario: en dos años más de mil argentines modificaron sus documentos." *Página 12*, 21 de julio, 2023. https://www.pagina12.com.ar/569828-dni-no-binario-en-dos-anos-mas-de-mil-personas-modificaron-l

る。

エイズ拡大とカトリック教会

エイズの感染拡大に対してカトリック教会は「エイズはモラルの病であり、神の命令に背いた罰である」という言説を世間に流布させるだけでなく、高位聖職者の中には「同性愛者は死刑、異性装者は殴打されて当然」と発言した司祭を擁護するクアラチーノ枢機卿のような人物もいた。クアラチーノは自身が司会を務めるケーブルテレビの番組内で「同性愛を肯定することは下品でグロテスク、愚かな愛の形を認めるようなものだ」と発言し、エイズの感染拡大防止として国からコンドームが配布された時には「コンドームの配布は乱交や同性愛を推奨することにもなりかねない」と非難した [Bazán 2016: 417-419]。このように同性愛者への差別的な発言を繰り返すクアラチーノに対して、正面から反駁したのがハウレギであった。

彼らの論争が熾烈を極めた 1993 年、ハウレギらはついにクアラチーノを告訴した。訴えの内容は「同性愛者たちが住めるようなゲットーを作って、彼らはそこで自由に暮らしたらどうか」というクアラチーノの発言が 1988 年に制定された差別禁止法に違反するというものであった。全国からハウレギを支持する人々が集まり、1993 年 8 月に発行された雑誌『ラ・マガ』には「クアラチーノ枢機卿の発言はゲイやレズビアンを排除するアパルトヘイトを推奨し、民主主義の精神を損なう」という声明と、それに賛同する多くの著名人の名前が列記されて反響を呼んだ [20]。その結果、クアラチーノはテレビ番組の中で公に謝罪することを余儀なくされたのであった [Bazán 2016: 418-420]。

同性婚合法化をめぐって

カトリック教会は同性婚合法化反対の中心的アクターであったが、運動は苦戦を強いられた。2009 年末にサンタ・フェ州の元大司教が児童性的虐待で逮捕されたことに加えて、ベルゴリオ枢機卿（現ローマ教皇フランシスコ）が

---

[20] 署名をした著名人には、作家のエルネスト・サバトやクアラチーノの弟で左派系政治家のドミンゴ・クアラチーノもいた。

カルメル派修道女たちにあてた手紙が世間にリークされたことが大きな痛手となった。手紙に書かれた「同性婚は悪魔の産物」という言葉に、同性愛者のみならず一般市民も憤りを覚えたのである。

しかしその数日後、数千ものカトリック、ペンテコステ派[21]、その他の保守系グループが結集して同性婚反対集会を開いた。彼らは「私たちはママとパパが欲しい」と書かれた旗を振りながら、子どもは両親のそろった健全な環境で育てられるべきと主張した。翌日の2010年7月14日の夜、国会議事堂前には同性婚合法化法案の採決を待つ人々が大勢集まっていたが、その中に「私たちもママとパパが欲しい」という旗を掲げて合法化を支持する人たちがいた。彼らは1970年代後半、軍政によって両親を拉致殺害された息子・娘たちで、伝統的家族像を称揚するカトリック教会を辛辣なジョークで皮肉ったのである。教会は自らが危険にさらされるのを恐れて軍政による大規模な人権侵害を黙認し、その結果、多くの子どもたちが両親を失った。自分たちから親を奪った張本人の教会が今になって、子どもには両親が必要だと言うのは可笑しいと嘲笑したのである［Sosa 2014: 156-157］。

ベルゴリオはまた、上院採決前の日曜ミサで同性婚反対宣言を読み上げるよう国中の司祭に命じたが、教会のこのような姿勢は一部の市民たちに軍政時代のカトリック教会を彷彿とさせ、同性婚反対運動はまたしても逆効果となった。さらに、カトリック教会と対立していたクリスティーナ大統領が同性婚合法化を強く支持していたことも、反対派にとってマイナス要因となった。

同性婚合法化法案に対する反発の声はプロテスタント団体からも上がった。アルゼンチンプロテスタント教会同盟とペンテコステ同胞連合が中心となり、立法委員会のメンバーたちと面会して反対を表明したが、下院にはプロテスタント議員が1名いるのみでその影響力は弱かった［Díez 2015: 139］。しかし、すべてのプロテスタント教派が同性婚に反対していたわけではなく、ルーテル派教会、長老派教会、メソジスト教会は合法化支持を表明していた。

---

［21］ペンテコステ派は新約聖書の「使徒言行録」に記されている聖霊の働きである異言、預言、悪霊祓い、病気の癒しなどを強調するプロテスタントの一派。

国民の宗教意識

　1960年代まででアルゼンチン国民の9割以上がカトリック信徒であったが、21世紀に入って信徒数は76.5％（2008年）、62.9％（2019年）と大きく減少している。それに対して、プロテスタント（主にペンテコステ派）は9.0％から15.3％、無宗教は11.3％から18.9％へと増加している［CONICET 2019: 15］。

　民政移管が行われた1983年以降、アルゼンチン社会は世俗化が加速したが、その手始めが離婚の合法化であった［22］。カトリック教会はそれまで歴代の政権に圧力をかけ、離婚の法制化を阻止してきたが、軍政による人権侵害を黙認したことで国民の信頼を失い、教会の権威は失墜していた。そのような状況で保守派司教たちが「カトリック家族、カトリック国家」のスローガンを掲げて離婚法案反対キャンペーンを行ったものの、社会的インパクトを与えるには至らず、1987年6月に離婚法が成立した［Torres 1992: 172］。

　社会の世俗化によって、宗教や思想に関する個人の自由も拡大した。カトリシズム以外の宗教を信仰することから生じる社会的デメリット（軍政による弾圧や排除）が激減したことにより、カトリック教会で幼児洗礼を受けた人がペンテコステ派教会をはじめとする他教派、他宗教の信徒となるケースが多くみられるようになった［Miguez 1998: 26-27］。特に1980年代後半から顕著となったペンテコステ派教会の急成長は、カトリック教会にとって大きな脅威となっている。

　2019年の宗教意識調査によると、ゲイまたはレズビアンカップルが養子を育てることに対して、61.1％のカトリック信徒が賛成している。一方、ペンテコステ信徒で賛成と答えたのは約半数の31.7％であった。また、「結婚の唯一の形は男女間の結婚のみである」という意見に賛成したカトリック信徒が35.5％であったのに対して、ペンテコステ信徒では67.5％が異性婚を支持していた［CONICET 2019: 48］。この調査結果から、今日のアルゼンチンでは「自分はカトリック信徒である」と表明しながらも、カトリック規範に反する道徳観や考え方を支持する人が少なくないということがみえてくる。カトリック教会は、カトリック信仰を棄てる信徒と、信仰を保ちながらも世俗

---

〔22〕それまでの法律では、結婚した夫婦の別居は認められていたが、別居をしていても婚姻関係は継続されるため、別居状態にある市民の再婚は成立しなかった。その結果、再婚できない男女のもとに生まれて婚外子となる子どもの数は増え続け社会問題となっていた。

的道徳規範を支持する信徒という 2 つの大きな課題に直面している。

教皇フランシスコ

アルゼンチンのカトリック教会は保守的なことで知られているが、同国出身の現ローマ教皇フランシスコによってそのイメージは変わりつつある。教皇の座に就いた 2013 年、フランシスコは「同性愛者を私は裁けるだろうか」という有名な言葉を残しており、米国制作のドキュメンタリー映画『フランシスコ』（2020 年）の中では、「同性愛者の人たちは家族の中にいる権利がある。彼らは神の子であり、ひとつの家族となる権利がある」と語り、性的マイノリティが受洗してカトリック信徒となることや、ミサで聖餐にあずかり、ゆるしの秘跡を受ける権利をもっているという認識を示した。

しかし、ジェンダー教育に関してフランシスコは歴代教皇と同様に保守的な立場を貫いている。先進国を中心に広がりつつあるジェンダー教育に対して、バチカン教育省は 2019 年に「神は人を男と女に創造された」を発表した[23]。この文書は、教育が非常事態に陥っているという認識にもとづいて、ジェンダーが社会や文化によって構築されるというジェンダー論に反対し、人は生まれながらに肉体も精神も男／女として特徴づけられる（セックス＝ジェンダー）と主張しながら、近年の文化的潮流の中で性的指向もジェンダー・アイデンティティも自分で自由に決定できるものとなっていることに対して警鐘を鳴らす。また、同性婚に関しても「当事者の好みの上に築かれ、しばしば一定時間に限られ、倫理的に確立できず、いかなる将来の計画もなしに合意した関係にすぎない」（13 項）と批判している。しかし、ブエノスアイレス市における同性カップルの離婚率をみれば、これが単なる偏見であることがわかる。2010 年から 20 年までの間に離婚した同性カップルの割合はわずか 1.49％である[24]。つまり 67 組に 1 組が離婚したということにな

---

[23]「神は人を男と女に創造された ── 教育におけるジェンダーの課題に関する対話の道に向かって」教皇庁教育省 2019 年 2 月 2 日。https://www.cbcj.catholic.jp/wp-content/uploads/2020/02/20200428_29.pdf

[24] 5,924 組の同性カップルが結婚し、そのうち 88 組が離婚した。なお 2010 年から 17 年までの離婚率はゼロであった。María Alvado, "Solo uno de cada 67 matrimonios igualitarios celebrados en la última década terminó en divorcio." *Télam digital*, 15 de julio, 2021. https://www.telam.com.ar/notas/202107/561304-matrimonio-igualitario-aniversario.html

84　　ラテンアメリカのLGBT

るが、男女の結婚では 2 組に 1 組が離婚している。このデータは、婚姻制度によって長期にわたる安定的な関係を維持している多くの同性カップルの存在を明らかにすると同時に、同性婚は単なる欲望を満たす刹那的関係にすぎないとするカトリック教会の偏見を露わにしている。

　さらにフランシスコは 2016 年の記者会見において、学校で子どもたちにジェンダー論を教えることは「油断のならないインドクトリネーション（教化）」であり、学校で子どもに教えるような方法で考え方を変えようとすることは「イデオロギーの植民地化」であると非難した。そして「同性愛という性的指向や（トランスジェンダーの）性別変更が存在することと、それを学校で教えることは別だ」と述べながらも、自分は性的マイノリティに対して常に敬意を払っており、1 人たりとも見捨てたことはないと断言している〔25〕。

２．トランスジェンダーの人権をめぐる動き

　21 世紀以降、LGBT の権利保障を次々と達成してきたアルゼンチンだが、国内では 96 時間ごとにトランスジェンダー 1 人が殺害されているという（2019 年前半期）〔26〕。これはアルゼンチン国内の殺人発生率のおよそ 10 倍にあたる〔27〕。このような統計がとられるようになったのはごく最近のことであるが、以前からトランスジェンダーに対する暴力は問題となっており、2012 年のジェンダー・アイデンティティ法成立後もその状況は大きく変わっていない。2020 年の調査によると、性的指向やジェンダー・アイデンティティによるヘイトクライムと暴力の被害件数は 117 件であったが、その 61％が

---

〔25〕「ローマ法王、ジェンダー論を学校で教えるのは『教化』」*AFPBBNews* 2016 年 10 月 3 日。https://www.afpbb.com/articles/-/3103005
〔26〕Pablo Corso Heduan, "Con una muerte cada 96 horas, denuncian "genocidio trans" en el país." *Perfil*, 4 de junio, 2019. https://www.perfil.com/noticias/50y50/con-una-muerte-cada-96-horas-denuncian-genocidio-trans-en-el-pais.phtml
〔27〕2019 年の国内殺人発生件数は人口 10 万人当たり 5.16 人であるが、トランスジェンダーでは 53.5 人となる（トランスジェンダー人口の数値は 2022 年国勢調査による）。Lucila Marin, "Datos definitivos del Censo 2022: por primera vez, difunden la cantidad de personas trans y no binarias que viven en el país." *La Nación*, 13 de diciembre, 2023. https://www.lanacion.com.ar/sociedad/datos-definitivos-del-censo-2022-por-primera-vez-difunden-la-cantidad-de-personas-trans-y-no-nid13122023/

トランス女性・異性装者に対するものである〔28〕。2018年6月、トランス女性活動家サカヤンが殺害される事件が起きた。犯人（当時25歳男）は強い殺意をもって彼女をナイフで13回も刺して殺害し、逮捕・起訴された。裁判官は「この殺人はトランスジェンダーに対するヘイトクライムである」と断言して、サカヤンを殺害した被告には終身刑が言い渡された。LGBTコミュニティはこの判決を歓迎し、トランスジェンダーを標的にした殺害「トラベスティサイド」〔29〕が世間で知られるきっかけとなった。しかし、トランスジェンダーはヘイトクライムの対象となっているだけでなく、社会から排除され、日常生活において様々な権利をはく奪されている。彼／彼女たちの多くが医療や社会保障などの公的制度へのアクセスが困難であることに加えて、家族や親せきと絶縁状態になっていることも珍しくない。つまり、トランスジェンダーは生きていく上で必要な公的または私的サポートを受けることができず、社会で孤立してしまう傾向が強いといえる。

　このような状態は「社会的トラベスティサイド」と呼ばれ、トランスジェンダーの生活の質や寿命に深刻な影響を与えている。例えば、学校でのいじめや無理解から初等教育をドロップアウトするトランスジェンダーは非常に多い。読み書きの不自由な彼女たちは安定した職に就くこともできず、売春によって生きることを余儀なくされる。保健、住居、福祉などの基本的権利も十分に保障されないトランス女性の平均寿命は36歳から40歳である。これはトランスジェンダーの生活が過酷なことに加えて、高い自殺率が影響しているといわれる。ちなみにアルゼンチン人の平均寿命はおよそ76歳である。

　このような現状を踏まえて、法レベルにおけるトランスジェンダーの権利保障を現実のものにしようという試みが民間・地方行政レベルで行われている。以下では、筆者が2023年に行った現地調査をもとに、トランスジェンダーの権利のために活動する3つの組織（カサ・アニミ、モレノ市ダイバーシティ課、

---

〔28〕117件のうち13件がヘイトクライム（犯罪）、104件が犯罪以外の暴力であり、被害者の26%がゲイ、9%がレズビアン、3%がトランス男性であった。"Se registraron 13 crímenes de odio y 104 ataques contra la comunidad LGBTIQ ＋." *Télam digital*, 8 de abril, 2021. https://www.telam.com.ar/notas/202104/550076- crimenes-de-odio-lgbtiq-ataques.html

〔29〕厳密には、トランスベスタイト（異性装）を標的にした殺人を指すが、トランスジェンダーやトランスセクシュアルに対しても使用される。また「トランス・フェミサイド」（フェミサイド＝性別を理由に女性を標的にした男性による殺人）も同様の意味で使われている。

モチャ・セリス学校）と１つのプログラム（モレノ市総合運動場）を紹介する〔30〕。

（１）カサ・アニミ（**Casa Animí**）

　2017 年、トランスジェンダーが尊厳をもって生きるための居住施設「カサ・アニミ」がブエノスアイレス市内にオープンした。これはカトリックの支援組織「キリストの家」（2008 年設立）による新たなプロジェクトで、カトリック教会のスラム司牧活動にその起源をもつ。今日、ブエノスアイレス市には「スラムのための司祭グループ」（1969 年設立）のメンバーとして、20 名ほどの「スラム司祭」が合成薬物の撲滅と薬物依存症者の更生のために協働している。スラム司祭とは、スラムで生活しながら司牧活動に従事する聖職者を意味するが、彼らはスラム住民のためにミサや洗礼などの典礼を執り行う傍ら、スラムの環境改善や生活支援を行う活動家でもある〔31〕。現在、彼らの活動は薬物依存症者のリハビリと支援が中心となっており、「キリストの家」に属するセンターは全国に拡大している。薬物やアルコール依存の問題を抱えたトランス女性を受け入れ、支援を提供するカサ・アニミもそのひとつである。

　カサ・アニミの建物に入ると一枚のポスターが目につく。ポスターには「働く」「笑う」「聴く」「寄り添う」「ゆるす」等の言葉とともに教皇フランシスコの言葉も書かれている。隣の作業室には、合皮シートの型抜きをする機械が置いてあり、切り出したシートを使って製品にするまでの作業を入所者たちが学んでいる。上階には事務所兼相談室、台所、食堂、洗濯室、居住室、シャワー、トイレなどがあり、屋上には洗濯物を干すスペースの他にハーブや野菜を育てる大きなプランターがいくつも並べられている。

　カサ・アニミの責任者であるガブリエラ・バスケス（Gabriela Vázquez）は、枯れ草を抜いたり、ハーブの種を集めながら、草花を育てる作業から人生を学ぶことができると話す〔32〕。そして、他の草で隠れていた新芽を指して、

---

〔30〕2023 年 2 月 27 日カサ・アニミにてインタビュー調査・参与観察、2 月 28 日モレノ市ダイバーシティ課にてインタビュー調査、3 月 1 日モチャ・セリス学校にてインタビュー調査・参与観察、3 月 6 日モレノ市総合運動場にてインタビュー調査を実施。
〔31〕フランシスコは教皇就任以前のブエノスアイレス大司教時代から積極的にスラムでの司牧活動を支援し、1998 年にはスラム司祭の数を倍増させた［渡部 2021: 208-209］。
〔32〕2023 年 2 月 27 日、カサ・アニミのガブリエラ・バスケスへのインタビュー。

1章　アルゼンチン：同性婚合法化のその先に　　*87*

各人のもつ可能性を見出してそれを邪魔しているものを取り除くことが必要
だと語る。彼女はカトリックのミッションスクールで宗教とカテキズム〔33〕
を教えており、イエズス会の霊性に強い影響を受けている。以前「キリスト
の家」でホームレスや貧困者への炊き出し支援をしていたガブリエラは、そ
こでトランス女性やDV被害に遭った女性たちを見て、彼女たちを支援する
施設の必要性を痛感したと言う。それと同時期に右手に大やけどをした彼女
は、どこに行っても皆がケロイド状になった自分の手を見るというスティグ
マを体験した。怪我の回復とともに、その手が徐々に新しい皮膚に変わって
いくのを見て、自分自身の人生を新たに始める時期だと確信し、この支援活
動を開始したと言う。ちなみに「カサ・アニミ」とはコルドバ州にある川の
名前であるが、ガブリエラが訪れた際にその川のほとりに多くのトランス女
性がいたことが施設名の由来となっている。

　カサ・アニミの入所者の大半はトランス女性だが、トランス男性や性自
認が時々で変化する人、またDV等の問題により一時避難してくる女性もい
る。ここに来る大半の人に共通する問題は薬物・アルコール依存である。上
述の通り、トランス女性の多くが貧困、搾取、暴力、差別、排除を日常的に
経験し、社会の周縁へと追いやられている。夜の路上で客を拾う危険な売春
は彼女たちの身体をむしばむだけでなく（客による暴力、エイズ等の性感染症な
ど）、その肉体的・精神的苦痛が彼女たちを過度の飲酒や薬物乱用に走らせ、
遂には死に至るケースも少なくない。仮に路上で行き倒れているところを病
院に搬送され、数か月にわたる治療を受けても、大半は元の生活に戻ってし
まう。それは彼女たちが生まれ故郷で十分な教育も受けないまま大都市に出
てきて、売春以外の職業に就いた経験もなく、家族や友人など頼れる存在が
周囲にいないことが原因である。カサ・アニミはそんな彼女たちの多様性を
受け入れながら、肉体的にも精神的にも社会的にも回復できるよう支援を続
けている〔34〕。

---

〔33〕 カテキズムとはキリスト教の教義を平易に説いた問答体の書物であり、アルゼンチンのカト
　　 リック教会では幼児洗礼を受けた子どもたちが一定年齢に達して堅信の秘跡を受けるためにカテ
　　 キズムを学ぶことが多い。カテキズムを教える人をカテキスタという。
〔34〕 Ángel Sastre, "In Argentina, marginalized trans people turn to the Catholic Church for help." *El Pais*,
　　 May 1, 2021. https://english.elpais.com/usa/2021-05-01/in-argentina-marginalized-trans-people-turn-to-the-
　　 catholic-church-for-help.html

現在カサ・アニミに居住している人数は 10 名ほどだが、施設を退所後にも薬を受け取りに来る者や、施設の掃除に来る者（少額の給与が出る）もいるため、常に人が出入りしている状態である。筆者訪問時には、妻に先立たれた男性が 2 人の小学生の娘と滞在していた。また、数日前から入所している半身不随の若い女性は、世話をしてくれる身内もいないため、病院からこの施設に直接搬送されたという。前から住んでいるトランス女性たちが彼女の体を拭いたり、洗髪したり、食事の介助などの世話をしている。他にも夫の暴力で逃げて来た若い母親たちが子どもを連れて来るため、入所者がその子どもたちの世話を喜んでしている。ガブリエラの願いは、カサ・アニミをトランス女性だけではなく、すべての人が受け入れられる場にすることである。神の国がそうであるように、この施設には子どもを抱えて逃げてきた女性や障がい者（知能、身体）、皆が招かれている、と彼女は語る。

　ここで暮らすトランス女性にはペルー出身者が多く、その 1 人 A から話を聞いた。彼女はペルーのジャングルで育ったが、故郷でのトランスジェンダーに対する差別や暴力に耐えきれず、バスで 3 日間かけてアルゼンチンに逃げて来たと言う。アルゼンチンでは食べていくために売春をするほかなく、肉体的にも精神的にもボロボロになり、それを忘れるために酒や薬物を乱用していた。リストカットも数えきれないほどしたと言って、傷跡が残る両腕を見せてくれた。カサ・アニミで数年間過ごして回復した彼女は現在、外で恋人と暮らしている。毎日、近所のカトリック教会の掃除をして給与をもらう安定した生活を送り、カトリック教会のミサにも通っている。ペルーで暮らす母と姉が最近、自分のことをようやく受け入れてくれて、女性の名前で呼んでくれるようになったと A は嬉しそうに語る。

　売春を生業にしている（または過去にしていた）トランス女性はみな、豊胸処置をしている。シリコン材等を胸部や臀部に挿入するが、それが下半身に流れてふくらはぎや足首がひどく腫れている者もいた。また、男性性器を目立たせないようにテープを貼ったり、きついガードルを常に着用するため、ひどい痛みに悩まされる。薬物の乱用や過度の飲酒によって脳にダメージを受けている人も少なくない。カサ・アニミにいる間に初等教育を終え、さらに中等教育や看護の道に進んだ者もいるというが、それは稀なケースである

といえよう。

　事務室でガブリエラが机につくと、女性たちが代わる代わる入ってきて話をする。スリップ（薬物の再使用）して面接の約束をすっぽかした人や、外で薬物を売っていたと疑われる人、まだ薬が抜けてない状態の人など、ガブリエラは1人1人の様子を確認し、すべきことを明確に教える。時には教皇や聖人たちの言葉を引用しながら教え諭す。しかし、自分の行動を咎められたのが気に入らないのか、ガブリエラや他のスタッフに怒ったり、どなったりして出ていく女性もいる。また、入所者にはHIV感染者も多く、薬の服用が必要な人にはその都度、事務所で手渡ししている。事務所の鍵付きの棚には大量の薬が保管されており、誰にいつどの薬を渡すかという管理が一仕事だという。アルゼンチンでは、国内に滞在する外国人に対しても医療が無償で提供されるが、病院で長時間待たされたり、公立病院では薬不足が常態化しているために、通院しても薬をもらえないことが珍しくない。幸い、ガブリエラの娘が病院に勤めているため、入所者の治療や入院の手続きもスムースに行うことができ、薬なども入手しやすいという。

　事務室の外では、各自で自由に過ごしている。学校から戻った子どもたちはここの2匹の飼い犬と遊んでいる。今週の食事当番が台所で作業をする傍ら、他の女性たちはタバコを吸いながらおしゃべりをしている。また、この日はなかったが、カサ・アニミには業務用洗濯機が設置されており、入所者が近所の家の洗濯を請け負って少額の収入を得ている。ここの女性たちはカサ・アニミを出た後も、カサ・アニミの掃除や洗濯等の手伝いをしながら多少の給与をもらって生きていくことができる。しかし、再び薬物に手を出してしまったり、薬物を買うために売春をしてトラブルに巻き込まれるケースも少なくないという。

　事務所の外で子どもが泣きわめいていると、ガブリエラはその子を抱きかかえて「おじちゃんに抱っこしてもらおうね」と言いながら会計担当の夫ディエゴに渡す。ここには男性、父親がいないため、ディエゴの存在は非常に重要だとガブリエラは話す。入所している女性の多くは家族に追い出されるか、自ら家出をしている。そんな彼女たちにとって、カサ・アニミは第2の家庭であり、ガブリエラやディエゴは母親（姉）、父親（兄）のような存在となっ

ている。特にガブリエラは普段から子どもたちを相手に教えているせいか、トランス女性たちにも同じように接している（路上で歩きたばこをすれば強く叱る等）。

食堂の壁には今月誕生日を迎える人の名前が貼られている。これまで周囲の人間から「生まれてこない方がよかった」と言われ、自らもそのように感じてきたトランス女性たちが、カサ・アニミでは「生まれてきてくれてありがとう、誕生日おめでとう」とその生を喜ばれ、祝われることによって、人間としての尊厳を回復していくのである。また、姦通の罪を犯した女がイエスにゆるされる場面〔35〕を描いた聖画が掛けられているが、ここで生活をしている各人がこの罪深い女と同じように「わたしもあなたを罪に定めない。行きなさい。これからは、もう罪を犯してはならない」（ヨハネによる福音書8章11節）というイエスからのゆるしの宣言を受けているのだとガブリエラは語る。

カサ・アニミは代表のガブリエラ、会計担当のディエゴ、さらに臨床心理士など数名のスタッフで運営されている。キリストの家のネットワークも活用しながら、結核やHIV感染者は系列病院につなげる〔36〕、入所者のパートナーが刑務所から出所すれば社会復帰支援施設を紹介するなど、各人の必要に応じた対応をとっている。その他に、カサ・アニミは政府の麻薬予防撲滅計画庁と連携し、政府の助成金も受けている。2023年2月27日に麻薬予防撲滅計画庁で開催されたロアナ・バーキンス記念式典に、カサ・アニミのガブリエラとトランス女性たちは招待客として招かれた。

2022年3月8日の国際女性デーに合わせて、カサ・アニミを表敬訪問した麻薬予防撲滅計画庁所長のガブリエラ・トレスは、入所者とスタッフらに対して「（人権を獲得する）戦いと抵抗の模範であるあなたがたに、ぜひともこの日にお会いしたかったのです」と述べ、カサ・アニミの活動を称え

〔35〕イエスを試すために、律法学者たちが律法では石打ちの死刑に値する「姦通の現場で捕らえられた女」を連れてきたが、イエスは「あなたたちの中で罪を犯したことのない者が、まず、この女に石を投げなさい」と言った。これを聞いた者は全員、自分が罪を犯したことがあると知っているので、誰も女に石を投げられずに立ち去り、イエスも女の罪をゆるしたというエピソードである（ヨハネによる福音書8章1-11節）。
〔36〕タバコのように煙を吸うタイプの合成麻薬は肺にダメージを与えるほか、パイプの共有などにより結核の感染率が高まるという。

た[37]。ジェンダー・アイデンティティ法の成立後もトランス女性の人権が
ないがしろにされている状況は変わらず、それに対して政府は有効な手段を
講じてこなかったが、カサ・アニミは、代表のガブリエラの強い意志とリー
ダーシップのもと、最も脆弱なトランス女性の心身の回復と社会復帰を目指
した支援を続けている。余談になるが、カサ・アニミの活動は政府のみなら
ず国内の他団体からも注目されており、筆者が訪問した日にも飛行機でミシ
オネス州から見学者が来ていた。

（2）モレノ市ダイバーシティ課（Dirección de Diversidad, Moreno）

　アルゼンチンの首都ブエノスアイレス特別区（ブエノスアイレス市）とその
周辺に広がる24の市は、大ブエノスアイレス圏と呼ばれており、2022年の
統計によるとアルゼンチン総人口の約30％が生活している。筆者が調査を
行ったモレノ市は、首都から西に37キロ、第2環状地帯に位置する市の1
つである。ブエノスアイレス特別区に隣接して広がる部分が第1環状地帯、
その周辺が第2環状地帯であり、首都から遠ざかるほど貧困率が高くなる。
　2020年11月25日モレノ市に新たな事務局が開設された。女性と性的マ
イノリティの人権を守るための「女性・ジェンダー・ダイバーシティ事務
局」[38]（Secretaría de Mujeres, Géneros y Diversidades）である。事務所ではDV被害
などの相談に対応し、関係機関の紹介を行うほか、社会に浸透するマチスモ
や家父長主義が女性やLGBTに対するジェンダー暴力を容認してきたとい
う認識にもとづき、市民全体の意識改革を目指している[39]。これは2019
年にフェルナンデス政権が設置した「女性・ジェンダー・多様性省」に合わ
せて開設されたもので、政府と連携して業務が進められている。
　2023年2月28日、筆者は「女性・ジェンダー・ダイバーシティ事務局」
内にあるダイバーシティ課を訪問し、課長のナンシー・セナ（Nancy Sena）に
インタビューを行った。事務局では彼女をはじめ、数名のトランスジェンダー

[37] "En el 8M Gabriela Torres visitó la Casa Animí." Argentina.gob.are, 8 de marzo, 2022. https://www.
　argentina.gob.ar/noticias/en-el-8m-gabriela-torres-visito-la-casa-animi
[38] スペイン語では政府の「女性・ジェンダー・多様性省」とほぼ同じ名称であるが、モレノ市は
　多様性をDiversidadesと複数形で表しており、本章ではダイバーシティと訳する。
[39] "Mariel Fernández lanzó la Secretaría de Mujeres, Género y Diversidades." Municipio de Moreno, 25 de
　noviembre, 2020. https://moreno.gob.ar/noticia-detalle.php?id=906

が勤務している。インタビュー内容は以下のとおりである。

「ご自身について教えてください。」

　私はトランスジェンダー・トランスベスタイト女性で、生まれた時から
モレノ市に住んでいます。1970年8月7日生まれ、トランス女性サバ
イバー（寿命が短いトランスの間で45歳以上を指す言葉）です。生まれた時か
ら女性としての性自認がありましたが、両親の前でそれを出すことはし
ませんでした。15歳の時から女性の服装を身に着けるようになり、家
父長制やマチスモといったことを考えざるを得ませんでした。家族から
追い出されるようなこともありませんでしたが、何も問題がなかったわ
けではありません。母は私が兵役に行ったらどんな目に遭うかを心配し
ていました（アルゼンチンでは1901〜1994年まで義務徴兵制度があった）。母
は私が無事に兵役から戻れないかもしれないと思い、送り出す時には強
く抱きしめてくれました。

「ダイバーシティ課で働くようになった経緯は？」

　その後、私はラジオ局で働き始めました。歌手としてCDを出すことに
なりましたが、困ったことがありました。私が男性でも女性でもないの
で発売できないというのです。2004年のことです。またフィルムの製
作など、2006年までそのような仕事をしていました。2001年の経済危
機後、アルゼンチンでは社会運動が活発になっていました。すべての人
の権利が保障されるべきだと。そんな中で私はモレノ市役所に行き、当
時の市長に直接会って仕事を求めたのです。私はすでに定職を持って
いましたが、もっと人々のために働きたかったのです。市長は私のセク
シュアリティではなく、私のニーズを見てくれました。そして2006年、
市役所の民間部門でソーシャルワーカーとして働くようになったのです。
私はソーシャルワーカーの資格もありませんでしたけどね。その後、私
はワークショップを企画するようになり、労働組合や病院、学校などで
性的多様性についてのワークショップを開催しました。また、人権推進
活動も始めました。DVに苦しむ母親、父親の不在、すべて人権にかか

わることです。そして 2018 年、モレノ市にダイバーシティ課が生まれたのです〔40〕。

「ダイバーシティ課について教えてください。」

2018 年、モレノ市は性的マイノリティの人権擁護に乗り出しました。ブエノスアイレス州には 135 市ありますが、2018 年にダイバーシティ課が設置されていたのは、モレノ市を含めた 3 市のみでした。2021 年以降は、トランス公職クオータ制度によって設置をする市が増加しています。しかしながら、いまだにスーパーのレジ店員にトランスを見かけませんし、病院の長にもトランスはいません。さらにホワイトカラーで働くトランスもいません。

私たちダイバーシティ課は、トランスだけではなく LGBTQ ＋すべての人権のために尽力していますが、最も脆弱なトランスはより多くの支援を必要としています。例えば 5 人のトランス女性が 1 部屋に住んでいて、2 人で 1 つのベッドに寝るという状況がいまだにあるのです〔41〕。そこで役所や公的機関が介入して、どのように支援できるか検討します。政府には失業者と会社をつなぐ雇用促進プログラム（El Programa Fomentar Empleo）や DV を受けている女性や LGBT に最低賃金を渡して、心理的・経済的支援を提供するプロジェクト（Acompañar）、初等・中高等教育、または職業訓練の受講、地域での社会奉仕（学校や子ども食堂の手伝い等）の代わりに生活費を受給できるプログラム（El Programa Potenciar）があります。

「トランスの人々へは具体的にどのような支援を行っていますか。」

市役所という公的機関内にダイバーシティ課が存在するのは非常に重要です。モレノ市には市立病院があり、ワクチン、メンタルヘルス、コミュ

〔40〕2020 年に設立された「女性・ジェンダー・ダイバーシティ事務局」は、それまであった女性支援課やダイバーシティ課を統合したものと思われる。
〔41〕アルゼンチンのトランスジェンダーを撮影した写真集 *Revealing Selves* にも 5 人で 1 部屋を共有する女性たちの姿が収められている［Arnal 2018: 78-79］。

ニティ開発、そういった他の機関にトランス女性たちをつなぐことができるのです。特にコロナの時には、公設のワクチン接種会場まで来なくてよいように、トランス女性専用の接種場所を用意しました。また HIV に感染しているトランス女性や売春で生活している女性たちには、薬や治療を無料で提供しています。さらに、必要であれば病院に入院できるよう手配します。市内の病院か隣の市にある病院に連絡して彼女たちを搬送します。このようにマージナルな人々を支援することができて私は嬉しく思っています。私たちがアウトリーチできているのはまだ少数かもしれませんが、以前はゼロに近かったのです。多くのトランス女性が壊死〔42〕や心臓病で人知れず、自室で死んでいったのです。ジェンダー・アイデンティティ法が施行する前、彼女たちは病院に行くことができませんでした。受付で元の名前（男性名）で呼ばれたり、周りからじろじろ見られたりするからです。恐怖と恥辱で行くことができなかったのです。

「これからのビジョンや目標をお聞かせください。」

モレノ市は他市に先だって、トランスや性的マイノリティの人権を守るために支援を開始して現在に至っています。LGBT に限らず多様な組織や人がこの支援に参加しており、トランスのために何ができるか話し合い、実行に移しています。私自身のことを言えば　正義党の党員でキルチネリスタ（キルチネル派）です。2021 年にモレノ市で初めてトランス女性として議員候補者リストに入りました。州内 135 市のうちでトランスが議員候補者リストに入っているのはたった 11 市です。トランスの現状を変えていくためには同じトランスの議員が必要です。私は 2011 年に結婚しましたが、17 年連れ添った夫と最近離婚しました。そしてラテンアメリカで離婚した初のトランス女性となったのです。でも、これは普通の人と同じことです。私たちは皆、食べて、寝て、泣いて、笑って、生きています。私たちは教育を受ける、幸せになる、母になる、きちん

〔42〕トランス女性の多くが身体にシリコンを挿入しているが、自己免疫疾患になりシリコンが腎臓や肝臓、肺、足、くるぶしにまで流れ出てしまうことも少なくない。そして最悪の場合には体の一部が壊死したり、死に至ることもあるという。

とした家を持つ、きちんとした仕事に就く、医療や保健衛生にアクセス
できる、学業を終える、これらの可能性が失われてはなりません。今は
2023 年ですが、私はより公正で、より包括的な社会の構築のために尽
力しているのです。

　モレノ市が他の自治体に先だって女性と LGBT の人権擁護に力を注いで
いることがインタビューからも明らかになったが、その背景には何があるの
だろうか。ナンシー・セナが仕事を求めて直接交渉した市長もそうであった
が、2003 年から現在に至るまでモレノ市長は皆、正義党に所属する中道左
派のキルチネリスタである〔43〕。キルチネルが掲げた貧困撲滅、社会正義、
人権・平等・社会包摂の推進という政策方針に賛同する彼らが、LGBT の権
利保障にも積極的な姿勢を示したのは当然と言えるかもしれない。
　本章 1 節（1）で述べたように、キルチネリスタの現フェルナンデス政権（副
大統領はクリスティーナ）においても、トランス公職クオータ制度や人工妊娠
中絶合法化が実現するなど、女性と性的マイノリティの権利はさらに拡大し
ている。国家と足並みを揃えたジェンダー政策、ダイバーシティ政策を市レ
ベルで行うことにより、モレノ市は国家からモデル事業として認知され、必
要なサポート（財的、人的、技術的）を獲得しているのである。

（3）モレノ市総合運動場（Polideportivo Paso del Rey）

　2020 年 12 月、モレノ市は総合運動場をこれまでと同じではなく、性的マ
イノリティが自由に安心して使用できる空間にすると宣言した〔44〕。これは、
モレノ市の「スポーツ・レクリエーション事務局」（Subsecretaría de Deportes y
Recreación del Municipio de Moreno）が推進している「スポーツにおける平等を目
指すプログラム」（Programa Responsabilidad Igualitaria en el Deporte）の一環である。
アルゼンチンでは LGBT 当事者がスポーツ施設を使用すると、通常の約 3
倍の料金がかかるといわれる。一般の施設にはジェンダーフリーの更衣室や

---

〔43〕2003 年から現在まで 4 名の市長が務めた（1 期 4 年で 2 期連続務めることが多い）。現在の市
　　長マリエル・フェルナンデスはモレノ市史上初の女性市長である。
〔44〕"El municipio crea el primer espacio deportivo diverso en Moreno." Municipio de Moreno, 15 de
　　diciembre, 2020. https://moreno.gob.ar/noticia-detalle.php?id=963

96   ラテンアメリカのLGBT

シャワールームが設置されておらず、性的マイノリティが安心して利用できる環境ではないことがその理由である。彼／彼女らが施設を利用しようとすれば、営業時間後に割増料金を払うほかなく、そのことによってスポーツをあきらめる人も少なくない〔45〕。このような現実を知るモレノ市ダイバーシティ課のナンシー・セナの働きかけによって、2019年モレノ市が動いた。

　2023年3月6日、モレノ市総合運動場の責任者カロリーナ・アルトゥリ（Carolina Arturi）から話を聞いた。

「この総合運動場について教えてください。」
　2019年に当選したマリエル・フェルナンデス市長の依頼によってプロジェクトが開始されたのですが、ジェンダー平等と多様性を実現できる運動競技場に関して、前例もなければ、資料も、そもそもの理論もありませんでした。ですから、まずは私たち自身でスポーツとジェンダーについての研修を受けることから始めましたが、すぐにコロナになってしまいました。しかし文化人類学やジェンダーの専門家を招いてオンライン・ワークショップなどを続けたのです。私たちは具体的に女性スポーツ選手たちにありがちな問題、ジェンダー暴力、若年での妊娠などすべての課題をアジェンダに盛り込みました。そこから性的多様性やマチスモへと、扱うテーマを広げていきました。

　地域的な取り組みとしては、市内学校の保健体育教師などにも働きかけました。モレノ市は女性・ジェンダー・ダイバーシティ事務局が強いリーダーシップをもって活動しており、ダイバーシティ課にはナンシーもいますので、私たちは様々な面で協力しています。同時に、国の機関であるスポーツ事務局（Secretaría de Deporte, Educación Física y Recreación、2017年教育省内に設立）とも協働しました。新型コロナの感染拡大後も、活動を停止することはなく、小学校、教員、地域のスポーツクラブなどにも働きかけ、ジェンダーや女性に対する暴力という観点から共に学びました。

─────────────
〔45〕モレノ市ダイバーシティ課の課長ナンシー・セナへのインタビューから。

1章　アルゼンチン：同性婚合法化のその先に　　97

「ジェンダー暴力や不平等に対する取り組みについて教えてください。」

　ジェンダー不平等について言えば、女子スポーツ選手は男子に比べて国からの助成金や奨学金を獲得するのが困難です。またジェンダー暴力の例としては、州のスポーツ大会に参加した女子選手たちが滞在先のホテルで性的ハラスメントを受けても、その場で告発することができずにいるケースなどがあげられます。モレノ市も以前はそういう状況でした。スポーツ大会におけるジェンダー暴力を誰も問題視しなかったのです。ですから私たちは、大会に入り込んで啓蒙活動をしています（ビデオを見せる、パンフレットを配布する等）。このようにして選手たちに寄り添いながら、大会をより可視化させています。2023年5月には「ブエノスアイレス州第2回平等カップ」という女子サッカー大会の地区予選をモレノ市で開催します〔46〕。

「国家やブエノスアイレス州とはどのように連携していますか。」

　私たちの活動は単独ではなしえません。州や国家のプログラムと連携して進められるのです。スポーツにアクセスする権利、女性やLGBTがスポーツをする権利、スポーツをする空間、スポーツの専門化、これらは 変 容 を伴います。地域のスポーツ会場で、州や国が発信しているスポーツのジェンダー平等に関する情報を知らせることで、参加した人たちが各家庭にそれを持ち帰り、そこから変容が始まるのです。

　モレノ市はブエノスアイレス州のみならず、国全体でも唯一の多様性に開かれた運動場を展開しています。（近隣の市や他の州から問い合わせや見学などはあるか、の問いに対して）それは各自治体の市長や市議会の意向があり、なかなか難しい問題です。市長がスポーツにおけるジェンダー平等や性的多様性といったテーマに関心がなければ進みませんし、政治的理由から進まないこともあります。私たちは国のプログラムとタイアップしているからここまでやってこられたとも言えます。政治的決定が何よ

---

〔46〕 "Moreno será sede de la copa igualdad de fútbol." Municipio de Moreno, 27 de abril, 2023. https://moreno.gob.ar/noticia-detalle.php?id=3053

98   ラテンアメリカのLGBT

りも大きいのです。

　屋内体育館の壁には何枚もの大きな横断幕が飾られており、それらには「ス
ポーツをする権利」「暴力と差別のない平等を目指すスポーツ」「みんなでプ
レーする」などスローガンが書かれている。また事務室にはスポーツとジェ
ンダーに関する教材が置かれ、実際に子どもたちがつくったポスターなどが
飾られている。その中には「すべての人に同じものを期待すべき？」と書か
れてあり、様々な多様性（障がいやSOGI等）を尊重し受け入れるために、具
体的に何をしたらよいのか子どもたちに考えさせるポスターもあった。他に
も、国のスポーツ事務局が作成した「運動場にもESIを」という指導者向け
の冊子等の資料が保管されていた。アルゼンチンでは、女性とLGBTは同
じ枠組みで捉えられているが、これは両者ともにマチスモや家父長制による
抑圧と差別を日常的に体験していることと、ジェンダー暴力の対象となって
いることによると考えられる〔47〕。

　LGBT当事者は他の利用者同様にいつでも運動場や施設を使うことができ
るが、より安全な環境でスポーツを楽しめるように、毎週火曜と木曜（17～
19時）はLGBTを対象にしたサッカー教室を開いている。多様性を受け入れ、
スポーツにおける平等を目指すモレノ市の総合運動場が短期間でここまで発
展したのは、「女性・ジェンダー・ダイバーシティ事務局」と同様に、国家
プロジェクトと提携しながら国家と州のサポートを得ているからといえよう。

（4）モチャ・セリス学校（Mocha Celis）

　2011年、ブエノスアイレス市内に世界初のトランスジェンダー学校が誕
生した。学校名のモチャ・セリスとは、アルゼンチン北西部トゥクマン州出
身のトランス女性の名前である。モチャは10代で故郷を離れ、ブエノスア
イレスで売春をしながら生きていたが、1996年に警察に射殺された（理由は
いまだに明らかにされていない）。33歳の若さで死去した彼女は義務教育を終え
ていなかったという。教育がないばかりに仕方なく売春をして生き延びてい

────────────
〔47〕日本では、男女一般の性的マジョリティに対して、性的マイノリティという特別な集団がある
　　と認識されているが、これはジェンダー平等に対する日本人女性の意識が低いことが背景にある
　　と思われる。国際女性デーがあまり知られていないこともその表れといえる。

図 1-1 年齢別にみたトランス女性の収入源（%）

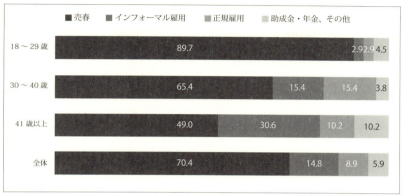

（出所）*La Revolución de las Mariposas*（2017）のデータをもとに筆者作成。

る大勢のトランス女性のためにつくられたのが、このモチャ・セリス学校である。

2023年3月1日モチャ・セリスを訪問した。まだ夏休み中とのことで、学校にいたのは新年度の準備をするスタッフと試験勉強をしている学生数名のみであった。現在、学生数は150名ほどであり、17名の教員（その多くがLGBT）が教えている。ここに入学できる年齢は16歳以上となっているが、10代、20代の学生はわずかで、40代前後の学生が多いという。2016年の調査によると、ブエノスアイレス市内のトランス女性の約70％が売春をして暮らしているが、これを年齢別にみると、若いほど売春に従事する割合が高く（18〜29歳では89.7％）、年齢が高くなるにつれて割合は低くなる（図1-1）。若い頃は売春をすれば何とか食べていけたトランス女性でも、年を取ると以前のように稼ぐことが難しくなる。モチャ・セリスに来る40代のトランス学生たちは、義務教育を終えて安定した仕事を得ることを望んでいるのである（図1-2）。

学生たちはここで3年間学んだ後、義務教育修了証が与えられる。夜間に売春等の仕事をする人が少なくないため、授業は午後2時から6時までの4時間となっている。しかし最近では、トランス公職クオータ制度で昼間に仕事をする学生も増えてきたため、夜間クラスの開校も検討しているとスタッ

図 1-2　教育レベル別にみたトランス女性の収入源（％）

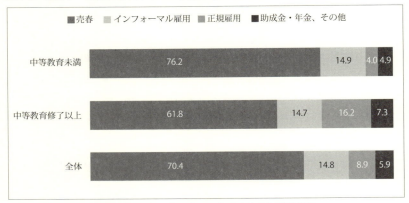

（出所）*La Revolución de las Mariposas*（2017）のデータをもとに筆者作成。

フは語る〔48〕。学生の多くが大ブエノスアイレス圏から通学しており、ボリビアやペルーからの移民も少なくない。この学校がトランスジェンダーに特化しているのは、トランスジェンダーは他の性的マイノリティに比べて周囲に気づかれやすく、一般の学校で生活を送ることが困難だという理由からである。

建物の1階には学年別に教室が3つと食堂があり、2階には職業訓練用の教室、事務室、会議室、図書室、カウンセリング室などがある。勤務するスタッフの数も多く、それぞれ学校運営スタッフ、各種手続き支援（法的氏名・性別変更や住居変更等）スタッフ、心理カウンセラー、食堂スタッフ、職業訓練の講師など、教育以外にも多様なサポートを提供している。学校運営に関しては、国の教育省が教員給与を支払っており、その他の費用はブエノスアイレス市が負担している。

学校内を見学していると、40代と思われるトランス女性の学生たちが、スタッフから食料等を受け取っていた。モチャ・セリス学校では2020年から、コロナで仕事がなくなった学生たち（その多くが売春業）に食料の配給をしているという。缶詰やパスタ、食用油といった食料品は外部から寄付されてい

─────
〔48〕2023年3月1日、モチャ・セリス学校にてスタッフのインタビューより。前述の写真集にもモチャ・セリスの授業風景が収められている［Arnal 2018: 92-93］。

1章　アルゼンチン：同性婚合法化のその先に　　*101*

る。その他にも、モチャ・セリスは SNS を効果的に活用して、世界中にそのユニークな活動を発信するとともに、賛同者からの寄付を募っている〔49〕。

　モチャ・セリスは、社会で最も脆弱なトランスジェンダーに教育の機会を与えるだけではなく、2016 年にはブエノスアイレス市が行った調査に参加して、その働きが高く評価された。これは市内に住むトランスジェンダーの現状に関する調査プロジェクトであったが、社会調査のノウハウを学んだモチャ・セリスの学生たちが調査される側ではなく、調査員としてプロジェクトに参加したのである〔50〕。この調査結果は『蝶たちの革命』（*La Revolución de las Mariposas*）という本にまとめられており、調査した学生たちが書いた「これが私たちの最初の革命」というエッセイも収められている。

おわりに

　ここまで、アルゼンチンにおける LGBT の権利保障とトランスジェンダーの人権をめぐる動きをみてきた。現在では LGBT 先進国といわれるアルゼンチンだが、性的マイノリティは長らく抑圧と排除の対象とされ、基本的人権も奪われていた。民政移管後の 1980 年代半ばになると、それまで世間から隠れて生きてきた LGBT が「我々はここにいる」と自分たちの存在を示すようになった。彼／彼女らの存在が可視化されることによって、性的マイノリティが日常的に受ける差別や暴力、不平等といった事実が顕在化され、当事者だけでなく、その他の市民をも巻き込んだ権利運動へとつながった。この運動を後押ししたのが 2003 ～ 2015 年までのキルチネルとクリスティーナの両政権である。人権・平等・社会包摂を掲げる両政権は LGBT の権利保障に積極的であり、同性婚合法化やジェンダー・アイデンティティ法といった具体的な法整備が進んだのもこの時代であった。

　今日アルゼンチンでは、人々は自らのジェンダー・アイデンティティに従って氏名・性別を変更する権利や性別適合手術を受ける権利をもっている。

〔49〕モチャ・セリス学校公式サイトはスペイン語・英語で閲覧することができる。https://mochacelis.org/（2024 年 6 月 13 日閲覧）。
〔50〕学生たちは 2016 年 3 ～ 5 月まで週に 2 回の講習を受けて社会調査法を学んだ後、同年 5 ～ 10 月までの期間、他の調査員と 2 人 1 組となり市内各地で調査を行った。

しかしながら、トランスジェンダーが自らのジェンダー・アイデンティティに従って「生きる」ことは決して容易ではない。すべての人に人権が保障される社会の実現を求めて、次々と権利を獲得してきたアルゼンチンのLGBTであるが、今後は法整備だけでなく、人々の意識の変容という難しい課題にも取り組んでいかなければならない。本章後半では、そのために活動している民間・行政の具体的な事例を紹介した。トランス公職クオータ制による一般就労は、トランス女性に安定した収入と自尊心を与えるだけでなく、社会で働く彼女たちを見ることによって、それまで「トランス女性＝売春、自堕落、薬物依存」という偏見をもっていた人々の意識・認識にも何らかの変容が起こるはずである。

　アルゼンチンの事例は、同性婚等の法整備による権利保障が最終ゴールではなく、その先に取り組むべき課題があることを示しており、LGBTの権利保障に取り組む国々にとっても示唆に富むものであるといえよう。

【引用文献】
〈日本語文献〉
松下　洋　2004「低下しつつある労働運動の政治力」松下洋・乗浩子編『ラテンアメリカ政治と社会』新評論：169-187.
渡部奈々　2017『アルゼンチンカトリック教会の変容――国家宗教から公共宗教へ』成文堂.
――――　2021「貧しい人々のための優先的選択――社会問題に取り組むアルゼンチンのカトリック教会」畑惠子・浦部浩之編『ラテンアメリカ――地球規模課題の実践』新評論：195-214.

〈外国語文献〉
Arnal, Kike. 2018. *Revealing Selves: Transgender Portraits from Argentina.* New York: The New Press.
Bazán, Osvaldo. 2016. *Historia de la Homosexualidad en la Argentina: de la Conquista de América al siglo XXI.* Buenos Aires: Editorial Marea.
Brown, Stephen. 2010. "Con discriminación y represión no hay democracia: The Lesbian and Gay Movement in Argentina". In J. Corrales and M. Pecheny eds., *The Politics of Sexuality in Latin America: A Reader on Lesbian, Gay, Bisexual, and Transgender Rights.* Pittsburgh: University of Pittsburgh Press.: 86-101.
Burdick, Michael A. 1995. *For God and the Fatherland: Religion and Politics in Argentina.* NY: The State University of New York Press.
CONICET (Consejo Nacional de Investigaciones Científicas y Técnicas). 2019. *Segunda*

encuesta nacional sobre creencias y actitudes religiosas en Argentina: Sociedad y religión en movimiento. Buenos Aires: CONICET.

Díez, Jordi. 2015. *The Politics of Gay Marriage in Latin America: Argentina, Chile, and Mexico.* NY: Cambridge University Press.

Encarnación, Omar G. 2016. *Out in the Periphery: Latin America's Gay Rights Revolution.* NY: Oxford University Press.

Insausti, Santiago. 2015. "Los cuatrocientos homosexuales desaparecidos: memorias de la represión estatal a las sexualidades disidentes en Argentina." en *Deseo y represión: sexualidad, género y estado en la historia argentina reciente.* En Débora D'Antonio ed., Buenos Aires: Imago Mundi.: 63-82.

Klaiber, Jeffrey S. J. 1998. *The Church, Dictatorships, and Democracy in Latin America.* New York: Orbis Books.

Ministerio Público de la Defensa de la Ciudad Autónoma de Buenos Aires. 2017. *La revolución de las mariposas: a diez años de la gesta del nombre propio.* https://mochacelis.org/wp-content/uploads/2018/08/La-Revolucion-de-las-Mariposas.pdf

Pecheny, Mario. 2003. "Sexual Orientation, AIDS, and Human Rights in Argentina: The Paradox of Social Advance amid Health Crisis." In S. Eckstein and T. Wickham-Crowley eds., *Struggles for Social Rights in Latin America.* London: Routledge.: 253-272.

Recalde, Héctor Eleodoro. 2019. *Educación Sexual Integral Un enfoque interdisciplinario: Medicina, psicología, ciencias sociales, derecho.* Buenos Aires: Ediciones del Aula Taller.

Sosa, Cecilia. 2014. *Queering Acts of Mourning in the Aftermath of Argentina's Dictatorship: The performances of Blood.* Woodbridge: Tamesis.

Torres, Carlos Alberto. 1992. *The Church, Society, and Hegemony: A Critical Sociology of Religion in Latin America.* London: Praeger Publishers.

2 章

ブラジル：性的マイノリティの権利

その保障と世界最大パレードによる主張

近田　亮平

ブラジルの性的マイノリティと国内の主な出来事に関する年表

年	ブラジル		性的マイノリティ関連
1980	労働者党結成	政治の時代	市民団体「バイーアのゲイ・グループ」創立
1983	民主化要求運動（〜84年）		初めてエイズの患者確認（82年）
1985	軍政が終了し民政へ移管		連邦医学審議会が同性愛を病気から除外
1988	新憲法公布		
1989	民主化後初の直接大統領選挙		リオ州裁が同性カップルの遺産分与容認
1990	コロル政権誕生、経済の自由化	経済の時代	同性愛者の歌手カズーザがエイズで逝去
1995	社会民主党カルドーゾ政権誕生		初の LGBT 全国組織（ABGLT）結成
1996			ブラジル初のプライド・パレード
			抗 HIV 薬の国内生産と無料配布
1997	憲法改正で大統領の再選可能		連邦医学委員会が性別適合手術を容認
1998	カルドーゾ大統領再選		同性カップルを「事実上の配偶者」と認定
			サンパウロ市初のプライド・パレード
1999	通貨危機で変動為替相場制		サンパウロ・パレードの APOGLBT 結成
	物価・財政目標導入		連邦心理学審議会が同性愛を病気から除外
2001	第1回世界社会フォーラム	社会の時代	LGBT 他差別撲滅連邦審議会設立
2003	労働者党ルーラ政権誕生		LGBT 市民権議員団結成
			連邦最高裁が同性カップルの年金受給容認
2005	労働者党の議員買収汚職		「ホモフォビアなきブラジル」（04年）
2007	第2次ルーラ政権		第1回全国 LGBT 会議（08年）
2010			同性カップルの養子権利を連邦高裁が容認
			参加型の LGBT 連邦審議会の設立
2011	労働者党ルセフ政権誕生、		最高裁が同性婚を容認
2013	全国規模の抗議デモ	混乱の時代	国家司法審議会が同性婚の法手続き整備
2014	石油公社汚職、景気悪化		
2016	ルセフ大統領弾劾罷免		
2018	大統領選有力候補のルーラ収監		公称と自任性別の公的使用可能
			トランスセクシャルと精神病の関連否定
2019	右派保守のボルソナロ政権誕生	分極の時代？	LGBT 連邦審議会の廃止
			最高裁が LGBT への差別を犯罪と認める
2022	ルーラが最僅差で大統領に当選		
2023	第3次労働者党ルーラ政権		

（出所）近田（2008; 2020; 2023）、Vergili et al.（2015）、二宮（2017）、マシャド（2018）、ポーレン（2019）、畑（2021）、インターネットの情報などをもとに筆者作成。

はじめに

　LGBT として総称される性的マイノリティ[1] は、社会的マイノリティの中でも差別や偏見をより強く受ける脆弱な存在だといえる。そのため、国や地域により状況は異なるが、権利などに関する主張が難しく、その保障は遅れたり不十分だったりする場合が多い。本章が対象とするブラジルでは、21年間続いた軍事政権から 1985 年に民政移管した後、21 世紀初頭まで民主主義が定着するとともに経済が安定し、社会的マイノリティを擁護する左派的な政策や政治勢力が支持されるようになった。ただし近年では、推進されてきた性の多様性への反発ともいえる保守的な動きが強まっている。本章では、ブラジルにおける性的マイノリティの権利の保障や主張について、それらの歩みや状況を解説する。

　その際、はじめに政治について、民政移管後の選挙において社会的マイノリティ擁護が選好されてきた点を中心に説明する。次に、権利を主張してきた市民社会、および、自らの家族観や倫理をもとに性的マイノリティに好意的ではない主張や政治的活動が活発な、新興プロテスタントをはじめとする宗教のアクターを取り上げる。そして、性的マイノリティの権利を保障する法律・制度について、同性婚とともに、先行研究とブラジル地理統計院 (Instituto Brasileiro de Geografia e Estatistica: IBGE) のデータから、地方自治体における制度の整備状況を明らかにする。また、本章独自のテーマとして、性の多様性などに関する主張や示威行為を行い、性的マイノリティの可視化や共感者の増加に貢献した「プライド・パレード」[2] について、世界最大級とされるサンパウロ市を中心に論じる。

　最後にまとめとして、ブラジルでは性的マイノリティの権利が主張され、その保障が推進されてきたが、その一方で、性的マイノリティや性の多様性

---

[1] 異性愛者以外の人々全体を対象とする本章では、基本的に「性的マイノリティ」という用語で統一し、「LGBT」の表記は市民運動や固有名詞などの場合に用いる。
[2] 性的マイノリティに関するパレードの名称にはさまざまあるが（例えば東京のパレードを含むイベントは近年「レインボー・プライド」）、本章では世界各地で多く用いられるようになった「プライド・パレード」と基本的に称する。

に反発するような保守的な動きが強まっている点を指摘する。そして、寛容性と排他性が混在し衝突し合っているのが、近年のブラジルの性的マイノリティをめぐる状況であるという見解を示す。

1. ブラジルにおける LGBT の権利保障

（1）政治——選好されてきた社会的マイノリティ擁護

　1985 年に軍政から民政移管したブラジルでは、「政治」に関する制度や国民の意識において民主主義が定着していった。1990 年代に入ると、それまで債務危機やハイパー・インフレーションで混乱していた「経済」に関して、新自由主義的な政策をもとに自由化と安定化が実現した。21 世紀になると、左派の労働者党 (Partido dos Trabalhadores: PT) のルーラ (Lula da Silva) 政権が誕生し、好調な経済や大規模な社会政策の実施などにより、ブラジルの代名詞ともされる不平等な「社会」の格差是正が進んだ。つまりブラジルは、民政移管後の 1980 年代後半から、「政治」「経済」「社会」という連続した段階を踏んで、ポジティブな発展を遂げてきたといえる。

　しかし 2010 年代半ばになると、13 年以上に及んだ労働者党政権下で石油公社ペトロブラスをめぐる一大汚職が発覚したことに加え、景気が大きく低迷したため、大規模な抗議デモが全国で頻発するようになった。そして、アンチ労働者党の動きが高まるなか、弾劾裁判でルセフ（Dilma Rousseff）大統領が罷免され労働者党が下野することとなり、ブラジルは「混乱」という言葉に象徴される時代に突入していった。その後、軍出身で保守・右派のイデオロギー色が強いボルソナロ（Jair Bolsonaro）政権が 2019 年に誕生したが、大統領がコロナ禍で感染防止に反する言動を繰り返したこともあり、国民の間にアンチ労働者党派とアンチ・ボルソナロ派という分断が顕著化した。そして、ブラジルは 2020 年代、「混乱」から「分極」を特徴とする時代へと変化しているといえよう [近田 2023]。

　上述したブラジルにおける政治・経済・社会の連続した発展期には、民主主義が定着するなかで経済が安定するようになった。そして、セクシュアリティを含む社会的マイノリティ擁護の政策を推進する、左派的な政治勢力が

選挙などで国民に選ばれてきた［Mato 2019］。このような政治を象徴するのが、1980年に誕生した労働者党である。軍政末期の1983年から全国で民主化要求運動〔3〕が興隆し、それを主導した人々で結成されたのが労働者党である。民政移管後、ブラジルが発展的な変化を遂げる中、労働者党は主に地方選挙を足掛かりに当選者や国民からの支持を増やしていった。中央政府に関しては、左派の知識人で軍政期に国外へ政治亡命を余儀なくされたカルドーゾ（Fernando Henrique Cardoso）の中道左派的な政権が、1995年から1回の再選を経て8年間続いた〔4〕。そして、労働者党が2002年の大統領選で勝利し、2003年からルーラ大統領が国政を担い、多様性を重視する左派の労働者党は社会的マイノリティを擁護する政治姿勢を強めた［近田 2008; 2020］。

　ブラジルでは民政移管後の1988年に制定した新憲法で、「いかなる形態の差別なしに、すべての者の福祉を促進すること」や「多文化主義」が唱導された［近田 2012］。ラテンアメリカ諸国で最長の21年間も続いた独裁的な軍政期の反省もあり、民主主義の定着とともに21世紀初頭まで、社会的マイノリティや多様性に関して好意的な世論が形成されてきたと考えられる。そして、それを推進する左派的な政策や政治勢力が、国政や地方レベルで国民から支持されるとともに選挙で選ばれ、性的マイノリティの権利の保障や主張に関して進歩的変化が実現してきた。その過程において、Mato［2019］が指摘するように、多様性の尊重や市民参加型の行政スタイルの普及を推進した左派の労働者党が、国民からの支持を得て長期にわたり国政を担った影響が、ブラジルの場合は大きかったと考えられる。また同性婚の容認をはじめ、欧米を中心とした世界の動向との関連も重要だったといえる。

　しかし、労働者党は汚職や経済の失政により、政権末期の2010年代半ばには勢力を後退させた。2016年の統一地方選挙では市長と市議会議員の当選者数を大幅に減らし、2020年には州都の市長選において民政移管後で初めて当選者ゼロという敗北を喫した（図2-1）。それとともにブラジルでは、性的マイノリティに寛容ではない保守・右派の政治勢力が台頭することとなった。2019年、性的マイノリティに批判的な右派で保守のボルソナロ政

―――――――――
〔3〕国民が直接投票する「大統領選挙を今すぐ！」（Diretas Já）という運動。
〔4〕現行のブラジルの選挙制度では、大統領に関して1度だけ再選が認められている。

110　ラテンアメリカのLGBT

図 2-1　統一地方選挙における労働者党の当選市長と市議会議員の推移

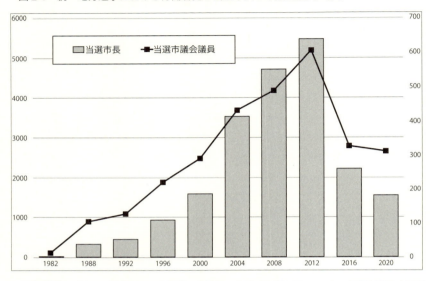

（注）単位は「人」。直近の 2020 年選挙の定数は、市長（左軸）が 5,568 人、市議会議員（右軸）が 58,112 人。
（出所）選挙高等裁判所や労働者党のウェブサイトなどをもとに筆者作成。

権が誕生し、労働者党政権が 2010 年に創設した LGBT 反差別・権利促進国家審議会（Conselho Nacional de Combate a Discriminação e Promoção dos Direitos de LGBT）を廃止したり、関連予算を削減したりした［近田 2022］。そのため、ブラジルの性的マイノリティをめぐる状況は厳しいものとなった。

　その後、2022 年の大統領選挙で史上最僅差ながらも労働者党のルーラがボルソナロに勝利し、性的マイノリティに関して、3 度目のルーラ労働者党政権の発足はポジティブな変化を期待させた。しかし、ルーラ大統領は就任式で社会的マイノリティに関する演説は行ったが、性的マイノリティについての言及はなかった。前述のようにブラジルは国民が「分断」する時代に変化しつつあるともいえ、民政移管後から 21 世紀初頭まで社会的マイノリティ擁護の政治が選好されてきたが、今後どうなるかは不透明な部分が多い。

（2）市民社会——性的マイノリティの権利主張の歩み

　性的マイノリティをめぐる市民社会の運動は、総称または固有名詞的に「LGBT運動」と呼ばれることが多い。権利主張などを実践するLGBT運動は、ブラジルだけでなく世界各地において性的マイノリティの存在を可視化し、その権利の保障に大きく貢献した［Vergili, Brasil, and Capella 2015; ポーレン 2019］。

　ブラジルにおけるLGBT運動の黎明期は1970年代後半であり、当事者による団体「ソーモス」（Somos）[5] が1978年に結成され、自らの人権擁護や雑誌の発行などを行った。これらの活動は、ブラジル初の性的マイノリティNGO「バイーアのゲイ・グループ」（Grupo Gay da Bahia）が1980年に創立されたり、1985年に連邦医学審議会が同性愛を病気の対象から除外すると判断したり、少なからぬ変化をもたらした。しかし、1980年代にはエイズが世界的に蔓延し、1982年にブラジルで初の感染が確認されると性的マイノリティへの偏見や差別が激化した。ただしエイズの問題は、それまで性的マイノリティの当事者団体同士にほぼ限られていた活動を、国内外の医療をはじめとする他の分野の市民団体や政府機関との協働や連携へと広げた。つまり苦境に立たされたことで、性的マイノリティの市民運動はより強固なものになったのである。

　ブラジルでは1990年、同性愛者だった人気男性歌手のカズーザ（Cazuza）がエイズで逝去した。カズーザの死はブラジル社会で大きな反響を呼び、1995年に初の全国組織「ゲイ・レズビアン・トランスジェンダーのブラジル協会」（Associação Brasileira de Gays, Lésbicas e Transgêneros: ABGLT）が結成されたり、1996年に政府が抗HIV薬の国内生産と無料配布を開始したり、1998年に連邦高等裁判所が同性カップルを「事実上の配偶者」（sociedade de fato）[6] として認めたり、性的マイノリティの権利保障に少なからぬ影響を与えた。また、ブラジル初のプライド・パレード（後述）が全国の主要都市で実施されるようになったことや、大学や研究機関においてLGBTを対象とした調査研究

---

〔5〕「Somos」は「私たち」という意味。1970年代前半にアルゼンチンで発行された同性愛雑誌を起源とする。団体の正式名は「ソーモス：同性愛肯定グループ」（Somos: Grupo de Afirmação Homossexual）。
〔6〕賠償請求や財産に関して安定した人的結合を認めた関係性のことで、詳しくはマシャド［2018］を参照（なお同書では「事実上の組合」と訳されている）。

が増えたことが、1990年代の特徴として挙げられる。

21世紀になると、初めてLGBTを対象に含む連邦政府機関であり、市民社会の代表も参加する差別撲滅連邦審議会（Conselho Nacional de Combate à Discriminação）が2001年に設立された。ルーラ労働者党政権が誕生した2003年には、「LGBT市民権のための議員団」（Frente Parlamentar pela Cidadania LGBT）が連邦議会内で結成され、2004年に政府は「同性愛嫌悪のないブラジル」（Brasil sem Homofobia）プログラムを実施した。2008年には第1回全国LGBT会議（I Conferência Nacional LGBT）が開催され、性的マイノリティをめぐる権利保障や政策が議論された。

先述のABGLTのウェブサイト〔7〕には、性的マイノリティを支援する国内の市民団体や公的機関の情報が掲載されており、これらの中には近年ブラジルで普及した市民と政府の協働による取り組みも多くみられる。LGBT運動と称される市民社会側からの主張や活動をはじめ、それに対応するかたちでの司法や医学界の判断、政府の施策が行われ、ブラジルでは性的マイノリティの権利保障の状況は進歩的に変化したといえる〔Vergili, Brasil, and Capella 2015; マシャド 2018; 畑 2021〕。

（3）宗教──家族観や倫理にもとづく主張と政治的活動

前述の市民社会の団体などは、性的マイノリティの権利の保障や主張を行うアクターであった。これに対して、ラテンアメリカにはマチスモ（machismo）と呼ばれる男性優位主義や、マリアニスモ（marianismo）という女性は男性に従順であるべきとする考えが存在する。このような伝統的で保守的なジェンダー規範を基盤とした家族観や倫理観を有する宗教は、性的マイノリティや性の多様性に寛容でない場合が多い。ラテンアメリカはキリスト教の影響力が大きく、ブラジルでは特に新興プロテスタントの福音派（evangelical）が近年、信者数を増やすだけでなく政治的な活動を活発化させている。

ブラジルの宗教に関して、国民における信者数の割合が1994年ではカトリック教徒が75%で、福音派は10%であった〔Datafolha 2013〕。しかし、その割合は2020年にカトリック教徒が50%で、福音派は31%にまで増加し

---

〔7〕 https://www.abglt.org/mapa-da-cidadania「2023年8月29日閲覧」。

た〔8〕。近年カトリック教会が信者数を減少させている一方、福音派は信者数の増加だけでなく、自身の教会の牧師や関係者を国会に議員として多く輩出しており、ブラジルで政治的な影響力を増している。このような変化の中、ブラジルでは「LGBT」や「人工妊娠中絶」をめぐる問題が選挙の際などに争点化している。これらは家族観や倫理と直結しているため、性的マイノリティや女性に関する運動だけでなく、福音派をはじめとする宗教集団が選挙を通して議員を議会に送り、議員団を形成して関連法案に自らの利益を反映させるなど、活発に主張や活動を行っている［Hartch 2014; 近田 2016］。

　2013 年時点の世論調査であるが、福音派の信者において同性婚と人工妊娠中絶への反対意見、および、選挙をはじめとする政治的関与への関心の割合が他の宗教・宗派より高くなっている（表2-1）。全く同じ調査内容ではないが、10 年後の 2023 年の世論調査では、「同性愛は社会全体に受け入れられるべきか？」という問いに対して、「全く賛成」が 55％、「一部賛成」が 20％ で、両者の肯定的な意見を合わせると 75％ に達した。一方、「全く反対」は 13％、「一部反対」は 8％ で、両者の否定的な意見の合計は 21％ と少なかった（「わからない・賛成でも反対でもない」が 5％）。しかし、「家族は一人の男性と一人の女性で形成されるべきか？」との問いに対しては、「全く賛成」が 59％、「一部賛成」が 13％ で、両者の肯定的な意見の合計は 72％ だった。一方、「全く反対」が 20％、「一部反対」が 7％ で、両者の肯定的な意見、つまり「家族」における「多様性」を肯定的に捉える意見を合わせても 27％ しかなかった（「わからない・賛成でも反対でもない」が 2％）。

　同調査は宗教との関連性を問うものではない。しかし、信者数を増やしている福音派が伝統的で保守的な家族観や倫理を主張し、政治的な活動を活発化させている中、「同性愛は社会に受け入れられるべき」と考える人は多いが、「家族」の多様なかたちを認める人は少ないという調査結果となった。「社会」として「性の多様性」は受け入れるが、「個人」として「家族の多様性」は受け入れがたい、という多数派の意見から、ブラジルにおける宗教勢力の変化や政治力の増大という現実を垣間見ることができよう。

---

〔8〕Matheus Pestana "As religiões no Brasil." *Religião e Poder*, 2021 年 8 月 24 日、https://religiaoepoder. org.br/artigo/a-influencia-das-religioes-no-brasil/.

114　　ラテンアメリカのLGBT

表 2-1　同性婚と人工中絶および政治活動に関する世論調査（2013 年 6 月時点　単位：%）

		カトリック	プロテスタント福音派	プロテスタント非福音派	精霊信仰	その他の宗教	無宗教
同性婚	賛成	44	21	18	65	69	53
	反対	36	63	68	21	14	31
	中立	17	13	11	13	11	15
	わからない	2	2	2	1	6	1
人工中絶	容認	22	16	23	42	47	32
	反対	65	72	65	40	45	53
	わからない・回答拒否	13	12	12	18	9	15
選挙	はい	11	21	14	12	8	-
	いいえ	89	79	86	88	92	-
立候補	すべき	25	43	40	26	35	37
	すべきでない	69	52	56	67	65	59
	わからない	6	5	4	7	0	4

（注）「同性婚」は「あなたは同性婚の合法化に賛成か反対か？」への回答。「人工中絶」は、「妊娠を中絶する女性は収監されるべきか否か？」（回答の「収監されるべき」が人工中絶に「反対」、「収監されるべきではない」が「容認」）への回答。「選挙」は、「選挙キャンペーンを行う教会リーダーの意見を選挙時に考慮するか？」、「立候補」とは「宗教リーダーは政治ポストに立候補すべきか？」への回答。
（出所）Datafolha［2013］のデータをもとに筆者作成。

　なお、「人工妊娠中絶は女性の権利か？」という設問に関しては、「全く賛成」が 25%、「一部賛成」が 20%、両者の肯定的な意見を合わせると 45% だった。一方、「全く反対」が 39%、「一部反対」が 13% で、両者の否定的な意見を合わせると 52% で（「わからない・賛成でも反対でもない」が 3%）、賛否が分かれる結果となった〔9〕。

（4）法律・制度──性的マイノリティの権利保障の試み

　ブラジルにおける性的マイノリティの権利を保障する法的な制度は、司法の主導により整備されてきた。1998 年に連邦高等裁判所が同性カップルを「事実上の配偶者」と認め、2003 年に連邦最高裁判所が同性カップルの年金受給を、2010 年に連邦高等裁判所が同性カップルの養子権利を容認した。また、2019 年には連邦最高裁判所が性的マイノリティへの差別を「犯罪」

〔9〕 Globo.com "Direito da mulher ao aborto e acesso a armas dividem brasileiros, diz Datafolha." 2023 年 7 月 1 日、https://g1.globo.com/politica/noticia/2023/07/01/datafolha-aborto-armas-outros-temas.ghtml.

として認める判断を下すなど、多くの性的マイノリティをめぐる訴訟に応えるかたちで、その権利を保障する司法判断が重ねられてきた［マシャド 2018］。

それらを象徴するのが同性婚であり、世界の中で珍しくブラジルでは立法府が制定した法律は存在せず、司法府による判決と法的な手続き整備をもとに同性カップルの結婚が可能となった。ブラジルでは、2011 年に連邦最高裁判所が同性カップルの結婚を認める判断を下したが、実際どのような手続きで同性婚を実現するかが定められていなかった。そのため、全国各地で事務的な混乱が生じるとともに、同性婚が可能な役所と不可能な役所が混在する事態となった。そのため、2013 年に司法の内部統制を行う国家司法審議会（Conselho Nacional de Justiça）が同性婚の法的な手続きの整備を行い、実質的に同性婚が全国で可能になった。

図 2-2 はブラジルの同性婚の登録件数の推移をまとめたもので、2013 年に法的な手続きが整備されたことで件数が増加した。その後 5,000 件台が続いたが、2018 年に右派で保守のボルソナロが大統領選挙で勝利すると、同性婚自体が廃止されるのではとの懸念が当事者の間で広がり、駆け込み需要と推察される件数が 2018 年に急増した。ボルソナロ政権下の件数は横ばいだったが、大統領選挙でボルソナロが敗北した 2022 年に同性婚の年間登録件数は初めて 1 万人を超えた。

トランスジェンダーに関しても、必ずしも司法の主導ではないが、権利保障で進展がみられた。具体的には、1997 年に自身の性別への違和感や年齢 21 歳以上を条件に連邦医学委員会が性別適合手術を容認したり、2018 年に性自認にもとづく名前〔10〕の公的な使用が可能となったりしたことが挙げられる。また、次に紹介する地方自治体を含む LGBT 関連の制度の利用者には、トランスジェンダーが多いとされている［近田 2022］。

なおブラジルの司法は、民政移管後に立法と行政とともに進められた三権の改革において、進捗が遅かったとされる。しかし、2004 年の司法制度改革により、同性婚の事務手続きを整備した前述の国家司法審議会が創設されたり、違憲審査権のある連邦最高裁判所の権限が強化されたりした［堀坂 2013: 37-39］。同改革の影響もあり、近年のブラジルの司法は立法や行政の施

---

〔10〕公用語のポルトガル語で「nome social」（英語では「social name」）。

図 2-2　ブラジルにおける同性婚の登録件数の推移

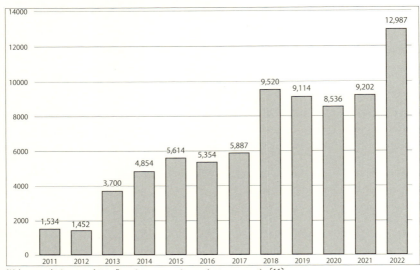

(注) 2011 年と 2012 年は「シビル・ユニオン」(uniao estavel) [11]。
(出所) 戸籍登録協会やブラジル地理統計院のデータをもとに筆者作成。

策に対して法的な判断を積極的に行う傾向が強い。そのため同性婚の司法判断に関しては、過剰な司法積極主義であるとの批判も一部にある [マシャド 2018: 229]。

　続いて、性的マイノリティの権利保障の試みとして、日常生活において身近な存在である地方自治体 (ムニシピオ) [12] の制度について、整備状況を先行研究とデータから確認する。Vergili, Brasil, and Capella [2015] は、参加型審議会 (conselho participativo)、行政担当部署 (órgão no poder executivo)、行動計画 (plano de ação) という、「LGBTをめぐる市民権の三脚」(tripé da cidadania LGBT) が性的マイノリティの権利保障にとって重要だと指摘する。これら 3 つの制度が地方自治体でどれくらい整備されてきたかを、ブラジル地理統計院の「ムニシピオ基礎情報調査」(Pesquisa de Informações Básicas Municipais: MUNIC) のデータ

[11]「結婚」と全く同等ではないが、異性カップルと同様の法的権利を同性カップルにも認める制度。
[12]「ムニシピオ」(município) とは、ブラジルの最小の行政単位であり日本では「市町村」に当たる。本章では適宜「ムニシピオ」または「市」と表記する。

から明らかにする。同調査は、2023 年 7 月時点で特別区を含め 5,570 ある全ムニシピオの行政の機構やサービスを調査したものである。調査項目は年ごとに異なるが、労働者党政権下の 2009 年に、「LGBT」を含む「人権」という項目が初めて設けられた。ただし、「人権」は 2015 ～ 18 年まで調査項目から外され、2019 年に復活したものの、2020 年から再び除外された。そのため、2009 年、2014 年、2019 年の 3 つの年のデータを比較し、その変遷の様子を捉える。

はじめに取り上げる参加型審議会は、労働者党が推進した市民参加型の行政スタイルのひとつで、政府や市民社会の代表が政策立案や予算配分を行う制度である。このような行政スタイルは、公共の場への市民の参加と議論を通じ、間接民主主義では実現が困難な利益を政治に反映させようとするものである。「審議会」は連邦、州、ムニシピオの各行政レベルに存在するが、実践的な面から最小行政単位で市民がアクセスしやすいムニシピオの審議会が、より参加型である可能性が高いとされる［Avritzer 2009］。また、性的マイノリティは少数派のため選挙で自身の利益を政治に反映させることが困難だが、参加型の審議会への参加や議論を通じて自己利益の実現可能性を高めることができよう。

ムニシピオの審議会に関する調査の設問項目は年ごとに異なるが、特定分野に関する審議会の有無、創設年、政府と市民社会の代表者の割合が同じ（parity）か否か、審議会の権限の形態、開催回数などのデータが収集されている。LGBT 審議会は、2009 年に全国で 4 つのみだったが（全ムニシピオ中の0.1%）、2014 年に 21（同 0.4%、5.3 倍増）、2019 年に 49（同 0.9%、2.3 倍増）へ増加した。他の分野に比べて LGBT 審議会の数は少ないが、増加率は高くなっている。性的マイノリティは人口全体に占める割合が児童・青少年や高齢者より低いことを考えると〔13〕、性的マイノリティの権利を保障する制度は近年より積極的に試みられているといえる（表 2-2）。

次に、行政担当部署と行動計画について同調査では、それぞれ存在の有無を調べている。LGBT の行政担当部署は、2009 年に全国で 130（全ムニシピオ

---

〔13〕電通［2021］「LGBTQ+ 調査 2023」によると、性的マイノリティの割合は 9.7% とされる。https://www.group.dentsu.com/jp/news/release/001046.html「2024 年 6 月 5 日閲覧」。

118　　ラテンアメリカの LGBT

表 2-2　主な分野ごとの審議会数の推移

審議会	2009 年		2014 年			2019 年		
	数	全市中の割合	数	全市中の割合	増加(倍)	数	全市中の割合	増加(倍)
児童・青少年	5,084	91.4%	5,481	98.4%	1.1	5,489	98.5%	1.0
高齢者	1,974	35.5%	3,450	61.9%	1.7	4,030	72.3%	1.2
障害者	490	8.8%	1,093	19.6%	2.2	1,389	24.9%	1.3
人種平等関連	148	2.7%	280	5.0%	1.9	365	6.6%	1.3
人権	79	1.4%	323	5.8%	4.1	91	1.6%	0.3
LGBT	4	0.1%	21	0.4%	5.3	49	0.9%	2.3

（出所）ブラジル地理統計院の「ムニシピオ基礎情報調査」のデータをもとに筆者作成。

表 2-3　主な分野ごとの行政担当部署数の推移

行政担当部署	2009 年		2014 年			2019 年		
	数	全市中の割合	数	全市中の割合	増加(倍)	数	全市中の割合	増加(倍)
児童・青少年	1,253	22.5%	2,097	37.6%	1.7	2,316	41.6%	1.1
高齢者	1,087	19.5%	1,963	35.2%	1.8	2,264	40.6%	1.2
女性	923	16.6%	"1,771	31.8%	1.9	2,162	38.8%	1.2
障害者	967	17.4%	1,650	29.6%	1.7	2,067	37.1%	1.3
人種平等関連	405	7.3%	571	10.2%	1.4	1,213	21.8%	2.1
LGBT	130	2.3%	431	7.7%	3.3	822	14.8%	1.9

（出所）ブラジル地理統計院の「ムニシピオ基礎情報調査」のデータをもとに筆者作成。

中の 2.3%）存在し、2014 年に 431（同 7.7%）、2019 年に 822（同 14.8%）へ増加
した。審議会と同様、他の分野に比べて LGBT の行政担当部署は少ないが、
増加率は相対的に高くなっている（表 2-3）。行動計画に関して、「LGBT」に
ついては異なる調査年でも同定が可能だが、他の分野は調査年により名称が
異なることが多く比較ができない。そのため、LGBT のみの行動計画となる
が、2009 年に全国で 126（全ムニシピオ中の 2.3%）あり、2014 年に 346（同 6.2%）、
2019 年に 633（同 11.4%）へ増加した。

　ムニシピオ基礎情報調査のデータから、LGBT の行政担当部署と行動計画
は審議会と同じく数量的に少ない。ただし、増加率や性的マイノリティの全
人口に占める割合を考慮すると、近年より積極的に整備が試みられているこ
とがわかる。

2. プライド・パレード——世界最大級の性的マイノリティの主張と可視化

(1) ブラジルのプライド・パレード

　性的マイノリティの権利の保障を促すには、当事者の可視化や関係者による主張が重要であることが、多くの先行研究などで指摘されている［Trindade 2011; Bruce 2016; 二宮 2017; Lamond 2018; ポーレン 2019; Butterman 2021］。この点において、性的マイノリティや性の多様性をめぐるパレードが、日本を含む世界各地で行われるようになり［砂川 2001］、社会の関心を集めながら多くの当事者や共感者が参加している。そして、多くの場合「プライド・パレード」と称される性的マイノリティの権利主張や示威行為に関して、参加者数で世界でも最大規模のパレードが、ブラジルの主要都市で継続的に実施されている。そこで本章では、「プライド・パレード」を独自のテーマとして取り上げる。そして、具体的な例として世界でも最大規模であり、参加者数がギネス記録にもなったサンパウロ市の「プライド・パレード」を紹介する。

　ブラジルにおけるプライド・パレードは、1990 年代後半以降に国内 27 の州都〔14〕で次々に実施されるようになった（表 2-4）。国内の地方都市などで

表 2-4　ブラジルでプライド・パレードが初開催された州都と年

初開催年	初パレードが開催された 27 州都
1996	リオデジャネイロ、ゴイアニア
1997	サンパウロ、ポルトアレグレ、ブラジリア
1998	ベロオリゾンテ
1999	ナタル
2000	フォルタレーザ、クリチバ
2001	マカパ、マナウス
2002	サルバドール、カンポグランデ、ベレン、ジョアンペッソーア、レシーフェ、ボアビスタ、アラカジュ
2003	マセイオ、クイアバ
2004	パルマス
2005	ポルトヴェーリョ
2006	リオブランコ、ヴィトリア
2007	フロリアノポリス

（出所）インターネットの情報などをもとに筆者作成。

――――――――――
〔14〕ブラジルには首都のブラジリア（連邦特別区）を含め 27 の州都がある。

も行われるようになり、コロナ禍によるオンライン開催や中止・縮小があったものの、現在に至るまでイベントの規模をほぼ維持しながら毎年開催されている。性的マイノリティの権利保障を主張するプライド・パレードの継続的な実施は、「クローゼットから出た」当事者や関連する問題の可視化をもたらし、2011 年の連邦最高裁判所による同性婚の法的容認など、ブラジルの性的マイノリティをめぐる権利保障や国民の意識に少なからぬポジティブな影響を与えたといえる。

（2）世界最大級のサンパウロ市のプライド・パレード

　ブラジルのサンパウロ市のプライド・パレードは、1997 年 6 月に初めて開催され毎年行われている。近年の同パレードの参加者は数百万人にのぼり、2006 年には警察発表の参加人数が 250 万人に達し、「世界最大の LGBT プライド・パレード」としてギネスブックに認定された（表 2-5）。同パレードは、2016 年に左派労働者党の市長だったサンパウロ市政府により市の公式行事に認定されたこともあり、ブラジル国内のイベントとして集客数がリオデジャネイロのカーニバルに次ぐ 2 番目の規模にまで拡大した。サンパウロ市のプライド・パレードは、市内中心部に位置し主な屋外イベントやデモ行進が行われるパウリスタ大通り（Av. Paulista）を中心に、主要道路や公園・広場を巡るフェスティバルとして実施される。またパレードの開催日やその前後には、性的マイノリティに関する映画祭などの娯楽イベントだけでなく啓蒙的な活動も行われる。

　1997 年に初めて開催されたサンパウロ市のプライド・パレードは、「サンパウロ LGBT プライド・パレード協会」（Associação da Parada do Orgulho LGBT de São Paulo: APOGLBT）が、協会創立の 1999 年から主催団体となり、毎年実施されている。APOGLBT には、サンパウロの州と市の政府に加え、ファストフードのバーガー・キング（Burger KING）、ビール会社のアムステル（Amstel）、化粧品のエイボン（AVON）、配達運搬会社のウーバー（Uber）など、グローバルに事業を展開している大手企業がスポンサーとなっている。また、1982 年に米国サンフランシスコで創設された LGBT の国際 NGO インタープライド（InterPride）も支援を行っている。

2章　ブラジル：性的マイノリティの権利　　*121*

表2-5　サンパウロ市のプライド・パレードのスローガンや参加人数の変遷

年	スローガン	参加数
1997	私達は少数ではなく、様々な職業に居ます	-
1998	ゲイ、レズビアン、トラベスティの権利は人権である	-
1999	ブラジルにおけるゲイ・プライド、2000年に向けて	-
2000	多様性を生きる誇りを祝いながら	120
2001	多様性を抱きしめながら	-
2002	多様性のために教育しながら	700
2003	同性愛政策を築きながら	1,000
2004	私達には家族と誇りがある	1,800
2005	シビル・パートナーシップを今。平等な権利！それ以上でもそれ以下でもなく	2,500
2006	ホモフォビアは犯罪！性的権利は人権である	3,000 (2,500)
2007	人種差別主義、男性優位主義、ホモフォビアのない世界を目指して	3,500
2008	ホモフォビアは人を殺す！事実上の政教分離国家を目指して	3,400
2009	ホモフォビアのない、より多くの市民権—権利の平等のために！	3,100
2010	ホモフォビア反対に投票せよ—市民権を守れ！	3,500
2011	お互いに愛し合いなさい—ホモフォビアはもう十分！	4,000
2012	ホモフォビアには治療法がある—教育と犯罪化	4,500
2013	クローゼットには二度と絶対に—反ホモフォビア闘争における結束と意識化	4,000
2014	勝利国は多様な性フォビアのない国—死者はもう十分！犯罪化を今！	-
2015	私はこう生まれ、こう育ち、いつでもこうである—私をリスペクトして	2,000
2016	ジェンダー・アイデンティティ法を今！—全ての人が一緒にトランスフォビア反対！	3,000
2017	私達の信念に関係なくどの宗教も法律ではない！皆が政教分離国家の下に	3,000
2018	LGBTI+のためのパワー、私たちの票、私たちの声	3,000
2019	ストーンウォールから50年—私達が勝ち得たもの、LGBT+である私達の誇り	3,000
2020	私達は我々の民主主義を盗もうとする人々の悪夢になろう	オンライン
2021	HIV/エイズ—もっと愛し、もっと大事にし、もっと生きなさい	オンライン
2022	誇りを持って投票を：利益を代表する政治に	4,000
2023	我々は半分ではなくLGBT+全員のための社会政策を求める	4,000

(注)　濃い網掛けは大統領、国会議員、州知事、州議会議員の選挙の年。薄い網掛けは市長、市議会議員の選挙の年。参加数は主に主催者のAPOGLBT発表の人数で、2006年の（　）内は警察発表のものでギネス記録。単位は「千人」。
(出所)　Trindade［2011］、Butterman［2021］、APOGLBTのウェブサイトなどをもとに筆者作成。

　日本でも近年、企業がスポンサーなどのかたちで関わるLGBTのプライド・パレードが東京や各地で開催され、参加者をはじめその規模は年々大きくなってきている。プライド・パレードの継続的な開催や発展には、企業の

参画がひとつのカギになっているといえる。一方の企業にとっても、世界的に認知度を高めている社会的マイノリティの「LGBT」にフレンドリーなことは、特にグローバルに事業を展開する場合、企業イメージの向上につながるとされる。

（3）スローガンにおける主張とパレードの継続

APOGLBTはサンパウロ市のプライド・パレードを開催するにあたり、自らの主張にもとづくスローガンを毎年掲げている（表2-5）。これらのスローガンは、パレード開催年の性的マイノリティをめぐる社会の状況を反映しているといえる。

当初のスローガンは、自らの存在を主張したり、「人権」や「多様性」を求めたりするものが多く、社会における性的マイノリティの「可視化」や「認知」が過渡期であった様子を見て取ることができる。その後、性的マイノリティの可視化や認知は広まっていったが、その反動ともいえる「ホモフォビア」（同性愛嫌悪）が顕著となった。そのため、2006年にホモフォビアに反対する法案が議会へ提出されたことを切っ掛けに、「ホモフォビア」や「トランスフォビア」が定期的にパレードのスローガンに採用されるようになった。また、パレードのスローガンには選挙や政治と関連したものもあり、このような主張は選挙が開催される年に掲げられることが多い。大統領などの選挙があった2010年に初めて「投票」が明記され、地方選挙が行われた2020年には、軍政を称賛し反民主主義的な言動を繰り返すボルソナロ大統領（当時）を意識した政治的な文言が掲げられた。10月の大統領選挙を前に開催された2022年6月のパレードでは、選挙と政治を前面に出すスローガンが掲げられた〔15〕。さらに、ブラジルでエイズの患者が初めて確認された1982年から40年目の2021年にはエイズがテーマに選ばれるなど、性的マイノリティの歴史を風化させない試みもみられる。

サンパウロ市を含めた世界各地のプライド・パレードに関しては、関係者間の意見や利害が多様であり、それらが時として対立することもあるため、

---

〔15〕サンパウロ市のプライド・パレードは、パレード発祥地の米国や他の国・都市と同様、6月に開催されている。

2章　ブラジル：性的マイノリティの権利　123

写真2-1　2018年大統領選前に掲げられたサンパウロ市のプライド・パレードのスローガン「LGBTI+のためのパワー：私たちの票、私たちの声」(2018年6月　筆者撮影)。

継続的な開催が困難である点が先行研究などで指摘されている。しかし同時に、政府や企業からの支援、国際的な潮流の影響、性的マイノリティ内の多様性を認めた包括的で緩やかな連帯の試みなどが、パレードの継続的な開催を可能にする要因として挙げられている［砂川 2001; Trindade 2011; Bruce 2016］。また前述のスローガンに関して、サンパウロ市のプライド・パレードを研究したButterman［2021］は、APOGLBTでも内部や協同する団体との間で意見の対立などがあったが、より多くの当事者や共感者が賛同できるよう、掲げる主張を変化させたことにより、そのスローガンのもとで異なる利害の人々も協力し合え、開催の継続性に貢献したと論じている。その例として、主張される権利に関して1998年は「ゲイ、レズビアン、トラベスティ〔16〕」の3つのセクシュアリティで、1999年は「ゲイ」であったが、2000年からは「多様性」に変化させるとともに、それを国民の間に広める「教育」の重要性を訴えている。また、2003年は「家族」、2007年には「人種差別主義、男性優位主義」という普遍性の高い社会集団や価値観を明記し、多様な当事者やよ

---

〔16〕「トラベスティ」(travesti)とは、生物学的な性が男性で、心の性が女性である人への呼称でありラテンアメリカで多く使われる。性適応手術をしているか否かは関係ない。

り多くの人々が共感しパレードに参加できるようなスローガンを掲げている。

　ブラジルでは民政移管後の民主主義の定着とともに、社会的マイノリティ
や多様性に好意的な世論が形成され、それを推進する左派的な政策や政治勢
力が選好され、混乱していた経済も1990年代半ば以降に回復した。このよう
な背景をもとに、全国各地でプライド・パレードが継続的に実施され多く
の人が参加するようになり、同性婚の容認など性的マイノリティをめぐる状
況に顕著な変化をもたらしたといえる。

おわりに──寛容性と排他性が衝突し合うブラジル

　本章では、ブラジルにおいて民主主義の定着や経済の安定とともに、社
会的マイノリティを擁護する左派の政策や政治勢力が支持されるようにな
り、性的マイノリティの権利が主張・保障されるようになってきた経緯を明
らかにした。ただし、性的マイノリティをめぐる進歩的な変化がみられた一
方、特に2010年代半ば以降のブラジルでは、左派の労働者党への反感に加え、
保守的な新興プロテスタントの福音派の勢力拡大や、それを支持基盤とする
右派のボルソナロ政権の誕生により状況が大きく変化した。

　このような状況下で注目されるのが、性的マイノリティへの犯罪である。
研究やマスメディアで多く参照される民間研究機関「ブラジル治安フォー
ラム」[17]によると、2019年のボルソナロ政権発足以降、「暴力による傷害」
の件数が増え始め、急増した2021年には、それまで大きな変化がみられな
かった「殺害」と「レイプ」の件数も増加した（図2-3）。また、先述したブ
ラジルで最も歴史ある市民団体「バイーアのゲイ・グループ」のデータによ
ると、性的マイノリティ嫌悪による死者数が2008年の187人から2017年に
445人へ増えたとされる[18]。調査により数値が異なるため実態の把握は困
難だが、これらのデータから、性的マイノリティに関して民政移管後のブラ

---

〔17〕Fórum Brasileiro de Segurança Pública,「ブラジル治安年鑑」(Anuário Brasileiro de Segurança
　　Pública), https://forumseguranca.org.br/「2023年7月28日閲覧」。
〔18〕Michels, Eduardo 2019. ""Mortes violentas de LGBT+ no Brasil"(2011-2018): Banco de dados/
　　Hemeroteca Digital. HomoTransfobia Mata." https://homofobiamata.wordpress.com/estatisticas/
　　assassinatos-2012/「2023年7月28日閲覧」。

図 2-3　性的マイノリティを対象とした犯罪件数の推移

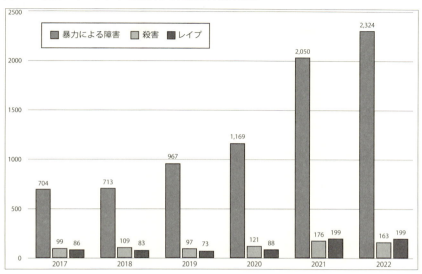

（出所）ブラジル治安フォーラムの「ブラジル治安年鑑」のデータをもとに筆者作成。

ジルで権利保障が進んできた一方、最近では暴力や嫌悪が増加傾向にあることがわかる。以前から問題だった性的マイノリティへの暴力や嫌悪が、保守で右派的なイデオロギーの強いボルソナロ政権の登場で助長され、ブラジルで深刻化していると推察できよう。なお、2019 年に性的マイノリティへの差別を「犯罪」として認めた連邦最高裁判所の判断に関して、ボルソナロ大統領（当時）は「完全なる間違い」（completamente equivocada）と発言した〔19〕。

本章では LGBT をめぐるブラジル社会の変化、および、世界最大規模のサンパウロ市のプライド・パレードのスローガンについて考察した。プライド・パレードに関しては、意見や利害の多様性から継続的な開催の難しさが指摘される一方、政府や企業の支援などに加え、サンパウロ市のようにパレードで掲げるスローガンの効果もあり、ブラジルでは全国各地で継続的に実施され多くの人が参加するようになった。プライド・パレードや同性婚の容認

〔19〕 Pedro Rafael Vilela "Bolsonaro critica decisão do STF de criminalizar homofobia." *Agência Brasil*, 2019 年 6 月 14 日、https://agenciabrasil.ebc.com.br/politica/noticia/2019-06/bolsonaro-critica-decisao-do-stf-de-criminalizar-homofobia

をはじめ、ブラジルでは民主主義の定着や経済の回復といった好転的な変化とともに、性的マイノリティをめぐる状況には顕著な進展がみられた。

　しかし、性的マイノリティを対象とした犯罪データや多くの先行研究が指摘するように、近年のブラジルでは性的マイノリティに対する暴力や差別が悪化傾向にある［Facchini e França 2013; Moretti-Pires et al. 2016; Lamond 2018］。このような状況や問題は、先述のサンパウロ市のプライド・パレードのスローガンにも明示的に表出されている。性的マイノリティに関して、ブラジルでは権利が主張され保障が実現されてきた一方、暴力や嫌悪などが深刻な課題となっている。性的マイノリティの可視化や多様性の尊重が進んできたがゆえの、それらに対する反動だともいえよう。近年のブラジルでは、社会的マイノリティの権利を擁護してきた労働者党の衰退（図2-1）とともに、政治的な左派勢力の分裂が進んだ。その一方で、2022年まで右派で保守のボルソナロ政権が4年間続いたり、同政権を支持した新興プロテスタントの福音派が信者数だけでなく政治的な勢力を拡大したりしており、性的マイノリティをめぐる状況は以前より厳しいものになった。

　本章のまとめとして、ブラジルでは民主化という国内要因や世界的な潮流の影響を受け、寛容性や多様性を尊重する政策や政治姿勢が選好される中、性的マイノリティに関して多くの主張がなされ権利の保障が進んできた点を指摘できる。社会的に差別や偏見が強く、家族観や倫理と直結している性的マイノリティをめぐっては、プライド・パレードのように「クローゼットから出て」声を上げ主張したり自らを可視化したりしたことが、進歩的な変化につながったといえよう。ブラジルでは権利を主張し続け保障が進んだことで、政治や文化の面でも性的マイノリティの存在感は増してきている[20]。

　しかし、2020年代に入った状況は、その反動ともいえる排他性や保守性が台頭し、それらが寛容性や多様性の尊重と混在し、衝突し合っているといえる。このような反動は「ホモフォビア」や「トランスフォビア」という文言で、サンパウロ市のプライド・パレードのスローガンにも具現化されている。また、より脆弱な存在であるトランスジェンダーは、生きるために

---

[20] ブラジル日報「バービー・ブームも支える！──ゲイ文化の台頭ぶり」ブラジル記者コラム、2023年7月28日、https://www.brasilnippou.com/2023/230728-column.html。

性産業で従事せざるを得ない場合が多く、ブラジルでは差別などで殺害される人数が世界最多である［Benevdes 2023］。写真2-2の壁画は、トランスジェンダーの置かれた生存に関わる状況を訴えている。性的マイノリティをめぐるブラジル社会の変遷は、「アンチ」の増長や反発の増大にもつながりかねないことを物語っている。

最後に日本について考えると、G7やOECDのメンバーであるにも関わらず、性的マイノリティをはじめとする人権に関して「後進国」ともいわれる状況である。ブラジルでは司法による主導や多様性を重視する政治の普及、さらには世界最大級のプライド・パレードによる主張の積み重ねを通じて、性的マイノリティの権利保障が大きく前進してきた。日本での国民や政治に対する啓蒙や理解の増進という点で、ブラジルの経験は非常に示唆に富んでいる。

写真2-2　サンパウロ市内のトランスジェンダーの壁画。「存在できるために抵抗する」（resistir para poder existir）と書かれている（2018年8月 筆者撮影）。

【参考文献】

〈日本語文献〉

近田亮平　2008「ブラジルのルーラ労働者党政権——経験と交渉調整型政治にもとづく穏健化」遅野井茂雄・宇佐見耕一編『21世紀ラテンアメリカの左派政権——虚像と実像』日本貿易振興機構アジア経済研究所：207-231.

──　2012「ブラジルの貧困高齢者扶助年金——表面化する人種問題からの再検討」『アジア経済』53(3): 34-56.

──　2016「ブラジルにおける国家とキリスト教団体の関係——福音派の台頭と政治化する社会問題」宇佐見耕一・菊池啓一・馬場香織編『ラテンアメリカの市民社会組織——継続と変容』日本貿易振興機構アジア経済研究所：217-253.

──　2020「転換の予兆を見せるブラジルの社会福祉」宇佐見耕一他編『新 世界の社会福祉 10巻 中南米』旬報社：163-199.

―――　2022「ブラジルの性的マイノリティをめぐる権利保障」『ラテンアメリカ・レポート』38(2): 73-85.
―――　2023「転換期となった『躍動するブラジル』から10年――変化と方向性を中心に」『ラテンアメリカ・レポート』40(1): 1-13.
砂川秀樹　2001『パレード――東京レズビアン＆ゲイパレード2000の記録』ポット出版.
ポーレン、ジェローム著、北丸雄二訳　2019『LGBTヒストリーブック――絶対に諦めなかった人々の100年の闘い』サウザンブックス社.
二宮周平編　2017『性のあり方の多様性――一人ひとりのセクシュアリティが大切にされる社会を目指して』日本評論社.
畑　惠子　2021「セクシュアリティの多様性をめぐるラテンアメリカ社会の変容」畑惠子・浦部浩之編『ラテンアメリカ――地球規模課題の実践』新評論: 103-123.
堀坂浩太郎　2013「民主化と現在進行形の政治改革」近田亮平編『躍動するブラジル――新しい変容と挑戦』日本貿易振興機構アジア経済研究所: 19-51.
マシャド、ダニエル　2018『ブラジルの同性婚法――判例による法生成と家族概念の転換』信山社.

〈外国語文献〉

Avritzer, Leonardo 2009. *Participatory Institutions in Democratic Brazil*. Washington, D.C.: Woodrow Wilson Center Press; Baltimore: Johns Hopkins University Press.

Benevides, Bruna G. 2023. *Dossiê: assassinatos e violências contra travestis e transexuais brasileiras em 2022*. Brasília: ANTRA.

Bruce, Katherine McFarland 2016. *Pride Parades: How a Parade Changed the World*. New York: NYU Press.

Butterman, Steven F. 2021. *Queering and Querying the Paradise of Paradox: LGBT Language, New Media, and Visual Cultures in Modern-Day Brazil*. Maryland: Rowman & Littlefield Pub Inc.

Datafolha 2013. *Opinião pública: religião*. São Paulo: Datafolha.

Facchini, Regina e Isadora L. França 2013. Convenções de gênero, sexualidade e violência: pesquisa com participantes de eventos do Orgulho LGBT de São Paulo – 2009, *Latitude*, 7 (1): 13-32.

Hartch, Todo 2014. *The Rebirth of Latin American Christianity*. New York: Oxford University Press.

Lamond, Ian 2018. The Challenge of Articulating Human Rights at an LGBT 'mega-event': A Personal Reflection on Sao Paulo Pride 2017, *Leisure Studies*, 37 (1): 36-48.

Mato, Marlise 2019. "Gender and Sexuality in Brazilian Public Policy: Progress and Regression in Depatriarchalizing and Deheteronormalizing the State." In Elisabeth Jay Friedman ed., *Seeking Rights from the Left: Gender, Sexuality, and the Latin American Pink Tide*. Durham and London: Duke University Press: 144-172.

Moretti-Pires, Rodrigo, Otávio T. Júnior, Marcelo Vieira, e Murilo Moscheta 2016. Pastores, ovelhas desgarradas e as disputas pelo rebanho: sobre a transcrucificação na Parada do Orgulho LGBT de São Paulo em 2015, Revista Crítica de Ciências Sociais, 110: 99-116.

Trindade, Ronaldo 2011. O mito da multidão: uma breve histíria da Parada Gay de São Paulo, *Revista Gênero*, 11 (2): 73-9.

Vergili, Guilherme E., Felipe G. Brasil, and Ana C. N. Capella 2015. "Institucionalização e descentralização do movimento LGBT no Brasil." *Psicologia Política*, 15 (34): 563-585.

〈ウェブサイト〉

戸籍登録協会 (Associação dos Registradores de Pessoas Naturais), https://arpenbrasil.org.br/ 「2023 年 7 月 28 日閲覧」.

サンパウロ LGBT プライド・パレード協会 (Associação da Parada do Orgulho LGBT de São Paulo: APOGLBT), http://paradasp.org.br/「2023 年 7 月 28 日閲覧」.

選挙高等裁判所 (Tribunal Superior Eleitoral: TSE), https://www.tse.jus.br/「2023 年 7 月 28 日閲覧」.

ブラジル地理統計院 (Instituto Brasileiro de Geografia e Estatística: IBGE), https://www.ibge. gov.br/,「ムニシピオ基礎情報調査」(Pesquisa de Informações Bãsicas Municipais: MUNIC), https://cidades.ibge.gov.br/pesquisas「2023 年 7 月 28 日閲覧」.

労働者党 (Partido dos Trabalhadores: PT), http://www.pt.org.br/「2023 年 7 月 28 日閲覧」.

3 章

ペルー

「拒否権プレーヤー」が阻止する LGBT の権利保障

磯田　沙織

年表　LGBTに関するペルーの動き

年	国政	LGBT
1924	1924年憲法	同性愛禁止条項廃止
1980	第二次ベラウンデ政権発足（民政移管）	
1982		リマ同性愛者運動（MHOL）、フェミニストおよびレズビアン・グループ発足
1983		同性愛解放運動発足（1984年に解散）
1985	ガルシア政権発足	MHOLによるエイズ対策プログラム（欧米からの資金援助）
1988		政府によるエイズ対策のための特別プログラム
1990	フジモリ政権発足	
1992	自主クーデター	
1993	1993年憲法	
1995		MHOL主催の第1回LGBT集会
1996		政府による性感染症・エイズ制御国家戦略プログラム
2001	トレド政権発足	
2002		第1回プライド・パレード実施
2003		同性シビル・ユニオン法案（廃案）
2006	第二次ガルシア政権発足	
2010		同性シビル・ユニオン法案（廃案）
2011	ウマラ政権発足	「ホモフォビアにキスを」運動開始
2013		同性シビル・ユニオン法案（廃案）
2015		同性シビル・ユニオン法案（廃案）
2016	クチンスキ政権発足・国会議員選挙で2名のLGBT候補者当選	同性シビル・ユニオン法案（審議前に国会閉鎖）
2017		同性婚法案（廃案）
2019	国会解散	
2020	臨時国会議員選挙で1名のLGBT候補者当選	同性カップルの婚姻届の不受理に対するアンパロ（2018年）を憲法裁判所が違憲と認めず
2021	カスティジョ政権発足・国会議員選挙で2名のLGBT候補者当選	
2022	カスティジョ罷免・ボルアルテ政権発足	

はじめに [1]

　本章の目的は、ペルーにおける LGBT の権利保障の現状について明らか
にすることである。ジェンダーの多様性は、様々な意見がぶつかりあう極め
て複雑なイシューである。このため、LGBT の権利保障に反対する人々につ
いても触れながら、現状の把握を目指す。

　ペルーで 2019 年に実施された世論調査によれば、ペルーの LGBT コミュ
ニティの総数は全人口の 8% にあたる 174 万人以上と推定されている [2]。
しかし、ペルーでは LGBT 権利保障に反対する保守派やカトリック教会が
非常に強いため、同性シビル・ユニオンや同性婚といった LGBT の権利を
保障する制度は存在しない。1821 年にスペインから独立するまで、ペルー
の現在の首都リマにはスペインの副王領が置かれ、独立後も保守的な派閥が
強かったため、保守的な傾向が現在に至るまで残っていることがその要因の
一つと考えられる。独立後の混乱期には地方ボスが割拠し、その後は軍事独
裁政権や民主政権を繰り返しながら、1979 年憲法のもとで 1980 年に民政移
管に至った。

　1924 年憲法によってそれまでの同性愛（ソドミー）を禁止する条文が撤廃
されたものの、同性愛者を取り巻く環境に変化はなかった。しかし、1980
年に民政移管されると、LGBT コミュニティは組織化を図り、権利保障の
獲得に向けて活動を開始しようとした。しかし、1980 年代は「暴力の時代」
と呼ばれた内戦が勃発し、LGBT 組織を含む多くの市民団体が国軍およびゲ
リラ双方から標的にされた。内戦が下火になった 1990 年代後半以降も、当
時の A・フジモリ（Alberto Fujimori）政権が LGBT に不寛容な考えをもつプロ
テスタント福音派のグループと同盟を組んだこともあり、LGBT の権利保障
は棚上げにされてきた。LGBT 運動が転機を迎えたのは、フジモリ政権が終
わった 2000 年であった。

---

〔1〕　本章は［Isoda 2022］を大幅に加筆修正したものである。
〔2〕　ペルー司法・人権省 "II Encuesta Nacional de Derechos Humanos." https://cdn.www.gob.pe/uploads/
　　document/file/1611180/3.-Informe-completo-de-la-II-Encuesta-Nacional-de-Derechos-Humanos.pdf.pdf
　　（2023 年 8 月 27 日閲覧）

図 3-1　同性シビル・ユニオンに対する地域別の賛否（2021 年 6 月時点　単位：%）

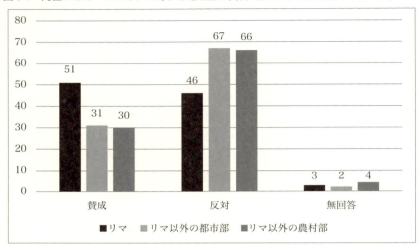

（出所）Ipsos-Apoyo〔3〕のデータをもとに筆者作成。

　LGBT 組織の関係者は、2001 年にペルーで初めてのプライド・パレードを実現させた。その後は、新型コロナのパンデミック下でオンライン開催となった時期を除いて毎年パレードを実施し、LGBT コミュニティの可視化を通じて次々に協力者を獲得することで、自分たちの権利保障を勝ち取ろうと奮闘している。こうした運動を通じて、人口の約 30% が集中する首都リマにおいて、同性シビル・ユニオンの合法化に賛成する人々が増加し始め、2021 年には 51% と過半数に達した（図 3-1 参照）。しかし婚姻関係を異性同士と規定している民法〔4〕に反する同性パートナーシップ制度を独自に導入する地方政府は存在しない。また、2003 年以降、国会に何度か同性シビル・ユニオン法案が提出され、2017 年には同性婚の合法化のための法案も提出された（年表参照）。しかし、すべての法案は国会の本会議でほとんど審議されることなく廃案となり、今日に至っている。
　ペルー国内で同性婚ができないため、同性婚を認めている近隣諸国で結婚

〔3〕Ipsos-Apoyo "Día del orgullo." 　2021 年 6 月 28 日。https://www.ipsos.com/sites/default/files/ct/news/documents/2021-06/D%C3%ADa%20del%20orgullo-%20Junio%202021.pdf
〔4〕ペルーの民法第 234 条は、男性と女性の間で婚姻が成立すると規定している。

する同性カップルが存在する。例えば、2010 年にメキシコでメキシコ人男性と結婚したペルー人男性や、2016 年に米国のマイアミで結婚したペルー人女性 2 名は、ペルーの行政機関にも婚姻届を提出したが、行政機関はペルーの民法を理由にそれらを受け付けなかった。この決断を覆すため同性カップルは地方裁判所に訴え、一審は婚姻届の受理を命じたが、行政側が憲法裁判所に訴え一審での判断が覆ったため、ペルー国内における婚姻届は不受理となった。憲法裁判所は民法の規定を理由に、同性間の届出を受理するためには立法判断が必要と断じた。同様に、2019 年にアルゼンチンでアルゼンチン人女性と結婚したペルー人女性は、ペルーの領事館にも婚姻届を提出したものの、行政機関は再度受理を拒んだ。このペルー人女性も地裁に訴え、2023 年にはペルーでも婚姻届を受理するという判断が下ったものの、今後その判断も憲法裁判所で再度覆される可能性がある。これらの事例については、（4）制度の項で詳述する。

　では、ペルーではなぜ同性間のシビル・ユニオンが認められないのであろうか。本章はその要因として、カトリック教会、左派政治家を含む保守勢力、そして首都圏以外在住の保守層という、いわゆる「拒否権プレーヤー」[5]に着目する。特に、ペルーのカトリック教会は保守化しており、同性シビル・ユニオンに断固反対するためプロテスタント福音派と手を組んでいる。また、先住民族が多く暮らす農村を支持基盤とする左派政治家は、LGBT の権利保障に否定的な保守派に配慮し、それには消極的である。例えば 2021 年から 2022 年まで大統領を務めた P・カスティジョ（Pedro Castillo）は、首都圏以外の農村部を支持基盤とする左派であったため、LGBT の権利保障を政策アジェンダに含めなかった。

　本章では、市民運動の変遷、政治、宗教、LGBT に不寛容な制度について詳述することで、ペルーにおいて LGBT コミュニティが直面している現状を確認する。その後、LGBT の権利保障を拒否するアクターとして、カトリック教会、保守勢力、首都圏以外在住の保守層の存在に言及することで、市民運動が盛り上がっても法整備に至らないことを明らかにする。

------

〔5〕拒否権プレーヤーとは、新しい制度や政策の導入、あるいは既存の制度や政策の変更を拒否する権限を有する個人あるいは団体のことを指す。

136　　ラテンアメリカのLGBT

1．ペルーにおける LGBT の権利保障

　本節では、ペルーにおける LGBT の権利保障をめぐる運動、政治、宗教、制度についてまとめ、シビル・ユニオンや同性婚が認められていない現状を詳述する。

（1）市民運動
1979 年憲法と LGBT 運動の誕生
　軍事政権が終焉した 1980 年代は LGBT コミュニティにとっての新しい幕開けとなり、1982 年にペルーで初めてのゲイ組織である「リマ同性愛者運動」（Movimiento Homosexual de Lima: 以下 MHOL と記す）が誕生し、「国際ゲイ協会」（International Gay Association: IGA）〔6〕の資金援助を受給することでペルー社会に定着していった。同年には「フェミニストおよびレズビアン・グループ」（Grupo de Autoconciencia de Lesbianas Feministas: GALF）が、1983 年には「同性愛解放運動」（Acción para la Liberación Homosexual: Aplho）も発足し、1984 年には首都リマにおいて「ラテンアメリカ・カリブ諸国フェミニスト運動」の会合（Encuentro Feminista Latinoamericano del Caribe）が開催されたことで、多様なセクシュアリティに光が当たり始めた［Caro y Simonetto 2019］。
　しかし MHOL 以外の組織は組織内部での意見対立や資金不足によって短期間で解散した。その背景には、他国の LGBT 組織も経験したように、フェミニストとの共闘を嫌がるメンバーやトランスジェンダーに対して偏見を持つゲイの存在があった［Cáceres and Palomino 2008: 49; Caro and Simonetto 2019］。一方、国際組織から資金援助を受けた MHOL 内部においても、こうした意見対立は起こったものの、最終的にはフェミニストとの連携を受け入れ、トランスジェンダーを肯定する穏健なメンバーが残ったため、解散を免れた。
　MHOL が重要な LGBT 組織になった背景には、1980 年代のペルーにおける経済危機およびエイズの拡大があった。

---

〔6〕1978 年に発足した当初は「国際ゲイ協会」という名称であったが、1986 年以降は「国際レズビアン・ゲイ・バイセクシャル・トランスセクシャル協会」（International Lesbian, Gay, Bisexual, Trans and Intersex Association: ILGA）という名称で活動を続けている。

エイズとの闘いの中で台頭する MHOL

　民政移管後のペルーでは、軍政時代から引き継がれた経済危機が悪化し、特に 1980 年代後半はハイパーインフレと物資不足で中央政府はほぼ機能不全に陥っていた。このため、1983 年に米国帰りのゲイがエイズを発症したことが確認されても、中央政府は有効な対策を講じられる状況にはなかった。そこで後述するように、米国国際開発庁（USAID）等の国際組織は、中央政府ではなく MHOL をカウンターパートナーに選んだ。

　国際組織からお墨付きを得たものの、エイズを発症した患者がゲイであったことで、ペルー国内の LGBT コミュニティに対する偏見は強くなり、同性愛者は不治の病を蔓延させる存在として扱われるようになった［Cueto 2002］。主要メディアは、「美容サロンや売春で生計を立てるトランスベスタイト〔7〕がもたらした未知の病」［Cáceres and Palomino 2008: 47］と報じ、国民の不安を煽った。

　前述したように、中央政府におけるエイズ対策予算は限られていた。保健省は 1988 年にエイズ対策プログラムの一環として省令第 25275 号を発出したものの、予算不足により効果を発揮しなかった［Cueto 2001］。むしろ、この省令がエイズを発症する可能性のある人々として売春婦およびトランスベスタイトを名指ししたため、LGBT に対する世間の偏見を強めたに過ぎなかった。

　一方、国際援助機関からの支援を受け取る機関として、MHOL は存在感を強めた。ペルー政府が予算不足に陥り身動きできない中、まず 1985 年にオランダの Oxfam NOVIB Netherlands が、続いて 1988 年に米国国際開発庁やノルウェー開発局（Norwegian Agency for Development Cooperation）がエイズ対策の予算を MHOL に提供した［Cáceres and Palomino 2008: 50］。強い偏見にさらされながらも、機能不全に陥っていた政権に代わる民間組織として MHOL にスポットライトが当たり始めた。他方、1980 年代後半は、左翼ゲリラのセンデロ・ルミノソ（Sendero Luminoso: SL）やトゥパク・アマル革命運動（Movimiento Revolucionario Túpac Amaru: MRTA）が都市部でも活動を始めた時期と重なったため、中央政府はエイズより治安対策に重点を置いていた。

〔7〕トランスベスタイトは、法律上の性別ではない服装や振る舞いをする人物を指す。

1980 年代の内戦下における国家・左翼ゲリラとの闘い

1980 年代は経済危機とともに「暴力の時代」の幕開けでもあり、LGBT 組織を含む多くの市民組織が政府軍および武装集団の両方から弾圧された。民政移管後に活動を開始した左翼ゲリラは、独立以降も長年にわたって不平等な社会秩序に苦しみ続けてきた先住民に目を付けた。ゲリラたちは先住民たちが抱えていた社会への不満を利用し、ゲリラ兵に勧誘した。農村部ではゲリラ兵の勧誘を断った先住民だけでなく、勧誘に応じた先住民もいたため、政府軍は先住民全体をテロリストとみなし、農村における住民組織等の市民団体を攻撃した。他方、政府軍のゲリラ討伐に抵抗するため、ゲリラは農村の各コミュニティリーダーに協力を求めた。そしてリーダーがその要求を拒むと、見せしめとしてそのリーダーを殺害した。その結果、LGBT 団体を含むあらゆる市民団体の活動は弱体化に追い込まれた [Alza et al. 2017]。

例えば、1989 年 5 月 31 日、左翼ゲリラの一つである MRTA が北部サンマルティン州タラポトにおいて、ゲイバーの経営者および 8 名のトランスベスタイトを殺害した。MRTA は「LGBT は社会的に望まれていない、麻薬中毒の男娼(売春婦)や泥棒」と LGBT コミュニティを痛烈に批判し、社会の浄化のために粛清したという声明を発表した [Pérez 2020: 91]。こうした強い偏見により、LGBT 組織はプライド・パレードのような公の場での活動を実施できずにいた。

プライド・パレードと「ホモフォビアにキスを」運動

1980 年代に始まった「暴力の時代」は 1992 年に左翼ゲリラの首謀者たちが逮捕されたことで収束に向かったものの、依然として治安回復に時間はかかった。また、リーダーを失った LGBT 組織は弱体化した。他方、1990 年の大統領選挙で、組織票を持たなかった A・フジモリは票田を獲得するため、その他の政治勢力に取り込まれていなかったプロテスタント福音派と同盟関係を結んだ。その福音派は LGBT に不寛容であったため、A・フジモリが大統領に当選した後は、LGBT 組織が自由に活動できる状況ではなかった [Cáceres and Palomino 2008] [8]。

---

[8] Oscar Miranda, "Protagonistas del orgullo." *La República*, 2019 年 6 月 30 日。www.larepublica.pe/

しかし 1995 年 7 月 1 日に、MHOL は LGBT の権利を主張するため、首都の富裕層が暮らすミラフローレス地区においてイベントを開催した。そのイベントでは、MHOL の関係者約 30 名がその地区にあるケネディ公園に集まり、約 3 時間にわたって LGBT の啓発活動を行った。当時は、毎週末に警察によるゲイバーの手入れが行われていたため、逮捕者はテレビカメラに晒される危険があった。そのため、こうしたイベントを開催することで市民から殴られたり、警察に逮捕されたりすることを懸念し、同イベントに参加できず遠巻きに眺めていた MHOL 関係者もいた。参加者の多くはマスクで顔を隠し、個人が特定されないようにしていた。しかし、これは LGBT がペルー国内にも存在していること、また他の市民同様の権利をもつべきであることを主張するために、ペルーにおいて初めて LGBT コミュニティ関係者が公の場で集まったイベントであった。これ以降も、MHOL 関係者は首都の旧市街に位置するフランス広場において啓発イベントを単発的に実施したが、LGBT に対する偏見が強かった 1990 年代はまだパレードを行える状況ではなかった[9]。

LGBT コミュニティにとって転機となったのは、LGBT に不寛容な考えを持つ人々と密接な関係にあった A・フジモリ政権が 2000 年に終焉を迎えたことであった。これを契機として、MHOL を中心とした LGBT コミュニティ関係者がプライド・パレードを計画した。MHOL 代表者の一人であるアラウホ（Aldo Araujo）は、「ペルー初の LGBT 組織が 1982 年に誕生していたにもかかわらず、アルゼンチン、ブラジル、メキシコ等ですでに行われていたパレードがペルーでは一度も実施されていないはひどいこと」[10] と感じていた。そこで、当事者間でパレードの実施を計画し広報活動も行ったが、パレードの集合場所には 30 名程度しか集まらなかった。スピーカーを積んだ車で音楽を流しながら旧市街を行進している間に参加者が増え、パレード終着点に到達した時点では 100 名程度まで増えていた。

最初のパレード実施から 10 年後の 2011 年には、参加者は 1,000 人にまで増加した。2011 年以前は有名な政治家のパレード参加はあまりみられな

domingo/2019/06/30/protagonistasdel-orgullo/
[9] 同上。
[10] 同上。

140　ラテンアメリカのLGBT

かったが、2011年は当時の首都リマ市長のビジャラン（Susana Villarán）や大統領の娘のガルシア（Carla García）等も参加し、「平等に関する法律をすぐに！（Ley y ordenanza de igualdad ¡Ya!)」というスローガンを掲げて行進した［Secretaría Nacional de la Juventud 2012: 22]。2012年には約5,000人が参加し、「大変革？　我々抜きに社会的包摂はありえない（¿La Gran Transformación? Sin nosotr@s [11] no hay inclusión)」をスローガンに掲げ、同性愛者に対する嫌悪を規制するよう政治家たちに求めた [12]。2015年に実施されたパレードには、2016年の大統領選挙に立候補していたメンドサ（Verónica Mendoza）やリマ市議会議員のレイ（Auguto Ley）等が参加し、「国家の不在を前に我々は耐える（Ante el exterminio del Estado, nuestros cuerpos resisten)」をスローガンに掲げながら行進した。2021年の大統領選挙にも再出馬したメンドサは、アンデス地域だけでなく首都圏における進歩的な左派を支持基盤としていたため、公約に同性婚の実現を含めた。

　パレードの他にも、LGBT団体は、2011年から首都リマの大聖堂前で同性カップルがキスをする「ホモフォビアにキスを（Besos contra la homofobia)」運動を実施している。この運動には、若年層を中心とした同性カップル100名程度が参加した。参加者たちは、自身の性的指向をより直接的にアピールするためキスをしている様子を撮影し、SNSで共有した。パレードに対してさえも眉をひそめていたカトリック信者たちは、信仰の中心地でのLGBT団体の行動に激怒し、2014年には警察が放水車を用いて活動家達を退去させた [13]。

　このように、LGBTの権利保障に反対する人々から批判を浴びながらも、少しずつLGBTの存在がペルー社会で可視化されるようになった［Secretaría Nacional de la Juventud 2012]。2006年の国会議員選挙以降は、LGBTの当事者であることを公表して出馬する候補者も現れ、総選挙の公約にもLGBTへの言及が見られるようになっていった。

─────────────

[11] スペイン語は原則「o」で終わる場合は男性名詞、「a」で終わる場合は女性名詞と区別しているため、「@」を使うことで男女の区別を避けている。

[12] 2016年の大統領選挙に出馬していた有力候補のウマラ（後に大統領に当選）が選挙戦で「大変革」（La Gran Transformación）を掲げていたため、それを利用したスローガンとなった。

[13] "Policías y comunidad LGTB se enfrentaron en la Plaza de Armas." *El Comercio*, 2014年。https://elcomercio.pe/lima/policias-comunidad-lgtb-enfrentaron-plaza-armas-294013-noticia/

（2）政治

保守的な政治勢力

　2006年以前は、LGBTであることを公表して出馬した候補者は一人もいなかった［Alza et al. 2017］。ペルーは、植民地時代にスペインによる支配の拠点として現在の首都に副王領が設置され、独立後も保守色が強く、1960年代まではほぼ保守系の政権が続いたという特徴をもっている。

　1924年憲法によって同性愛を禁止する条文が削除された後もLGBTに対する偏見は強いままであったが、1980年代のエイズの拡大により、偏見はさらに強まった。また、LGBTに不寛容な考えを持つカトリック教会やプロテスタント福音派関係者が政権と密接に結びついてきた。前述したように、1990年から2000年まで継続したA・フジモリ政権は、LGBTに不寛容なプロテスタント福音派と選挙同盟を結んでいたこともあり、LGBTの権利保障には消極的であった。A・フジモリ政権の終焉によってフジモリ派が弱体化した後も、プロテスタント福音派の牧師が国会議員に当選する事例が幾つかみられ、2011年以降にフジモリの長女であるK・フジモリ（Keiko Fujimori）が大統領選挙に出馬するようになると、フジモリ派が勢力を盛り返した。2016年の国会議員選挙では、フジモリ派が議席の過半数以上を占めた。これにより、LGBTの権利保障に消極的な政治家が国会で多数派を形成した。

　こうした状況下において、保守的な有権者からの反発を恐れ、選挙に出馬するため性的指向を隠す政治家もいた。例えば首相や国会議長を務め、2023年から首都の区長を務めているブルセ（Carlos Bruce）は、2006年に国会議員に初当選した際、自身の性的指向を公表していなかった。ゲイではないかと噂される中で2011年に再選された後、2014年に主要紙からインタビューを受けた際にゲイであることを公表した〔14〕。

LGBT議員とその支援者

　前述したように、2006年以前は自身の性的指向を公表して出馬する政治

---

〔14〕2014年5月18日付の主要紙 El Comercio は、ブルセが自身の性的指向がゲイであること、またペルー社会がゲイにとって冷酷であると発言したことを報じた。"Sí, soy gay y estoy orgulloso de serlo, admite Carlos Bruce." *El Comercio*, 2014年5月18日。https://elcomercio.pe/politica/gobierno/si-soy-gay-y-estoy-orgulloso-serlo-admite-carlos-bruce-noticia-1730177/。

家はいなかった。しかし2006年には初めて4人の活動家がLGBTであることを公表して国会議員選挙に出馬したのである。彼らの目的は当選することではなく、LGBTコミュニティの可視化であった［Alza et al. 2017］。また、2011年以降の選挙では、LGBTの権利保障に前向きな姿勢をみせる大統領候補や、LGBTの活動家を議員候補として擁立する政党が出現した。2011年の大統領選挙で当選したウマラ（Ollanta Humala）は、LGBTを含む社会的弱者の権利保障を選挙戦で主張した［Secretaría Nacional de la Juventud 2012］。しかし、2011年選挙で当事者候補は当選を果たせなかった。2016年の選挙で大統領に当選したクチンスキ（Pedro-Pablo Kuczynski）は、ブルセやデ・ベラウンデ（Alberto de Belaúnde）を自身の政党の候補者とし、LGBTに寛容な態度をみせていた。しかしその後のクチンスキはLGBTの権利保障に取り組むことなく、当選を果たしたブルセやデ・ベラウンデを積極的に支援することもなかった。

　2017年に公教育におけるジェンダー教育の導入が議論された際は、プロテスタント福音派を中心とした反対派が「我々の子供たちに手を出すな（Con mis hijos no te metas）」という抗議運動を展開した［Meneses 2019］。この教育方針に反対する人々は、ジェンダー教育がカトリックの教えに反していると批判した〔15〕。この運動に対抗するため、ジェンダーやLGBT問題に取り組む国会議員や活動家たちは2017年のプライド・パレードで「平等に手を出すな（Con la igualdad no te metas）」をスローガンに掲げながら行進した。このパレードでは、LGBTに限定しない平等な社会の実現を掲げ、前述したブルセ・とデ・ベラウンデの他、進歩的な左派の国会議員たちも参加し、LGBTを擁護する法令の必要性を訴えた。2018年のパレードではジェンダー教育に反対する政治家に対抗するため、「LGBTIを含む教育カリキュラムのために、ジェンダー平等の教育を早く！（Educación con enfoque de género ¡YA!: Por un currículo escolar que incluya a lesbianas, gays, bisexuales, trans e intersexuales）」をスローガンに掲げながら10,000人以上が行進した。

　2019年は、国会議長のサラベリ（Daniel Salaverry）がパレード実施2日前に国会前広場においてLGBT団体が集会を開催することを許可した。当日

---

〔15〕ジェンダー教育には、男女平等を教えること等が盛り込まれていた。このため、カトリック教会は、聖書が男性の役割と女性の役割を別々に与えていると主張し、この教育方針に反対した。

は広場を警備していた警察官達がLGBT関係者の広場への進入を拒んだが、付き添っていた国会議員がサラベリと連絡をとり、予定通り集会を実施できた。これは、ペルーにおいてLGBT団体が初めて国会前広場で行うことを許可された集会であった。パレード当日には、首相のデ・ソラール（Salvador de Solar）もパレードに参加し、当事者議員やLGBT団体を支援する他の国会議員とともにLGBTの権利擁護を訴えた。

　このように、LGBTの権利保障を訴える政治家が増え始め、当事者議員および支援する議員達がシビル・ユニオン法案や同性婚法案を提出するようになった[16]。しかし、提出する度に小委員会で否決され、本会議に進むことなく廃案になっている。

　2020年の臨時国会議員選挙では1名のLGBT候補者が、2021年の国会議員選挙では2名のLGBT候補者がそれぞれ当選した。2022年にもシビル・ユニオン法案は提出されたが、国会での審議は停滞したままである。元国会議員は「ペルーの国会は保守的なため、ジェンダー・イデオロギーに関することは決して取り上げず、審議しない」と証言している[17]。

　LGBTの権利保障が進まない要因の一つとして、政権と宗教の関係性が考えられる。歴代の大統領は、独立記念日である7月28日に首都のカトリック大聖堂の礼拝へ、翌日の7月29日に首都最大のプロテスタント福音派の教会の礼拝へそれぞれ参列することが慣習となっている。ペルー国民のほとんどはカトリックあるいはプロテスタントの信者であるため、この慣習が特段疑問視されることはない（表3-1参照）。また、1990年以降は政治と宗教の関わりが顕著となり、2000年以降も、保守系の政党の国会議員候補としてプロテスタント福音派の牧師が名前を連ねている［Casey-Pariseault 2022］。

---

〔16〕一般的に、シビル・ユニオン制度の方が同性婚より控えめな制度とみなされているため、推進派の議員達は同性婚ほどの反発を生まないであろうと推測し、シビル・ユニオ法案の提出から始めているようである。
〔17〕元国会議員に対するインタビュー調査（2020年2月19日、ペルー・リマの先方事務所）。

144 ラテンアメリカの LGBT

表 3-1 信仰している宗教の割合（1981 〜 2017 年　単位：%）

年	カトリック	プロテスタント	その他	無宗教
1981	94.6	-	5.2	0.2
1993	86.3	8.8	3.0	1.9
2007	81.3	12.5	3.3	2.9
2017	76.0	14.1	4.8	5.1

注：1981 年はプロテスタントがその他の割合に含まれた。
（出所）ペルー統計情報局（Instituto Nacionl de Estadística e Informática：以下 INEI と記す）[18] のデータをもとに筆者作成。

（3）宗教

保守化するカトリック教会

　スペインから植民地化された際にペルーへカトリック信仰が持ち込まれ、独立以降の 19 世紀には、反リベラルな保守グループが台頭した。その潮流に反し、20 世紀半ばにチンボテ [19] の貧民地区で貧困層と接した司祭のグティエレス（Gustavo Gutiérrez）が「解放の神学」[20] の提唱者の一人となり、カトリック教会内部の保守派と対立した。しかし 1980 年代に入ると、上述したように左翼ゲリラとの内戦が勃発したため、解放の神学者は「共産主義者」や「テロリスト」というレッテルを貼られ、カトリック内部の保守派から批判されるだけでなく、国軍の標的にもなった [21]。他方、左翼ゲリラからの協力要請を断った解放の神学者はゲリラの標的にもなり、市民団体同様、双方からの攻撃により勢力を弱めていった。その結果、カトリック内部では保守派が台頭した。

　保守派の中で中心的な役割を担ったのは、オプス・デイ（Opus Dei）[22] であった。特に、オプス・デイの司教であったシプリアニ（Juan Luis Cipriani）は、ゲリラ掃討作戦下での軍の取り締まりが人権侵害にあたると主張したカトリッ

---

[18] https://www.inei.gob.pe/
[19] チンボテはペルー中部のアンカッシュ州に位置する地区である。
[20] 解放の神学とは、貧困や抑圧に苦しむ人々を解放することを目指し、貧困層の側に立って不平等な社会秩序の是正のための活動をした。
[21] ニカラグアやコロンビア等において解放の神学者が左翼ゲリラと協力関係にあったため、ペルーの解放の神学者も左翼ゲリラの手先と批判された。
[22] オプス・デイとは 1928 年にスペインで創立された、カトリック教会内の保守勢力である。ペルーでは 1953 年にオプス・デイの使徒職が開始された。1970 年以降、オプス・デイは中南米で本格的な布教活動に取り組み、信者を増やしていった。

ク内部の左派をゲリラのシンパと批判し、軍のゲリラ掃討作戦を支持した
[Casey-Pariseault 2022]。また、2023年1月にリマ市長に就任したロペス・アリ
アガ（Rafael López Aliaga）は、オプス・デイの支援を受けて2021年の大統領
選挙や2022年のリマ市長選挙に出馬しており、オプス・デイは政界と深く
繋がっている。

　保守的なカトリックや福音派が政界に進出し、政策決定に影響を与えてい
るため、LGBTの権利保障は進まない。

（4）制度

国外での婚姻関係の不受理

　ペルーでは同性婚が認められていないため、ペルー人同士や国籍の異なる
カップルは、同性婚が認められている他国で結婚している。その場合、それ
らの国のペルー領事館に婚姻届を提出するが、ペルーの行政機関は民法の規
定を理由にその受理を拒み続けている。

　例えば、外国籍であっても同性婚が認められている米国・マイアミで
2016年に婚姻届を提出したペルー人同士のカップルは、それをペルー国内
でも受理させようとしたが、行政機関は民法を理由に受理しなかった。そこ
で婚姻届の受理を求めて提訴したが、2022年に憲法裁判所が違憲判断を下
した。その際に憲法裁判所は、2018年に米州人権裁判所が同性婚を認めた
判断について、ペルー政府が判断を仰いだわけではないこと、ほとんどすべ
ての米州機構加盟国がこの判断に従っていないことを理由に、ペルー政府は
同性婚を認める義務を負っていないと主張した[23]。同時に、憲法裁判所は、
同性婚の婚姻届を受理するためには立法措置が必要であるという立場を示し
た[24]。

　海外で結婚したカップルがペルーで婚姻届を受理されない事例は他にもあ
る。メキシコ人男性と2010年に結婚したペルー人男性は、翌2011年にペルー

---

[23] コスタリカはこの勧告に従い、同性婚を合法化した。詳細は［尾尻2021］を参照。
[24] 憲法裁判所プレスリリース "TC se pronunció sobre el registro de matrimonios homoafectivos: Casos Susel Paredes y Andree Martinot." 2022年6月16日。https://gacetaconstitucional.com.pe/index. php/2022/06/16/tc-se-pronuncio-sobre-el-registro-de-matrimonios-homoafectivos-casos-susel-paredes-y-andree-martinot/

で婚姻届を提出したところ、同性婚は民法に反するという理由で却下された。この決定を不服として提訴したところ、2016 年に地方裁判所で婚姻届の受理が認められた。しかし、その決定を不服としたペルーの行政機関が憲法裁判所に違憲であると訴え、2020 年に憲法裁判所が、同性同士の婚姻届の受理は憲法違反であるという判断を下した〔25〕。

　2019 年にアルゼンチン女性と結婚したペルー人女性も、ペルーの地方裁判所に提訴し、2023 年に婚姻届の受理が認められた。しかし前回同様、憲法裁判所で違憲判断となる可能性が高い。なお、アルゼンチンはペルーから多くのトランス女性が移住している国である。しかし移住先でも麻薬密売の疑いをかけられ、裁判の結果が出るまでの間に数年間拘置所に入ることを余儀なくされることもある〔26〕。

シビル・ユニオン法案や同性婚法案

　ペルー国内でも度々シビル・ユニオン法案が国会に提出されているが、本会議で審議されることなく、廃案となっている。ペルーでは、モヤノ（Martha Moyano）が 2003 年 12 月に初めて同性シビル・ユニオン法案を国会へ提出した〔27〕。その後、2010 年 12 月にはペルー・アプラ党（Partido Aprista Peruano）の議員達も国会に同様の法案を提出した。さらに 2013 年 9 月には前述したブルセが、ゲイであることを公表する前にシビル・ユニオン法案を提出した。しかし、国会司法小委員会はプライオリティーが低いという理由で審議を後回しにした〔28〕。ブルセは、司法省、裁判所、検察庁もこの法案に賛成していると主張したが、小委員会で否決され、廃案となった〔29〕。

---

〔25〕憲法裁判所第 676/2022 号判決、2020 年 11 月 11 日、https://tc.gob.pe/jurisprudencia/2020/01739-2018-AA.pdf

〔26〕Óscar Bermeo Ocaña "Mujeres trans peruanas en Argentina: las más criminalizadas por una cuestionada política de drogas." El Comercio, 2023 年 1 月 10 日。https://elcomercio.pe/mundo/latinoamerica/argentina-mujeres-trans-peruanas-en-argentina-las-mas-criminalizadas-por-una-cuestionada-politica-de-drogas-noticia

〔27〕国会プレスリリース "Ficha de Seguimiento, Proyecto de Ley 09317." https://www2.congreso.gob.pe/Sicr/TraDocEstProc/CLProLey2001.nsf/555159da11e3c1080525800b007fc010/331755c5f09580dd05256df9007508f0?OpenDocument（2023 年 8 月 27 日閲覧）

〔28〕"Comisión de Justicia no priorizará la unión civil entre homosexuales." El Comercio, 2013 年 9 月 17 日、https://elcomercio.pe/politica/gobierno/comision-justicia-no-priorizara-union-civil-entre-homosexuales-noticia-1632560

〔29〕"La unión civil fue archivada en el Congreso de la República." El Comercio, 2015 年 3 月 10

3章　ペルー　　147

　2016 年 11 月にブルセとデ・ベラウンデは再度、シビル・ユニオン法案を国会に提出したが、小委員会での審議は進まなかった。2017 年のプライド・パレードでは、小委員会における審議開始を求める署名活動も実施された。しかし、カトリック教会の強い反対により、同法案は本会議で審議されることはなかった [Mendívil 2015]。2017 年には拡大戦線（Frente Amplio）の議員達が同性婚を合法化するための法案を提出したが、本会議までたどり着くことなく、国会閉鎖と共に廃案となった〔30〕[Fernández 2020]。2022 年 8 月には、国会議員に当選した後にゲイであることを公表していたカベロ（Alejandro Cavero）もシビル・ユニオン法案を国会に提出した。しかし、国会は大統領や大臣の汚職追及を優先し、審議は行われていない。

　以上で述べたように、ペルーでは市民運動が盛り上がり、LGBT を公表して当選を果たす国会議員達が出現している。そうした議員を中心とするLGBT の権利保障の推進派は、何度かシビル・ユニオン法案を国会に提出してきた。しかし、カトリック教会やプロテスタント福音派と、彼らを票田とする政治家たちの強固な反対により、同法案は廃案となってきた。その結果、2024 年 6 月に至るまで LGBT の権利保障は進んでいない。

　次節では、LGBT の権利保障を阻む「拒否権プレーヤー」に関する拙稿［Isoda 2022］を発展させる形で、ペルーで権利保障が進まない背景について、カトリック教会、保守勢力および地域間格差の現状を詳述する。

2．LGBT の権利保障を阻む「拒否権プレーヤー」

　本節では、LGBT の権利保障に関する制度が整備される条件、ペルーにおける「拒否権プレーヤー」についてまとめ、制度が整備されない背景を詳述する。

　　日、https://elcomercio.pe/politica/congreso/union-civil-fue-archivada-comision-justicia-noticia-
　　1796737/?ref=ecr
〔30〕"Unión civil y el matrimonio civil igualitario: Las leyes pendientes en favor de la comunidad LGBT
　　en el Perú." El Comercio, 2020 年 10 月 22 日。www.elcomercio.pe/lima/sucesos/la-union-civil-y-el-
　　matrimonio-civil-igualitario-las-leyes-pendientes-en-favor-de-la-comunidad-lgbt-en-el-peru-noticia/

（1）制度整備の条件とペルーの現状

　ラテンアメリカ諸国において、LGBTの権利保障が整備されている国とそうでない国を比較分析したコラレスは、制度が整備される条件として、市民運動の盛り上がり、「拒否権プレーヤー」と呼ばれる反対派の弱体化、そして近代化による経済成長や教育水準の向上が重要であると指摘している[Corrales 2015: 54-55]。

　第一に、市民社会を盛り上げるためには、少数派であるLGBTコミュニティだけではなく、より多くの支持者をコミュニティ外から獲得し、一大勢力となってLGBTの権利保障に向けた活動に取り込んでいくことで、国会議員に圧力をかけることが可能となる。第二に、市民運動の盛り上がり等により、LGBTの権利保障の反対派を弱体化させることができれば、法整備の障害を取り除くことができる。第三に、工業化による給与水準の引き上げは、教育水準の改善にもつながり、よりLGBTコミュニティに寛容な層を増やす。このため、LGBTの権利保障の反対派が徐々に減るという構図ができる[Andía 2013; Corrales 2015; Isoda 2022]。

　2000年以降にプライド・パレードが始まり、安定的なマクロ経済成長を達成しているペルーでは、第一と第三の条件を満たしている（図3-2参照）。しかし、第二の「拒否権プレーヤー」が強力なため、ペルーではLGBTの権利保障が進まない[Isoda 2022]。では、「拒否権プレーヤー」はなぜそれほどまでに強力な存在であり続けるのであろうか。

　いわゆる「拒否権プレーヤー」と呼ばれる、LGBTの権利保障に反対する勢力としては、保守的な宗教関係者の存在があげられる。上述したように、植民地化とともにもたらされたカトリック信仰がラテンアメリカ諸国に根付き、今でも国民の多くはカトリック教徒である。近年ペルーでは、カトリックの中でも保守的なオプス・デイや、プロテスタント福音派も増えており、それらがLGBTにとって強力な拒否権プレーヤーとなっている。

　同様に、保守的な政治家も拒否権プレーヤーではあるものの、LGBTの権利保障に取り組むことで支持者が増えると見込んだ場合、宗教関係者ほど強力に反対しない事例もある[Isoda 2022]。反対に、LGBTを富裕層と認識している左派政治家の場合、富裕層を敵視しているため、LGBTの権利保障に消

図 3-2　ペルーの GDP 成長率の推移（2009〜2022 年　単位：%）

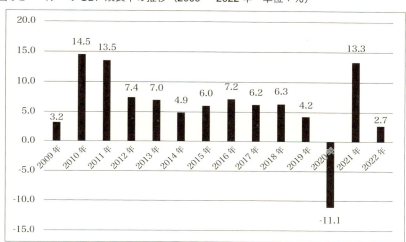

（出所）INEI [31] のデータをもとに筆者作成。

極的である。ブラジルの労働者党（Partido dos Trabalhadores: PT）のようにLGBTの権利保障に積極的な左派もいるが、すべての左派政治家が同じような政策をとるとは限らない［Corrales 2015; Isoda 2022; Schulenberg 2013］。

しかし、第二の判断基準である拒否権プレーヤーが強力なことと、ペルーの近代化が首都圏以外の特に農村部まで到達していないことから、ペルー全体ではシビル・ユニオンの反対派のほうが賛成派を上回っている（図3-3参照）。このためにLGBTの権利保障が整備されないと考えられる。特にプロテスタント福音派と手を結んだカトリック教会、保守的な政治家、そして首都圏以外在住のLGBT反対派は強力な拒否権プレーヤーである。以下ではペルーのカトリック教会、左派政治家を含む保守勢力の特徴、および首都圏以外で反対派が多く存在する要因について言及する。

---

[31] https://www.inei.gob.pe/estadisticas-indice-timatica（2023 年 8 月 27 日閲覧）。

150   ラテンアメリカのLGBT

図3-3　同性シビル・ユニオンに対する賛否の推移（2014～2021年　全国平均値：%）

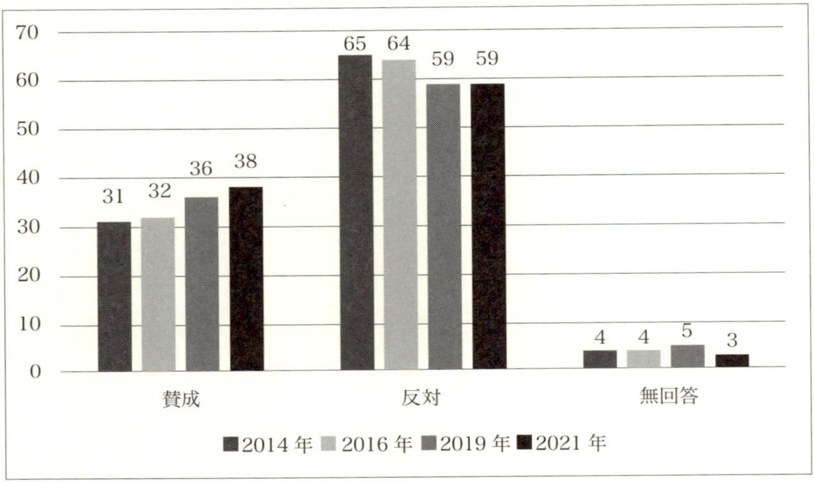

（出所）Ipsos-Apoyo〔32〕のデータをもとに筆者作成。

（2）カトリック教会とプロテスタント福音派

　ペルーは前述したように、グティエレスが「解放の神学」の提唱者の一人としてカトリック教会内の左派勢力の中心人物となった。しかし、内戦の影響で左派を忌避する人々が増えると、カトリック教会内部の左派も勢力を落とした。

　2000年代に入ると、「伝統的な家族」という価値観を死守したいカトリック教会の保守派は、人工妊娠中絶合法化やLGBTの人権擁護を求める運動に直面した。保守派はこうした運動をペルー社会に対する脅威とみなし、対抗するための運動を組織した。

　例えば、「伝統的な家族の推進センター」（Centro de Promoción Familiar y Regula-ción Natural de la Natalidad: CEPROFARENA）は、SNS等での活動を通じて、人工妊娠中絶の合法化やLGBTの権利保障に対抗した。また、系列大学における教育活動を通じて、カトリック教会内の保守派を支持する若年層の育成に力を入れた。

〔32〕 https://www.ipsos.com （2023年8月27日閲覧）。

保守派はカトリック教会内のリベラルな司祭とも対決した。その一例として 2011 年に司祭の一人であるガラテア（Gastón Garatea）が、婚姻ではなくシビル・ユニオンであれば同性同士でも許容できると発言した際に、リマ大司教に昇進していたオプス・デイのシプリアニが激怒した。シプリアニは、ガラテアがマルクス主義の解放の神学者であり、それはカトリック教会の教えに反対すると厳しく批判した。その結果、ガラテアはペルーで布教活動ができなくなった［Casey-Pariseault 2022］。

　こうした傾向は、2013 年にローマ教皇が交代した後に変化した。2019 年に教皇フランシスコは保守的なシプリアニの後任として、より穏健な C・カスティジョ（Carlos Castillo Mattasoglio）をリマ大司教に指名した。その後もペルー国内のその他の司教等を順次交代させ、2008 年に 10 名いたオプス・デイ派が、2018 年には 5 名に減った［Casey-Pariseault 2022］。

　教皇フランシスコの対応に納得できないカトリック教会内の保守派は、ジェンダーや伝統的な家族の価値観について自分たちと類似した主張をしているプロテスタント福音派に接近した。それまで両者は協力関係になかったため、プロテスタント福音派への接近に拒絶反応を示す世代もいた。しかし、ペルーのカトリック教会の穏健化に危機感を抱くグループにとって、同じ理想を共有するプロテスタント福音派との協調関係は合理的で自然な流れであったと指摘されている［Casey-Pariseault 2022］。

　他方、プロテスタント福音派も信者を少しずつ増やしている。例えば、1980 年代以降は、プロテスタント福音派の牧師たちがケチュア語等の先住民言語の話者を訓練し、先住民言語話者の多い地域に派遣して布教活動に従事させることで、先住民の信者を増やした。プロテスタント福音派は言語面の配慮だけでなく、経済支援を通じても着実に信者を獲得していった［Salas 2018］。こうした布教活動により、プロテスタント福音派の信者は増加傾向にある。

　ペルーにおけるカトリック教会およびプロテスタント福音派は、LGBT の権利保障にとって強力な拒否権プレーヤーである。このため、周辺国が次々とシビル・ユニオン等を制度化していく中で、ペルーは同性シビル・ユニオン等を制度化していない。

（3）左派政治家を含む保守勢力

　左派政治家は LGBT の権利保障に積極的だとみなされている。しかし、冷戦期までの左派政治家はそれほど積極的ではなかった。特に、マルクス主義や反帝国主義を掲げていた左派政治家は、敵視していた富裕層と LGBT を同列とみなし、ジェンダーの多様性にも必ずしも肯定的ではなかった。しかし冷戦終結後は、左派政治家たちがより多くの票を獲得するために社会的弱者を取り込もうとし、LGBT コミュニティに寛容な姿勢を打ち出すようになった [Isoda 2022; Schulenberg 2013]。

　前述したメンドサは、2021 年の大統領選挙に出馬した際に同性婚の合法化を公約に掲げ、メンドサを支持していた国会議員たちは 2017 年に同性婚の合法化法案を国会に提出した経験をもつ [磯田 2021]。メンドサ自身の支持基盤は進歩的な左派であるため、こうした姿勢を打ち出しても支持者離れを引き起こすことはさほどなかった。

　2016 年の大統領選挙におけるメンドサの得票率は 18% で 3 位となり、国会でもその勢力は第 3 党となった。しかし、総選挙後は内部での意見対立により分裂し、国会内の発言力を弱めた。2021 年の大統領選挙を控え、勢力を挽回する対策としてメンドサが進歩的な左派以外の政治家とも選挙同盟を組んだことで、もともとの支持者が離れていき、2021 年の大統領選挙では得票率 8% で敗北した。

　メンドサは LGBT に寛容な左派政治家であるものの、ペルーの左派政治家たちが全員 LGBT に寛容なわけではない。例えば 2006 年から 2011 年まで大統領を務めたガルシアは、第一次政権時代にトランスベスタイトをエイズの感染拡大の元凶として批判した人物である。また、2011 年から 2016 年まで大統領を務めたウマラも、選挙戦中に父親が「同性愛者は射殺せよ」と発言して物議を醸した。ウマラ本人は少数派の利益を政策決定に反映させると主張していたものの、当選後は権利保障に取り組まなかった。

　さらに 2021 年から 2022 年まで大統領を務めた P・カスティジョは、農村部を支持基盤とした左派の政治家であり、LGBT の権利保障には消極的であった。P・カスティジョは選挙戦の段階から、「伝統的な家族」の価値観を守るため人工妊娠中絶や同性婚の合法化に反対する立場を公言していた。こ

れは自身の信条だけでなく、農村開発を優先して欲しいという支持者の要望に沿って、経済政策を優先したためである〔33〕。このため P・カスティジョの公約は、新憲法の制定や、天然資源の利益の再分配方法の是正に焦点をあて、ジェンダー関連には触れていなかった［磯田 2021］。つまり、左派政治家であっても、支持基盤に応じて好意的にも否定的にもなり、時には強力な拒否権プレーヤーとして LGBT の権利保障を阻む存在となるのである。

（4）地域間格差と首都圏以外在住の保守層

ペルーは人口のおよそ 30% を擁する首都リマに、政治的および経済的権限が集中している。地方分権化は試みられているものの、中央政府が予算の権限を握っていること、地方政府に人材が不足していること等の要因から、分権化は多くの課題を抱えている［磯田 2024］。このため、独自の条例を制定する地方政府は存在しない。

また、首都に隣接する憲法特別区カジャオは港を有しているため、莫大な税収を得ている。このため、カジャオと同等の人口を有する他の都市と同列視することはできない。つまり、ペルーは首都リマとカジャオに政治的および経済的権限が集中している中央集権型の国家と判断することが妥当である。このため、首都圏と首都圏以外では、LGBT に対する考え方が大きく変わる。

では、首都圏とそれ以外、都市部と農村部にはどの程度の格差が存在するのであろうか。ペルーでは好調なマクロ経済の影響により、新型コロナのパンデミック以前の 2019 年に全国、都市部、農村部ともに貧困率が下がった（図3-4 参照）。しかし、2019 年の貧困率は、リマを含む海岸部に位置する都市部で 12%、都市部全体で 15% となった一方で、農村部では 41% であり、農村部では都市部のおよそ 3 倍を記録していた。たしかに農村部でも貧困率は下がったものの、依然として大きな格差が残ったまま、2020 年のパンデミックを迎えた。2022 年も依然としてその格差は縮まっていない。

また、コラレスは教育水準が高くなれば社会が少数派に寛容になると指摘しているが、非識字率を比較すると、2022 年のリマでは僅か 2% であったが、

---

〔33〕 Carmen Sesin "Why some of Latin America's leftist leaders are against abortion and gay rights" *NBC*, 2021 年 11 月 2 日。https://www.nbcnews.com/news/latino/latin-americas-leftist-leaders-are-abortion-gay-rights-rcna3935

図 3-4　地域別の貧困率の推移（2012 年～ 2022 年　単位：%）

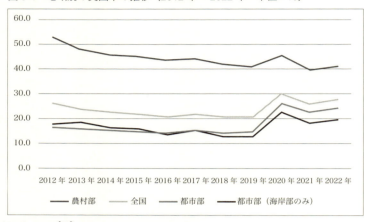

（出所）INEI〔34〕のデータをもとに筆者作成。
（注）都市部は都市部全体を、都市部（海岸部のみ）はリマを含む海岸沿いに位置する都市部のみをそれぞれ指している。なお、ペルーはコスタと呼ばれる海岸部、シエラと呼ばれるアンデス山脈沿いの山間部、セルバと呼ばれるアマゾン地域に分けられており、海岸部とそれ以外の間には、インフラ整備や社会経済といったあらゆる面において地域間格差が見られる。

図 3-5　地域別の非識字率の推移（2008 ～ 2022 年　単位：%）

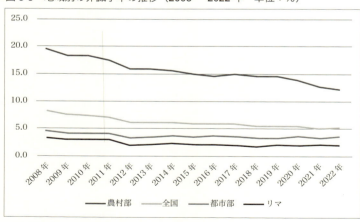

（出所）INEI〔35〕のデータをもとに筆者作成。

〔34〕https://www.inei.gob.pe/estadisticas-indice-tematico（2023 年 8 月 27 日閲覧）
〔35〕同上。

図 3-6　地域別の栄養不良率の推移（2013 ～ 2021 年　単位：%）

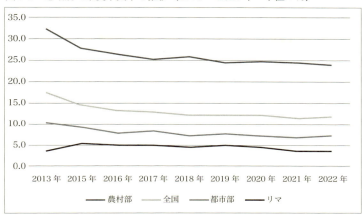

（出所）INEI〔36〕のデータをもとに筆者作成。

農村部では 6 倍の 12％であった（図 3-5 参照）。さらに 5 歳以下の栄養不良率の状況に目を向けると、2022 年のリマでは該当者が僅か 4％であったが、農村部では 6 倍の 24％であった（図 3-6 参照）。このように、社会経済面での格差が維持されているため、居住区によってはジェンダーに関する諸問題を緊急課題とみなさない住民も一定数存在することがうかがえる。

　なお、国会議員 130 名のうち、リマ選挙区からは全国会議員の 3 分の 1 以下にあたる 36 名が選出される〔37〕。議員が常に選挙区の要望に忠実であるとはかぎらないものの、リマ以外の選挙区から選出された議員にとって、反対派が多い同性シビル・ユニオンに取り組むインセンティブはさほど高くならないであろう。他方、リマ選挙区から選出された議員が必ずしも同性シビル・ユニオンの実現を優先課題にしているわけではないため、国会で何度も同法案が廃案になってきたと考えられる。

〔36〕同上。
〔37〕選挙管理委員会プレスリリース "Elección de congresistas sera por cada uno de los 26 distritos electorales", 2011 年 4 月 9 日、https://www.gob.pe/institucion/onpe/noticias/539218-eleccion-de-congresistas-sera-por-cada-uno-de-los-26-distritos-electorales

おわりに

　本章では、ペルーにおける LGBT の権利保障を巡る動向について詳述した。ペルーでは 1980 年代に LGBT 組織が誕生し、2000 年以降は権利保障の獲得を求めて市民運動が広がっている。2016 年以降は、自らの性的指向を公表して国会議員選挙に出馬した LGBT 候補者が当選を果たす事例も観察された。

　しかし、LGBT の権利獲得を求める動きは、様々な要因によって成功していない。ペルーでは民政移管、内戦、エイズの拡大が重なった 1980 年代から 1990 年代に至るまで、左翼ゲリラとの闘いが続き、マイノリティーの人権擁護やエイズ対策よりも治安維持が優先された。

　その後も、カトリック教会、一部の左派政治家、首都圏以外の保守層の強い抵抗により、LGBT の権利保障は進んでいない。ペルーではカトリック教会内部の保守派が強く、「伝統的な家族」を死守するため、プロテスタント福音派と協力して人工妊娠中絶や同性婚の合法化に激しく抵抗している。また、首都圏とそれ以外では社会経済面での格差が続いているため、首都圏以外の住民の多くはジェンダー関連の諸問題よりも格差是正を重視していることが考えられる。このため、同性シビル・ユニオンや同性婚は実現せず、他国で受理された婚姻届もペルー国内では認められていない。

　憲法裁判所は、ペルー国内で同性シビル・ユニオンや同性婚を合法化するためには立法措置が必要という判断を示している。しかし、国会の保守派の議員の反対により、シビル・ユニオン法案は小委員会から本会議へ送られたことが一度もない。また、首都圏以外ではシビル・ユニオンに反対する国民が過半数以上を占めているため、首都圏以外を選挙区にもつ国会議員にとって、法案に賛成するインセンティブは極めて低い。

　以上のことから、LGBT 運動がどれほど盛り上がりをみせたとしても、権利保障に結び付かない状態が続いていると考えられる。

【引用文献】
〈日本語文献〉
　磯田沙織　2021「分断を深めるペルー──国内における対立が可視化された 2021 年総

選挙」『ラテンアメリカ・レポート』38(1): 28-43.

――― 2024「中途半端な地方分権化」村上勇介編『現代ペルーの政治危機――揺れる民主主義と構造問題』国際書院.

尾尻希和 2021「米州人権システムとコスタリカにおける同性婚合法化プロセス」『イベロアメリカ』43 (1): 1-13.

〈外国語文献〉

Alza, Carlos, Pilar Rojas, Alejandra Navarro, Julian Mezarina, Alberto Hidalgo, Denisse Castillo, Gissela Cornejo, Laleska Salgado, Mario Ramírez, María Alejandra Saravia, María del Pilar Grados y Yordan Mañuico 2017. *Igualdad para construir democracia: Análisis de candidaturas LGTBI en los procesos electorales de 2006 a 2016*. Colección Ciencia política/4, Serie Participación ciudadana/4. Lima: Jurado Nacional de Elecciones and Pontificia Universidad Católica del Perú.

Andía, María Gracia 2013. "Legal Mobilization and the Road to Same-Sex Marriage in Argentina". In Jason Pierceson, Adriana Piatti Crocker and Schulenberg Shawn eds. *Same-Sex Marriage in Latin America: Promise and Resistance*. Plymouth, UK: Lexington Books.

Casey Pariseault, M. 2022. "La teología política del conservadurismo católico en el Perú contemporáneo." *Discursos Del Sur, Revista de teoría crítica, en Ciencias, Sociales*, 1(9): 41-59.

Cáceres, Carlos F. and Nancy Palomino 2008. "Policies around Sexual and Reproductive Health and Rights in Peru: Conflict, Biases, and Silence." *Global Public Health*, 3(2): 39-57.

Cáceres, Carlos F., Roberto López, Maziel Giron y Clara Sandoval 2009. *Lecciones Aprendidas de la Colaboración con el Fondo Mundial en VIH y SIDA en el Perú: Efectos en el Sector Público, Sociedad Civil y Comunidades Afectadas: Hallazgos de la primera fase del estudio*. Lima: IESSDEH-UPCH.

Caro, Felipe and Patricio Simoneto 2019. "Sexualidades radicales: Los movimientos de liberación homosexual en América Latina (1967-1989)". *Izquierdas*, 46: 65-85.

Corrales, Javier 2015. "The Politics of LGBT Rights in Latin America and the Caribbean: Research Agendas." *European Review of Latin American and Caribbean Studies*, 100: 53-62.

――― 2020. "The Expansion of LGBT Rights in Latin America and the Backlash." In Michael J. Bosia, Sandra M. Mcevoy and Momin Rahman eds. *The Oxford Handbook of Global LGBT and Sexual Diversity Politics*. Oxford: Oxford University Press.

Cueto, Marcos 2001. *Culpa y Coraje: Historia de las políticas sobre el VIH/SIDA en el Perú*. Lima: Universidad Peruana Cayetano Heredia.

――― 2002. "El rastro del SIDA en el Perú." *História, Ciências, Saúde*, 9: 17-40.

Isoda, Saori 2022. "Qualitative Analysis on the Progress and Difficulty of LGBT Politics in Latin America: Focus on Peru" *Inter Faculty* 11: 19-44.

Mendívil, José 2015. *Deseo y homosexualidad: A propósito de la unión civil en el Perú*. Lima: Universidad Ricardo Palma, Editorial Universitaria.

Meneses, Daniela 2019. "Con mis hijos no te metas: un estudio de discurso y poder en un grupo de Facebook peruano opuesto a la «ideología de género?»". *Anthropologia*, 37(42): 129-154.

Pérez, Justin 2020. "Global LGBT Politics at Scale: Memory and Rights in Early Twenty-First Century Peru." In Michael J. Bosia, Sandra M. Mcevoy and Momin Rahman eds. *The Oxford Handbook of Global LGBT and Sexual Diversity Politics*. Oxford: Oxford University Press.

Piatti Crocker, Adriana 2013. "Diffusion of Same-Sex Policies in Latin America."In Jason Pierceson, Adriana Piatti Crocker and Schulenberg Shawn eds. *Same-sex Marriage in Latin America: Promise and Resistance*. Plymouth, UK: Lexington Books.

Salas, Guillermo 2018. "Evangelicalism in the Rural Andes." In Linda J. Seligmann and Kathleen S. Fine-Dare eds., *The Andean World* 280–296. New York, NY: Routledge.

Schulenberg, Shawn 2013. "Lavender tide? LGBT rights and the Latin American left today." In Jason Pierceson, Adriana Piatti Crocker and Schulenberg Shawn eds. *Same-sex Marriage in Latin America: Promise and Resistance*. Plymouth, UK: Lexington Books.

Secretaría Nacional de la Juventud 2012. Por una sociedad joven inclusiva: Compilación de trabajos sobre jóvenes Trans, Lesbianas, Gays y Bisexuales. Lima: Ministerio de Educación.

4 章

ニカラグア

LGBT（性的マイノリティ）の権利なき可視化

松久 玲子

ニカラグア LGBT 関連年表

西暦	国政	LGBT 関連
1838	ニカラグア共和国独立	
1927	米国海兵隊派遣に対してサンディーノ将軍が蜂起	
1937	ソモサ一族による独裁開始	
1979	サンディニスタ革命	
1981	女性差別撤廃条約批准「母親・父親・子どもの権利に関する法律」制定。離婚法制定	
1986		サンディニスタ国家警察が LGBT 集会を検挙
1987	憲法改正	
1988		保健省の AIDS プロジェクト CEP-CIDA 設立
1989.7.19		LGBT パレードを革命広場で実施
1990	チャモロ政権発足〜1996 年	
1991		「52％の祭典」に LGBT ブース開設 フェミニズム組織「出会いの場」設立
1992		刑法 204 条（ソドミー法）発効「偏見のない性的自由」（Sexualidad Libre de Prejuicios：SLP）開催
1993		「偏見から自由なセクシュアリティ」文化行事 初のレスビアン文化雑誌『クローゼットの外で』（Fuera del Closet）発行
1997	アレマン政権発足〜2002 年 FSLN 幹部の汚職が発覚。MRS 設立	
2001		「出会いの場」によるテレビ番組「第六感」(Sexto Sentido) の放送開始
2002	ボラーニョス政権発足〜2007 年	
2006		MAM 主催の「LGBT 選挙フォーラム」開催
2007	第二次オルテガ政権発足 人工妊娠中絶罰則化	
2008	刑法 204 条（ソドミー法）廃止。「権利と機会の平等法」制定	
2009		人権裁判所の中に性的多様性オンブズマン (PEDS) を設置
2010		ニカラグア DIVERSEX 映画週間開催
2011		「国際レズビアン・ゲイ・プライドの日」開催
2012	第二期オルテガ政権発足。女性への暴力に対する総合法」制定	政府が後援のミス・ゲイ・ニカラグアコンテスト開催、Cine Diversex Nicaragua2012 映画週間開催
2014	大統領非再選規定廃止。家族法制定	
2017	第三期オルテガ政権発足。副大統領にロサリオ・ムリージョ就任	
2018	社会福祉制度改革に対する抗議デモ。全国ユニット「青と白」結成。テロリズム法成立	
2021	選挙改革とオルテガ再選	
2023	米州機構脱退	

はじめに

　ニカラグアは、中米地峡地域に位置する人口約 695 万人の小国である［World Bank 2022］。地峡地域では最も面積が広く、中央にニカラグア湖とそこから流れる川が太平洋、大西洋の両方に注いでいる。米国にとってのニカラグアの地政学的な意味合いが、大国の政治干渉とそれにともなう内戦という人災を引き起こして来た［1］。さらに、追い打ちをかけるように、地震や台風による天災に見舞われてきた［2］。そして、現在も左翼政党の変質による政治的混乱の渦中に置かれている。

　米国を後ろ盾として 1937 年から 1979 年まで 43 年に及んだソモサ独裁政権による抑圧、それに対する民衆の抵抗と 1979 年のサンディニスタ（ニカラグア）革命、そして米国の干渉による 1983 年から 1990 年までの内戦と革命の崩壊、1990 年から 2006 年までの親米新自由主義政権への移行と汚職による腐敗、さらに革命政府を率いたダニエル・オルテガ大統領（Daniel Ortega）の 2007 年の返り咲きとその後のオルテガ政権の独裁化へと揺れ動く政治状況の中で、そこに暮らす人々は過酷な歴史に巻き込まれてきた。ニカラグアに暮らす性的マイノリティの人々も、また、例外ではない。ニカラグアの性的マイノリティの人々は、そうした中で性的権利を求める運動を続けてきた。

　ニカラグアの LGBT 研究には、ニカラグア独特のホモセクシュアルの概念に関する研究［Lancaster 1994; Welsh 2014］があるが、研究の主流をなすのは、ニカラグア革命以降のジェンダー・ポリティクスを分析する中で、LGBT の権利運動を対象としたジェンダーの視点をもつ研究である。ソモサ独裁政権

---

〔1〕1856 年に米国出身のウィリアム・ウォーカーがニカラグアの内紛に乗じて大統領に就任し、米国に有利な土地取得法を制定した。1927 〜 1933 年には、米国の海兵隊が内戦を口実に侵入した。海兵隊の侵入に対して蜂起したサンディーノ将軍は 1934 年に米国が創設した国家警備隊長アナスタシオ・ソモサに暗殺された。その後、ソモサはクーデターを起こし、43 年にわたりソモサ一族が米国の後ろ盾を得て独裁政権を維持した。1979 年にソモサ独裁政権を打倒したサンディニスタ民族解放戦線によるニカラグア革命が開始されたが、米国はニカラグアに経済封鎖を行い、ホンジュラスに基地を置く反革命勢力コントラに資金援助をあたえた。内戦は、1983 年頃から本格化し、1990 年にチャモロ政権が発足するまで続いた。
〔2〕1972 年と 2014 年にマナグアで地震が発生した。1972 年のマナグア地震では災害に対する国際支援をソモサが着服した。また、1998 年のハリケーン・ミッチによる災害援助も当時のアレマン大統領が着服した。

を打倒したサンディニスタ革命がいかなるものであったのか、LGBT の人々が置かれた性的マイノリティとしての立場から政権のもつ家父長制的な体質が分析されている［Randall 1981, 1994; Babb 2001, 2004, 2009, 2019; Montoya 2012］。また、新自由主義政権時代のソドミー法下での LGBT 運動の展開［Howe 1999; 2003, 2013a］と第二次オルテガ政権を政治的視点から分析した一連の研究［Habson 2012; Heumann 2014; Kampwirth 2014, 2022; Babb 2019］がある。加えて、国際的支援を受けた性的マイノリティの NGO が調査報告書［GEDDS 2010; CEJIL 2013］を刊行している。

　本章では、1 節においてニカラグアにおける LGBT 運動の権利保障について、①ニカラグアの政治状況の中での LGBT 運動形成の経過、②宗教と LGBT 運動との関係、そして③現在のニカラグアにおける権利保障と法整備、④ LGBT コミュニティと関連する市民運動の順に述べ、最後に 2 節において LGBT 運動とフェミニズム運動の関係に焦点を当てて、政局に巻き込まれて揺れ動くニカラグアの LGBT 運動の特徴について分析する。

1.　ニカラグアにおける LGBT の権利保障

（1）LGBT 運動と政治

ニカラグア革命以前

　植民地時代のニカラグアは、ヌエバ・エスパーニャ副王領のグアテマラ総督領の一部だった。植民地時代を通じて、異端審問でソドミー罪により罰せられたのはそれほど多くはなかった[3]。その後、1838 年にニカラグア共和国が独立したが、それ以降はソドミー罪は適用されていない。

　一方、ニカラグアでは、ゲイ・レズビアンという概念が定着する以前にも男性同士の同性愛者コチョン（cochón）に対しての差別は存在した。西欧のホモフォビアとは異なり、男性同士の場合に受身的な女性役割をはたす側に対する差別である。男性／女性という二項対立構造は、男性同士の性愛関係においても男らしさ／女らしさ、能動／受動、名誉／恥などの権力構造

---

[3] 1536 年にソドミー罪で火あぶりに処せられた事例が一件とリバスで 1786 年に「自然に対する汚らわしい罪により」起訴された報告が残されている［CEJIL 2013:168］。

に組み込まれ、男性の役割をになう側は権力を行使するマチョとして容認されるが、女性の役割を担う側はコチョンと呼ばれ、侮蔑の対象となっていた [Lancaster 1994]。

　他方、ソモサ一族による独裁時代（1937 ～ 1979 年）には、性的マイノリティの人々に対する一貫した政策はなく、ある種の寛容がみられたとバッブ [Babb 2019: 167] は述べている。ソモサ一族は、米国を後ろ盾として国家警備隊を使った強権政治により 43 年間にわたりニカラグアを支配した。ソモサ一族や政府の高官、国家警察が有名なゲイクラブ「あひるの池」（Charco de los Patos）や「白鳥の湖」（Swan Lake）に出入りしていた [Howe 2013: 3]。一方で、レズビアンを含めそのほかの性的マイノリティの人々はほとんど不可視化されていた。

ニカラグア革命期（1979 年～ 1990 年）

　サンディニスタ民族解放戦線（Frente Sandinista de Liberación Nacional: FSLN）は 1979 年に革命を達成した。FSLN は、ソモサ時代のマチスモ的な家父長制に対して、家庭内のジェンダー役割を取り払った平等な男女労働者と子どもから構成される近代家族を基礎単位として社会を構成しようと考えた [4]。また、同性愛をソモサ一族と資本主義の倫理的な退廃の象徴として糾弾した。一方で、FSLN 政府と LGBT コミュニティとの関係は、FSLN 内においても個人レベルでの対応がさまざまで、第一次サンディニスタ政権時代の性的マイノリティに対する政策は一貫したものではなかった。しかし、米国の支援を受けた反革命軍コントラとの内戦が激化する中で、次第に FSLN は政治的統制を強化していき、その影響は統制から外れていた LGBT コミュニティにもおよんだ。

　ソモサ独裁政権に対する革命闘争には、多くのゲイ・レズビアンの人々が加わったといわれている。初期においては、革命政府は FSLN を支持するかぎりゲイやレズビアンの人々を性的指向と切り離して党に受け入れていた [Kampwirth 2014: 321]。FSLN の内部でも、指導者個人により性的マイノリティの人々への対応は様々だった。革命を率いた最高司令官のトマス・ボルヘや内務省では、ホモフォビアや言葉による暴力がしばしば見受けられた。キリ

―――――――――
[4] 第一次サンディニスタ時代の家族政策、男女平等政策に関しては、松久 [1992] を参照。

スト教基礎共同体〔5〕の指導者であり文化相を務めたエルネスト・カルデナルは、ゲイ・レズビアンに対する迫害に反対だった。1980年代に文化省内部のホモセクシュアリティをめぐる対立から多くの性的マイノリティの人々が文化省を去り、後に副大統領となるロサリオ・ムリージョ（Rosario Murillo）が率いた「文化労働者サンディニスタ協会」（Asociación Sandinista de Trabajadores de Cultura: ATC）に参加した［Kampwirth 2022: 51］。

　こうした状況の中で、性的マイノリティのサンディニスタたちは、性的指向と性自認を隠し「クローゼット」の中で生きていたが、次第にゲイ、レズビアンの60人前後のグループが集会を個人宅で開くようになった。1986年にマーサ・サカサ（Martha Sacasa）とアーミィ・バンク（Army Bank）がマナグア市のセントラルパーク近くに家を借り、ホエル・スニーガ（Joel Zuñiga）、リタ・アラウス（Rita Aráus）、ルピータ・セケイラ（Lupita Sequeira）、マルコス・ゲバラ（Marcos Guevara）などのLGBT活動家たちと交流した。この最初のグループは、ほとんどがサンディニスタの党員か支援者であったが、無許可で集会を開いたことを理由に、1987年3月にサンディニスタ国家警察が会合に参加していた主だったリーダーたち30名を尋問し、指紋をとり、ビデオ撮影して、一時的に刑務所に拘束した。同日に釈放されたが、リーダーのひとりであるL.セケイラは、無理矢理カミングアウトさせられた。それはFSLNの統制外にあるゲイ、レズビアンの人々への明らかな圧力だった。FSLNの活動家や支持者だったこれらの人々は、マイノリティ集団への抑圧が知られることにより、国際世論においてサンディニスタ革命の正当性が疑われることを恐れ、この出来事を口にすることを1990年代まで避けた〔6〕。

　1987年に、北アメリカ保健コロキアム第5回ニカラグア大会がマナグアで開催され、その年に最初のエイズ感染者がニカラグアで報告された。保健省の大臣ドラ・テジェス（Dora Téllez）〔7〕はJ.スニーガに連絡をとり、予防教

〔5〕カトリックの司祭たちの間で被抑圧者の視点からキリスト教を再解釈し、差別構造に挑戦する「解放の神学」の考え方にもとづき形成された共同体である。ニカラグアでは、ソモサ独裁政権に対するサンディニスタの武力闘争を被抑圧者の解放を目指す意識化の教育運動を通じて支援し、サンディニスタ革命に協力した。
〔6〕この事実は、1980年代後半に米国から戻ったレズビアンでフェミニストの活動家リタ・アラウスへのランドール（Randall）によるインタビューの中で、FSLNが選挙で敗北した1990年以降に初めて明らかにされた。
〔7〕サンディニスタ革命ではゲリラ闘争に参加し、国会を占拠し政治犯の解放を達成した時の司令

4章　ニカラグア　　165

育に性的マイノリティの人々の協力を求め「人民エイズ教育集団」(CEP-SIDA)
を設立した。FSLN 幹部のトマス・ボルヘは、保健相テジェスに、エイズ感
染者のリストを渡すように要求したが、テジェスはそれを拒否し、エイズ予
防教育活動家を保護した。

　ゲイ・レスビアンの活動家が、最初に集団で公の場に姿を現したのは、
1989 年の第 10 回革命記念日だった。7 月 19 日にピンクの三角形を胸に描い
た黒の T シャツ姿で 50 名ほどのサンディニスタの人々が革命広場を行進し
た [Babb 2001: 232]。ピンクの三角形は、ナチスがホモセクシュアルの人々に
着用させた囚人服に記された世界的に通用するシンボルである。これを用い
ることで、この行動は国際連帯を意識したと言われている。また、当時は性
的マイノリティの運動がレズビアンとゲイに分断されていたが、この行動を
通じて連帯しようとした。R. アラウスに率いられたエイズ教育の NGO もセ
ントラルアメリカ大学に隣接した場所で、踊るコンドームのロゴを掲げて行
進した。

ソドミー法下での LGBT 運動（1990 ～ 2006 年）

　1990 年の大統領選挙において FSLN が敗北し、替わってビオレタ・チャ
モロ率いる野党連合（Unión Nacional Opositora: UNO）が政権を握った。親米、保
守派のチャモロ政権（1990 ～ 1996 年）は、構造調整を行い新自由主義経済を
推し進めた。新自由主義政権は続くアレマン大統領（1997 ～ 2002 年）、ボラー
ニョス大統領（2002 ～ 2007 年）に引き継がれた。その間に、貧富の格差は拡
大し、カトリック教会の影響力が再び強化され、社会全体が保守回帰した。
新自由主義政権の発足とともに、亡命していた人々が米国から帰還した。そ
の中のマイアミボーイズと呼ばれるゲイの人々が、帰国後ゲイ・バーやゲイ
の文化イベントを開催した。チャモロ大統領は、カトリック教会の圧力で、
同性愛を罰則化するための刑法 204 条（ソドミー法）を国会に提案した。国会
での評決は、賛成 43、反対 42 だったが、同性愛に対する賛否よりは、サンディ
ニスタと反サンディニスタの対立を反映したもので、FSLN は同性愛擁護の

官の一人であり、革命後は女性兵士が排除されていく中で革命の英雄としてサンディニスタ軍に
残り、要職に就いた。1995 年に FSLN とたもとを分かち、セルヒオ・ラミーレスとともに「サン
ディニスタ革新運動」（MRS）を設立した。

立場に回った。

1992 年に発効した刑法 204 条（ソドミー法）は、同性愛者の性的行為を禁ずるだけでなく、それを「不適切に誘発、助長、宣伝する」ことも性的犯罪として罰則の対象とし、1 年以上 3 年以下の禁固刑を科した。刑法 204 条により処罰されたのは、一件のみだったが[8]、ニカラグア社会においてホモフォビアを増長し、結果として性的マイノリティの人々への差別や暴力を正当化する規範的な影響は大きかった [CDDS 2010: 170]。次のアレマン政権は、米国のプロテスタント福音派やニカラグアのカトリック教会と結びつき、人工妊娠中絶に反対するキャンペーンとともに、同性愛は反道徳的と宣伝した。続くボラーニョス政権も、LGBT の疑いがある人々のリストを作成し、政府の役職から外すなど、性的マイノリティの人々に対する差別が続いた [Howe 2013a: 49]。

2006 年 11 月の大統領選挙では、「自立する女性運動」（Movimiento Autónomo de Mujeres: MAM）が後援して、「LGBT 選挙フォーラム」を開催した。アレマン、ボラーニョス両大統領が所属した「立憲自由党」（Partido Liberal Constitucional: PLC）と FSLN は参加しなかったが、左派政党が 2 党参加した。ひとつは、「市民運動党」（Paritdo Alternativa por el Cambio: PAC）で、党から大統領に立候補したノーマン・グティエレス（Norman Gutiérez）が個人の資格で参加した。グティエレス は、1980 年代の最初のゲイ・レズビアン運動に参加し、国会議員時代に「エイズ予防・教育センター」（Centro para la Educación y Prevención de Sida: CEPRESI）のディレクターを務めた人物であり、ゲイであることを公表して立候補した。もうひとつは、1995 年に FSLN から離れたサンディニスタによって結成された「サンディニスタ革新運動」（Movimiento de Renovador Sandinista: MRS）である。「サンディニスタ革新運動」は、フェミニズム組織、特に「自

---

〔8〕 204 条が適用されたのは、マサヤ県に居住する女性ラウラ・ロサ・パボン（Aura Rosa Pavón）のみである [CJI 2013: 170]。権力者ダニエル・ノロリは妻のカルラ・ムニョス（Karla Muños）とレズビアン関係にあったパボンをカルラの母親を使って告訴した。ノロリは妻カルラより 40 歳年上で、カルラの母親はノロリから金銭的援助を受けていたため、パボンとカルラの関係を望まず、パボンを刑務所に送ることを選んだ。カルラの母親はノロリの側にたち、パボンを訴え、1999 年に有罪とされた。パボンは、フェミニストたちの協力で刑を早く終了したが、釈放後ノロリにより殺害され、トイレに捨てられた。数か月後に遺体が発見され、ノロリと母親はパボン殺害により逮捕され、20 年の刑が宣告されたが、3 年後に釈放された。二人が釈放された後で、カルラは自殺した [Kampwirth 2022: 124]。

立する女性運動」（MAM）ともっとも近い関係にあり、「サンディニスタ革新運動」の3人の国会議員候補者が参加した。「サンディニスタ革新運動」は、党綱領にLGBTの権利を入れ、ゲイ、レズビアンの人々を組織化しようとした［Kampwirh 2022: 166］。

第二次サンディニスタ政権時代（2007年～現在）

　2006年の大統領選挙ではオルテガ現大統領が辛勝し、2007年1月からFSLNは再び政権の座に返り咲いた。オルテガ大統領は、その後、大統領任期を1期5年と定めた憲法を改正し、現在4期目を務めている。その間に、直接民主主義を提唱し、民衆を「市民政府」に組織して支持基盤としてきたが、次第にFSLN支持者を優遇するクライエンティズムが強まってきた。オルテガ大統領は、就任後の2008年に刑法204条（ソドミー法）を廃止し、その後、LGBT運動は急速に発展した。性的マイノリティ擁護の姿勢をとっているが、同性婚などの実質的な権利の制度化は全く進んでいない。

　2018年に、ニカラグア社会保険庁（Instituto Nicaragüense de Seguridad Social: INSS）が財政危機に直面し、オルテガ大統領は年金改革を実施しようとした。これに対して市民が猛反発し、大学生を中心とした抗議デモがマナグア他6都市で起こった。抗議運動はさらに拡大し、警察とサンディニスタ青年部が武力弾圧を加え、デモに参加した26名が死亡した。4月22日に社会保険法改正令が取り消され、事態は一旦沈静化したかにみえたが、5月中旬以降、反政府派の大学生への弾圧を機に暴動が再燃した。米州人権委員会の報告によれば、暴動による2018年10月までの累計死者数は少なくとも325名にのぼった［Buben 2020］。その後も、オルテガ政権への批判はおさまらず、2018年9月には、政府は政治デモを非合法化し、2019年にはあらゆる集会・デモを禁止した。2021年にオルテガ政権を批判する「全国ユニット青と白」（Unidad Nacional Azul y Blanco: UNAB）が結成され、LGBTコミュニティもこの市民闘争に参加した。LGBTパレードの中心的主催組織である「人権をもとめる性的多様性イニシアティブ」（Iniciativa desde la Diversiad Sexual por las Derechos Humanos: IDSDH）は、「民主主義と正義のための市民連合」（Alianza Cívica por la Justicia y la Democracia）を支持し、プライド・パレードは中止された。

2021 年の大統領選挙では、選挙前の 5 月までに、法律 1055「国民の権利保護法」(Ley de Defensa de los Derechos del Pueblo) により、大統領候補者となりうる 7 名を含め、39 人を警察が逮捕し、立候補を事実上妨害した。同年 10 月までに 159 人が逮捕された [Buben 2020]。その中には、「青と白」(UNAB) の関係者も含まれた。2021 年 11 月 7 日に行われた大統領選挙では、2 位に大差をつけてオルテガ大統領が 4 期目の当選を果たし、長期政権を維持している。一方で、選挙を監視する市民団体は、有権者の 85％が棄権したと伝えている [『毎日新聞』2021 年 11 月 10 日]。

スペインの植民地時代以降、ソモサ時代と第一次サンディニスタ政権時代にも同性愛者に対する一貫した政策は存在せず、同性愛の存在自体をクローゼットに押し込めてきた。しかし、第一次サンディニスタ時代にはエイズ感染を機に LGBT 運動の萌芽がみられた。一転して、新自由主義政権時代にはカトリック教会の圧力の下で刑法 204 条（ソドミー法）が施行され、LGBT 運動は地下で活動せざるをえなかった。その後、オルテガ大統領が再選された第二次サンディニスタ政権時代には、刑法 204 条が廃止され、LGBT 運動は息を吹き返した。しかし、2018 年危機以降、オルテガ政権に批判的な市民組織への弾圧は激化し、オルテガ政権を批判する LGBT コミュニティへの対応は激変した。

（2）宗教と性的マイノリティ

ニカラグアは、1893 年に自由主義派のホセ・サントス・セラヤが大統領となって以来、憲法において政教分離が掲げられているが、これまでカトリック教会は保守勢力の中核として大きな政治的影響力を持ち、政教分離の原則は実際には守られていない。

ニカラグア人口にキリスト教徒の占める割合は、83.2％で、そのうち 50％がローマ・カトリック、33.2％をプロテスタント福音派（Evangélicos）が占める（2019 年）。その他のキリスト教諸派または他の宗教の割合は 2.9％、特にどの宗教への所属も明らかにしていない割合は 13.2％、無宗教 0.7％であ

4章　ニカラグア　　169

る〔9〕。

　歴史的にも、カトリック教徒の割合が最も高く、カトリック教会は大きな政治的影響をもってきた。1980年代から90年代のサンディニスタ革命の過程で、カトリック司祭のエルネスト・カルデナルらが率いるキリスト教基礎共同体が革命を支持し、カルデナルはサンディニスタ政権の閣僚を務めた〔10〕。こうした伝統的カトリック教会の分裂をまねく動きに対して、大司教ミゲル・オバンド・イ・バンド（Miguel Obando y Bando）はカトリック教会のヒエラルキーが崩れることに危機感をもった。1983年3月4日のローマ教皇ヨハネ・パウロ二世によるニカラグア訪問を機に、ニカラグアのカトリック教会におけるオバンド司教の支配体制は強固になり、バチカンにより初のラテンアメリカ出身の枢機卿に任命された。次第に、大司教オバンドによりカトリック教会の保守的立場が強化され、1990年の大統領選挙においても野党連合UNOとその候補者ビオレタ・チャモロへの支持を鮮明にした。チャモロ政権下での刑法204条（ソドミー法）は、教会と政治の密接な関係を示すものだった。1996年の大統領選挙においても大司教オバンドは、アレマンを積極的に支持し、大統領となったアレマンが汚職疑惑で拘留された時には沈黙を守った。

　3期にわたる大統領選挙で敗れたFSLNのオルテガは、政権奪還のためカトリック教会に接近し、手を結んだ。内縁関係にあった現副大統領のムリージョとの結婚式を大司教オバンドの立会いのもとで教会で行い、それまでの内縁関係を謝罪した。2006年11月5日の大統領選挙に先立ち、カトリック教会は、10月6日に、国会前で大規模な人工妊娠中絶反対のデモを展開した。当時の大統領ボラーニョスは、2006年10月に国会に治療的中絶の罰則化の法案を提出した。審議の結果、賛成52、反対0票（棄権9、欠席29）であらゆる人工妊娠中絶は罰則化された（Código Penal no.641）。母体に危険を伴う妊娠に対する人工妊娠中絶を認める法律は、第一次サンディニスタ政権により制定されたものだったが、今回はFSLNが反対せず、カトリック教会とオルテガの和解が成立した。2006年11月の大統領選にオルテガが勝利すると、首

〔9〕　World atlas n.d. "Religious Beliefs in Nicaragua", https://www.worldatlas.com/articles/religious-beliefs-in-nicaragua.html（2024年6月1日閲覧）
〔10〕　Ernseto Cardenal が文化相に、Miguel D'Escoto が外相に就任した。

都の大聖堂でオルテガ大統領の誕生日が祝われ、大統領当選を祝福するミサが行われた。カトリック教会とオルテガ大統領の和解の結果、母体に危険を伴う妊娠に対する人工妊娠中絶は非合法化されたまま、一方で刑法 204 条（ソドミー法）は廃止された。二つの法律は、カトリック教会の利害と相反するように見えるが、フェミニストを封じ込めるための補完的な関係にある。カトリック教会は人工妊娠中絶の合法化を進めたフェミニストを敵視し、オルテガ大統領は LGBT コミュニティを手なづけ、オルテガ大統領を批判するフェミニストと LGBT コミュニティを離間させることにより、フェミニズム運動の弱体化を図ろうとした。

　第二の宗教勢力であるプロテスタント福音派は、19 世紀からニカラグアで活動を開始し、20 世紀には次第にその勢力を拡大した。特に、アレマン大統領時代に勢力を伸ばした［Howe 2013b: 49］。2007 年の大統領選挙では、福音派も、あらゆる人工妊娠中絶の罰則化に賛成したオルテガ候補を支持した。

　性的マイノリティの人々を擁護するニカラグアのメトロポリタン・コミュニティ・チャーチは、1992 年に設立された。ゲイ・レズビアンの聖書研究会のグループ SHOMOS が設立の母体となった。米国の活動家 T. マシュー（T. Mathews）が聖書研究会のグループを援助して、聖書研究会のニカラグア人活動家 6 人がアカプルコで開催されたラテンアメリカ・カリブ海地域国際 LGBTI 連盟（Asociación Internacional de Lesbianas, Gays, Bisexuales, Trans e Intersex: ILGA）に参加した。ILGA で、ニカラグアの活動家たちはメトロポリタン・コミュニティ・チャーチの聖職者に出会い、後に 20 〜 30 名の男女がニカラグアにコミュニティを設立することを決定し、「平和と喜びメトロポリタン・コミュニティ・チャーチ」（Iglesia Metropolitana de la Comunidad "Paz y Alegría"）と命名した。1992 年から教会の会合をもち、他のローカルグループやフェミニズム組織「女性」（SI MUJER）、「サンディニスタ英雄と殉教者の家」とともに活動した。メトロポリタン教会は、エイズ予防活動やゲイパレードなどの活動を支持し、1990 年代には最大のゲイ・コミュニティのひとつとなった［Kampwirth 2022: 126］。

　2018 年以降にオルテガ大統領とカトリック教会およびプロテスタント福

音派との関係は決定的に変化した。カトリック教会は、オルテガ政権による暴力を批判する立場をとった。それまで政権と市民社会の対話の仲介役を果たしていたカトリック教会に対しても弾圧が及び、司教や司祭の逮捕や自宅軟禁が行われている。さらに、カトリック教会の銀行口座を封鎖して教会活動を妨害し、教会の閉鎖を意図した。聖週間の宗教行列も禁止し、ミサを教会内で行うことのみを許可した（*El Mundo*, 27 de mayo 2023; *El País*, 23 de diciembre 2023）。プロテスタント福音派の政府批判に対しても、同様の措置をとっている。オルテガ政権は、2023年3月にバチカンとの国交を停止し、2024年にはカトリック司祭を国外追放した。

　ニカラグアでは、カトリック教会の他に、近年プロテスタント福音派が勢力を伸ばしている。また、性的マイノリティを受け入れるメトロポリタン・コミュニティ・チャーチも存在するが、その中でカトリック教会は、歴史的にもニカラグア政治に最も大きな影響を与えてきた。大統領選挙では、カトリック教会の影響下にある保守層を取り込むことがその結果を左右した。フェミニズム組織は人工妊娠中絶をめぐり、カトリック教会やプロテスタント福音派と敵対関係にあったが、オルテガ大統領はフェミニズム組織を切り捨てることでカトリック教会と手を結び、2006年の選挙で勝利した。また、刑法204条（ソドミー法）を廃止することにより、LGBTコミュニティとフェミニズム組織の離間を図り、オルテガ大統領に批判的なフェミニズム組織を弱体化させようとした。

（3）LGBTの権利保障と法整備
性的マイノリティへの差別と暴力

　ニカラグアでは、性的マイノリティに対する差別と暴力は他のラテンアメリカ諸国に比べ、統計的にはそれほど顕在化していない。理由として、ニカラグアの法制の中に性的指向やジェンダー・アイデンティティにもとづく嫌悪の罪の概念がなく、そうした犯罪を同定するための規準がないことがあげられる。

　そうした中で、「性的多様性の人権をもとめる戦略グループ」（Grupo Estratégico por los Derechos Humanos de la Diversidad Sexual: GEDDS）が当事者自身によ

る調査を行った。調査では、性的マイノリティの人々が直面する問題として、人権侵害や心理的、身体的、性的抑圧を含む直接的な暴力のほかに、警察による権威主義的対応、カトリック教会によるスティグマ化、差別、家族関係、経済的機会からの排除、教育と保健への参入への障害、キリスト教会などの個人の精神生活への参加への障害があげられている。GEDDS のインタビューを受けた 1,295 人の性的マイノリティのすべてが学校で差別された経験をもち、48.5％が家族内で、22.9％が労働の場で、11.7％が保健・医療機関で差別を受けたと回答している［GEDDS 2010: 21］。

　貧困層が大多数を占めるニカラグアでは、生活を支えあう拡大家族が一般的であり、性的マイノリティの人々が独立して生活を営むことは難しく、カミングアウトすることで家族内での差別を受ける可能性が高い。学校における教員や学校関係者による差別は、特にトランス女性に厳しいものである。学校では、スカートやドレス、長い髪などが禁止された。トランス女性は、しばしば小学校で中退してしまう。その結果、学歴が低く、雇用機会も限定される。特に、失業率の高いニカラグアでは、トランス女性は雇用機会が乏しい。2015 年の平均失業率は 11.5％だったが、LGBT の失業率は 26.6％に上っている。LGBT の人々の貧困率は高く、4 分の 3 以上は一日 2 ドル以下で生活していた［Crane 2015: 11-12］。

　また、トランス女性は、可視化されやすいために最も暴力の対象になりやすい。インタビューを受けたトランス女性 245 人中 79.5％が性的指向を理由に暴力を受けたと回答している．また、レズビアンの 49.8％、ゲイの 44.6％、トランスジェンダーの男性 36.4％、バイセクシュアルの 19.4％が暴力を受けたことがあると回答している［GEDDS 2010: 22］。暴力を受けやすい場所は、街中 66.1％、家庭 20.8％、学校 6.8％、職場 6.3％である［GEDDS 2010: 23］。また、教会で同性愛を罪とみなすことは、スティグマを助長している。異性愛以外の性的指向を「正常」状態の逸脱、あるいは病理的現象とみなすことがニカラグアの文化に根付いている［CEJIL 2013: 175-176］。

性的マイノリティに対する法的・制度的保護

　ニカラグア憲法では、法の前の平等（27 条）、個人の自由（25 条、30 条）、

尊厳のある私生活（26 条）が保障されている。国家は、あらゆる搾取、差別、排除から個人を保護する義務がある（4 条）。オルテガ大統領は、再選後に刑法 204 条（ソドミー法）を廃止するとともに、性または性的指向による差別を禁ずる第 36 条を追加した。また、136 条は、性的選択による雇用差別に対して、6 か月から 1 年の禁固刑、あるいは 90 日から 150 日分の罰金を科している。また、「権利と機会均等法」（Ley de Igualdad de Derechos y Oportunidades [Ley No. 648, 289 y la Resolución Ministerial No.249-2009]）により、差別の禁止がうたわれているが、同性婚やジェンダー・アイデンティティの変更を認める法律は国会で議論されてもいない。

　性的マイノリティの人々の人権を擁護する機関として、2009 年 11 月 30 日に「人権擁護裁判所」（Procuradría para la Defensa de los Derechos Humanos: PDDH）が、「性的多様性オンブズマン」（Procuradría de Diversidad Sexual: PDDS）を設立し、レズビアンであることを宣言したマリア・サミラ・モンティエル（María Samira Montiel）を任命した。また、2009 年に厚生省で性的マイノリティの権利擁護に対する決議がされた。FSLN 青年部では、2010 年に「性的多様性をめざして」（Por la Diversidad Sexual）の青年運動を開始し、FSLN 青年部のすべての事務所に性的マイノリティグループの場を設置するなどの政策が実施された。しかし、2014 年成立した家族法は、カトリック教会の影響が色濃く表れた伝統的家族回帰を目指したものだった。家族法では、家族は「社会の基盤となる核」であり、「婚姻は男女の間でのみ存在する」（家族法、LEY No.8701, 36 条）とされ、同性のパートナーによる養子を禁じている（同、239 条）。家族法では、家族モデルをヘテロセクシュアルな核家族とし、ニカラグアで多くの部分を占める単親家族や性とセクシュアリティの多様性に目配りがされていない。

（4）市民社会と LGBT 運動
2007 年までの LGBT 組織

　第一次サンディニスタ政権下で、国民はニカラグア革命に動員され、市民組織や市民運動が自律的に活動する余地はほとんどなかった。1990 年にチャモロ政権が発足すると、FSLN からの束縛が取り払われ市民運動が活発化した。新たに自律的なフェミニズム運動が生まれ、LGBT 運動もフェミニ

ズム組織と連携して活動を展開した。アレマン大統領時代に、中米を襲った1998年のハリケーン・ミッチによりニカラグアは甚大な被害を受けたが、国際援助の受け皿として市民組織が活躍した。海外支援に対応するために、「市民コーディネーター」を中心にNGO間の連帯が形成された。「性的多様性ネットワーク」（Red Temática de la Diversidad Sexual）はレズビアン・ゲイ組織を支援するネットワークを形成したが、その際にフェミニズム組織「出会いの場」（Puntos de Encuentro）や「アカゥアル女性組合」（Asociación de Mujeres Acahual）が重要な役割を担った。

1990年代から2006年までに設立されたLGBT組織は、1980年代の最初のサンディニスタのグループと「人民エイズ教育集団」（CEP-SIDA）から派生し、1990年代に設立されたものが多い。1993年に性的マイノリティ自身により初めて全国のLGBTコミュニティの調査が行われた［Kampwirth 2022: 146］。その報告によれば、LGBTコミュニティは全国に存在するが、多くは弱小組織で、刑法204条（ソドミー法）下で組織的な活動や組織間の連携はできなかった。性的マイノリティの人々よるNGOは、エイズ予防と性的マイノリティの権利を掲げているものがほとんどである［USAID 2014: 49-52］。エイズ予防教育関係の組織にはCEPRESI、1990年に設立された「ミネゥアツィン財団」（Minehuatzin）と「ショチケツァル財団」（Fundación de Xochiquezal）がある［Howe 2013b: 62-63］。

1993年に設立された「暴力に反対する男性グループ」（Grupo de Hombres contra Violencia）は、「出会いの場」や他のフェミニズム組織の支援を受けて、2003年にNGOとなった。「新しい希望」（Una Nueva Esperanza）は、マナグア市内の有名なゴミ処理場の近くに根拠地をもつ「アカゥアル」[11]とともに活動し、アカゥアルの支援でNGOとしてスペインの補助金を獲得し、エイズ予防活動を展開している。「新しい希望」や「レズビアン集団アルテミサ」（Grupo Lésbico Artemisa）から二つのトランスジェンダーのグループ、「カメナス・トランス」（Camenas Trans）と「マナグア・トランスゲイ運動」（Movimiento Trans Gay de Managua）が誕生した。初めてトランスジェンダーの権利を主張

〔11〕アカゥアルは1993年設立され、死亡率の高いゴミ処理場の人々を対象にジェンダー、人権、暴力に関するワークショップを開催し、プロモーターの育成、女性のための小規模ローンを行っていた組織である。

した「都市圏ゲイ・レズビアン・トランス運動」（Asociación Movimiento Gay Lésbico Trans Inter Municipal: AMGLIM）は、「出会いの場」、CEPRESI、「ミネゥアツィン」などの幅広い市民組織の支援を得て NGO となった。AMGLIM から分かれた「ニカラグア性的多様性の権利のための協会」（Asociación por los Derechos de la Diversidad Sexual Nicaragüense: ADESENI）は、トランスジェンダーの人々によって率いられた初めての NGO だった。「グループ・サフォ」（Grupo Safo）はレズビアンによって設立された組織である。メンバーのサミラ・モンティルは、最初の「性的多様性オンブズマン」となった。

　刑法 204 条の下で、フェミニズム組織は LGBT グループへの財政支援、性的マイノリティの権利に関する教育キャンペーン、ロビー活動や抗議活動などを通じて、LGBT 運動に重要な役割を果たした［Kampwirth 2022: 132］。

2008 年から 2018 年までの LGBT 組織および関連組織

　2008 年に刑法 204 条（ソドミー法）が廃止されると、性的マイノリティの人々は逮捕の恐れがなくなり、自由に活動することが可能になった。2007 年から 2017 年までの間に 50 以上の組織があらたに形成されたが、これらの組織の 80％は 3 年たらずで消滅した［Crane 2015: 17］。

　これらの組織は、大きくふたつのグループに分けることができる。ひとつは性的マイノリティの統一的な運動を目指すグループで、もうひとつはセクシュアル・アイデンティティを前面に出した独立的グループである。統一的な運動を目指すグループは、それぞれのセクシュアル・アイデンティティに対する差別の根は同じだと考え、共通の性的マイノリティの権利を求める。これらの組織には、「人権を求める性的多様性イニシアティブ」（IDSDH）、「持続可能な開発ネットワーク」（Red de Desarrollo Sostenible: RDS）、「変革のエージェント」（Agenda de Cambio）がある。IDSDH は、2006 年に設立され、刑法 204 条（ソドミー法）の廃止に向けて活動していた。RDS は、毎年、ゲイのプライド・パレードを企画・開催し、参加グループの調整役をしてきた。また、30 の LGBT 組織の統一アジェンダ「最小アジェンダ」（Agenda Mínima）を策定し、ジェンダー・アイデンティティ法に向けて活動している。「変革のエージェント」は、性的マイノリティの人々の意識化のためのラジオ番組、テレビ番組の制作や、

性的多様性オンブズマンと協力して警察や保健関係者への講習を行っている。一方の独立系のグループは、ゲイ、レズビアン、トランスジェンダーでは直面する問題は同じではないと感じ、自分たち自身の問題に取り組むことを優先するグループである。「サフォ」、「ニカラグア・トランス協会」(Asociación Nicaragüense Trans: ANIT)、「オペレーション・クイア」(Operación Queer: OQ)、アルテミサなどである。

　ニカラグアの LGBT 組織は、フェミニズム組織や国際 NGO などから資金提供を受けている。カンプワース［Kampwirth 2022: 215］によれば、国内の主要な資金提供組織として 3 つの組織がある。「中米女性基金」(Central American Women's Fund: FCAM)、「ジェンダー平等と性的権利、リプロダクティヴ・ライツ基金」(Fondo para la Equidad de Género y los Derechos Sexuales y Derechos Reproductivos: FED)、「国際研究センター」(Centro de Estudios Internacionales: CEI) である。「中米女性基金」は、2003 年に自律的フェミニスト運動のプロジェクトとして、マナグアで設立され、117 の組織に資金援助をしている。「ジェンダー平等と性的権利、リプロダクティヴ・ライツ基金」は、2009 年に設立され、主に西欧の政府から支援をうけている基金である。年 1 回 1 万 5,000 ドルから 5 万ドル規模のプロジェクトを募集し、1 ～ 2 年間継続して支援を行っている。「国際研究センター」は、副大統領ムリージョの娘でオルテガ大統領の義理の娘のソイラメリカ・オルテガ・ムリージョ (Soilamerica Ortega Murillo) がリーダーシップをとるようになると、サフォや IDSDH などの組織に資金援助を行った。2008 年には、GEDDS がニカラグアの LGBT を対象に行った調査は「国際研究センター」の資金援助を受け、2010 年に『ニカラグアの性的多様性のまなざし』(*Una mirada de la diversidad sexual en Nicaragua*) を刊行した ［Kampwirth 2022: 227-242］。

2018 年危機の市民社会への影響

　オルテガ―ムリージョ体制への反対運動は全国的に拡大したが、それに対するオルテガ政権の対応は、暴力による弾圧であり、大統領選挙における対立候補への妨害だった。カトリック教会を含めオルテガ政権を批判するあらゆる市民運動への弾圧が強化された。国連難民高等弁務官事務室 (UNHCR)

によれば、2018年から年までに26万人、推定人口の4％のニカラグア人が
人権侵害と迫害を逃れコスタリカや米国に亡命した[12]。

2018年10月4日に、「正義と民主主義を求める市民連合」（Alianza Cívica por
la Justicia y la Democracia: ACJD）、フェミニズム組織、先住民、農民、学生、政党「民
主主義とサンディニスタ革新運動のための戦線」（Frente Amplio por la Democracia,
Movimiento Renovador Sandinista）など40の市民組織により、「全国ユニット青と
白」（UNAB）が結成され、オルテガ政権に対する抗議運動を開始した。2008
年以降実施されていたニカラグアのプライド・パレードもオルテガ政権の
デモ・集会禁止のため中止し、「青と白」（UNAB）に連帯を示した。その後、
オルテガ政権に反対する様々な組織が法的人格を剥奪されて現在に至ってい
る。政府は、2021年8月18日に「ショチケツァル財団」をはじめとする14
のNGOの法人格を剥奪した。2018年から2023年5月までに内務省により
法人格を取り消されたNGOは、合計3,300団体に上っている[13]。

さらに、2024年8月には、1500のNGOを閉鎖したが、その中の大部分
は宗教関係のNGOだった[14]。

2．LGBT運動への罠——フェミニズム運動との連携

ニカラグアのLGBT運動の特徴は、フェミニズム運動との親和性が特に
強いことである。ニカラグアではレズビアン・フェミニストが性的マイノリ
ティの権利運動の最前線に立ってきた。この現象は、新自由主義政権時代の
刑法204条（ソドミー法）が背景にあげられるが、オルテガ政権やカトリック
教会とフェミニストとの対立というニカラグア独特の要因が性的マイノリ
ティの権利運動に大きな影響を与えてきた結果である。本節では、まず、新
自由主義政権における刑法204条（ソドミー法）下でのLGBT運動とフェミニ
ストとの連帯の下で実施された「偏見から自由なセクシュアリティ」運動に

---

[12] Human Rights Watch, World Report 2024, https://www.hrw.org/world-report/2024/country-chapters/nicaragua（2024年6月5日閲覧）
[13] 在ニカラグア日本大使館、「ニカラグア定期報告（2023年5月）」
[14] "Represión en Nicaragua: el régimen de Daniel Ortega ordenó el cierre de 1,500 ONGs, la mayoría religiosas" http://www.clarin.com/mundo/（2024年8月25日閲覧）

ついて述べる。次に、第二次オルテガ政権においてあらわになった自律的フェミニズム組織とオルテガ大統領との対立に至る過程を明らかにする。最後にオルテガ大統領が、LGBT コミュニティを取り込み、フェミニズム組織との離間によりフェミニズム組織を弱体化させるために行った LGBT 文化政策は、国際社会に対して政府のオフィシャル・フェミニズムの正当性をアピールするための手段でもあったことを指摘する。2018 年危機以降、オルテガ政権に批判的なフェミニズム組織や性的マイノリティの人々への弾圧は、ますます過酷になっている。

（1）刑法 204 条（ソドミー法）下におけるフェミストとの連帯

　第一次サンディニスタ政権の下では、女性解放は革命の達成によって可能となるとされ、キューバ革命に範をとった女性組織が FSLN の下部組織として設立された。FSLN 傘下のフェミニズム組織「ルイサ・アマンダ・エスピノサ・ニカラグア女性連盟」(Asociación de Mujeres Nicaragüenses Luisa Amanda Espinoza: AMNLAE) は、女性労働者の解放とともに、全国識字運動や保健運動などの一連のニカラグア革命の過程に女性たちを動員することを目的として組織された。一方で、AMNLAE の内部にも避妊・人工妊娠中絶、職場での性差別やセクシュアル・ハラスメントなどの女性独自の問題を取り上げようとする動きはあったが、カトリック教会の反発に配慮する FSLN の意向を受け、AMNLAE は人工妊娠中絶やセクシュアリティに関する議論を封印した。前述のように、当時 FSLN のリーダー的立場にあったゲイやレズビアンの人々は、米国の干渉による内戦と経済封鎖という厳しい状況の中でサンディニスタ政権内部で対立があらわになることにより国際的な支持が失われることを危惧して、自分たちの性的権利の要求をひかえた。1980 年代半ばにラテンアメリカでのフェミニズム運動が地域的連帯と交流の場を作り出すにつれて[15]、国際派の影響を受け、フェミニストと同様にゲイ・レズビアンの人々も FSLN の態度に疑問を持ち始めた。

　1990 年に FSLN が下野すると、AMNLAE の方針に不満をもっていた

---

[15] 1975 年にメキシコで開催され国連女性会議以降、ラテンアメリカ・カリブ地域で女性の地位向上のための様々な女性会議やフェミニストによる会議が開催されて現在まで続いている。

4章　ニカラグア　　179

フェミニストたちが、新たなフェミニズム組織やLGBT組織を立ち上げた。AMNLAEは、女性問題は経済問題で、革命による変革がジェンダーの構造的問題を解決するというFSLNの公式路線を踏襲した。これに対して、AMNLAEに批判的なフェミニストは、経済的問題の重要性は否定しないが、女性特有の問題は階級的視点からだけで解決できる問題ではなく、女性の置かれた現実とマチスモ文化という特定の視点から見る必要があると主張した。1991年に、AMNLAEに批判的な自律的フェミニズム組織「出会いの場」が設立された。これらの人々は、1991年3月のAMNLAEの全国大会の日に、女性が人口に占める割合を示す「52％の祭典」を開催した。「52％の祭典」には、「ショチケツァル財団」が初めて組織として参加し、LGBTインフォーメーション・ブースを開設した。

　1991年6月30日に、ニカラグアで初めてのゲイ・プライドの行事「国際レズビアン・ゲイ・プライドの日」（El Día Internacional del Orgullo Lesbiana y Gay）が開催された。「出会いの場」の機関誌『ラ・ボレティーナ』（La Boletina）第1号（1991年7月）によれば、約200名が真夜中まで参加した。「ニカラグア・レズビアンフェミニスト・ホモセクシュアル運動」（el Movimiento de Lestiana Feminista y Homosexuales en Nicarauga）、「出会いの場」、「保健情報サービスセンター」（Centro de Información y Servicios de Asesoría en Salud: CISAS）の後援により「ホモセクシュアリティ：ニカラグアにおける人権」（Homosexualidad: un Derecho Humano en Nicaragua）と題したビデオ討論が行われ、ダンスショーと『トーチソング・トリロジー』（Torch Song Trilogy）が上映された。メイン会場では、詩人のミシェル・ナリス（Michel Nalis）と心理学者ビルマ・カスティーリョ（Vilma Castillo）によるパネルディスカッションが開催され、「ゲイの闘いは、より公正な社会を求めるすべての人（異性愛、レズビアン、ホモセクシュアル）の闘い」というメッセージが出された〔16〕。

　1992年に刑法204条（ソドミー法）が発効すると、性的マイノリティの人々が置かれた状況は一転した。「ショチケツァル財団」の副代表だったレズビアン・フェミニストのアゼル・フォンセカとメリー・ボルト・ゴンザレス（Mary Bolt González）のリーダーシップで刑法204条（ソドミー法）廃止運動が始めら

〔16〕 *La Boletina* no.1, Julio ,1991: 5, 17-20.

れた。1992 年 3 月 8 日に、「偏見から自由なセクシュアリティのための行動」 (Jornada por una Sexualidad Libre de Prejuicios) が実施された。「ショチケツァル財団」を中心として「出会いの場」をはじめとした 25 以上の組織が参加した。ゲイ・レズビアン組織「私たち女性」(NOSOTRAS)、SHOMOS、「ショチケツァル財団」の他に 9 つのフェミニズム組織が参加し、204 条の反対署名を 4,000 筆集めた。また、国際社会の協力を求め、ノルウェー政府の援助で刑法 204 条に反対するパンフレットと 1987 年憲法のパンフレットを配布した。アムネスティやサンフランシスコの「ゲイ・レズビアン国際人権委員会」(International Gay and Lesbian Human Right Commission: IGLHRC) からニカラグア政府への抗議も相次いだ〔Babb 2001: 234; Kampwirth 2022: 121〕。

「偏見から自由なセクシュアリティ」(Secualidad Libre de Prejuicios) 運動は、その後、毎年ゲイ・プライドの日にあわせ 2013 年まで続いた。この運動は、異性愛を含めた性的多様性を人権の一部として前面に押し出し、刑法 204 条 (ソドミー法) への抵触を回避した。1993 年の「偏見から自由なセクシュアリティ」は、25 以上の集団が参加し、「ショチケツァル財団」が発行した機関誌『クローゼットの外』(*Fuera del Closet*) が配布された。フェミニズム組織の「出会いの場」や SI MUJER、IXCHEN は、女性のセクシュアリティとゲイの権利のワークショップを開催した。1996 年の「偏見から自由なセクシュアリティ」行事には、新たなレズビアンの雑誌『ウマナス：レズビアンとその権利の可視化をめざして』(*Humanas*) が発行された。また、ボルト・ゴンサレスが執筆した『ただ違うだけ——ニカラグア都市圏のレズビアン女性の自己肯定』(*Sencillamente diferente*) が「ショチケツァル財団」により出版され、FSLN を離れ「サンディニスタ革新運動」(MRS) に入党した元保健相のドラ・テジェスとの討論会が開催された〔Babb 2001: 234; 2019: 180〕。2001 年の「偏見から自由なセクシュアリティ」運動は、一週間にわたり、それまでで最大の知名度の高い、資金も潤沢な行事となり、ラジオやテレビでも取り上げられた。中心となった実行組織は「ショチケツァル財団」と「出会いの場」で、他の性的権利や HIV 予防の NGO がイベントに資金援助を行った。開催地は、首都マナグア市だけでなく、3 つの地方都市でも行われた。行事の内容は「ショチケツァル財団」と「出会いの場」によって検討され、詩の朗読

や映画の上映とともに『クローゼットの外』も配布された。また、ランボーという名で親しまれているマナグア中心部の無名のゲリラ像の前で、20人の若い男性が集まり、性的権利を要求する行進が計画され、風船を上げ「204条反対」を叫んだ［Pertus 2015: 180］。「偏見から自由なセクシュアリティ」行事の最後に、ドラァグクィーン・コンテストとレズビアン・ゲイパレードが加わった。ドラァグクィーン・コンテストは、ニカラグアでは長い歴史をもち、ディスコやゲイ・クラブの娯楽として人気があった。わずかな資金的援助しか得られず、一晩だけの行事だったが、性的マイノリティの権利要求を明確に政府にアピールできる政治的でパフォーマティブなイベントだと主張した。その後、レズビアン・フェミニストの組織委員からの申し入れで、ドラァグクィーン・コンテストは美人コンテストからダンスを取り入れたコンテストへ変更された［Howe 2013b: 112］。

「偏見から自由なセクシュアリティ」運動は、性的マイノリティの存在には直接触れず、異性愛を含む多様なセクシュアリティの権利を掲げ、社会的寛容の促進を主張した．一方、ドラァグクィーン・コンテストとLGBTパレードは、トランスジェンダー・トランスベスタイトを顕在化させることにより、性的マイノリティの権利要求を一般大衆に突きつけるものだった。両方の行事は、戦略上の違いはあったが、国際的LGBTパレードに合わせ、6月に実施された。

「出会いの場」は2001年からUSAIDの基金を得て、テレビ連続ドラマ「第六感」（Sexto Sentido）の番組放送を開始した。80話から構成され、各話でジェンダー・アイデンティティ、人工妊娠中絶、家庭内暴力、性差別、人種差別、階級差別、ホモフォビア、障がい者差別、先住民差別などをテーマとして扱った。ゲイの男子とレズビアンの女子を登場人物に配した若者を対象としたドラマで、17歳の年齢層の80％が日曜の午後に視聴したというデータがあり、ニカラグアで70％の視聴率を記録した。他にゲイのDJによるラジオ番組　「仮面をはずして」（Sin Máscara）や「ショチケツァル財団」と「出会いの場」のラジオ番組などマスメディアを利用して多様なセクシュアリティに関する情報と性的権利擁護の活動を行われた［Howe 2013b: 130-137］。

　ゲイとレズビアンの運動の進め方には、セクシュアル・アイデンティティ

をめぐり方針の違いがあった。刑法204条（ソドミー法）下で活動したレズビアンはセクシュアル・アイデンティティを明示せず活動を行うことが多かった。ゲイ集団は、運動の主体性を明確にするためにセクシュアル・アイデンティティをカミングアウトする戦略をとった［Howe 2013b: 150］。一方で、性的多様性に関する文化イベントに参加する性的マイノリティの人々の多くは中間層以上の都市のインテリ集団が多かった。農村地域ではコチョンへの差別が強く、性的権利の平等に対する理解は薄く、社会階層、都市と農村、性的マイノリティの人々の中でも運動方針が一致しているわけではなかった。また、LGBTの権利擁護組織の多くが国際援助を受けたNGOで、次第にLGBTの権利擁護から国際的な潮流を受けて普遍的な性的権利要求へと変化した。そのなかで、フェミニズム組織とレズビアンは長年にわたり共闘し、国際社会のジェンダー平等政策とNGO支援の流れの中で、潤沢な援助資金を背景に、レズビアン・フェミニストの活動が次第に顕在化した。

（2）オルテガの帰還とフェミニストとの対立

　第二次オルテガ政権は、矢継ぎ早にジェンダー平等政策を推進した。2008年3月12日には、前述の「権利と機会の平等法」が公布され、2010年の「権利と機会の平等法規則」では、国政選挙、地方選挙、市町村選挙、中米議会選挙における男女50%のジェンダー・パリティが導入された〔17〕。「権利と機会の平等法」により、ニカラグアの国会、地方議会、中米議会における女性の議員数は大幅に増加し、ジェンダー平等指標を世界7位（2023年）にまで押し上げる結果となった。市町村長選挙では、市長と副市長は男女組み合わせでの立候補としたが、夫と妻の組み合わせであったりして実質的にジェンダー・パリティが実施されたと言い難い〔18〕。2013年には「女性への暴力に対する総合法」（Ley Integral contra la Violencia hacia las Mujeres y de Reformas a Ley No.641 "Código Penal"）および779号法（Ley No.779）が成立した。

　一方で、1990年以降、フェミニストとオルテガ大統領の間には決定的な亀裂が生じていた。1998年にオルテガの義理の娘ソイラメリカがオルテガ

〔17〕 松久［2015］参照。
〔18〕 松久［2017］参照。

大統領による長年にわたるセクハラ行為を告発した時に、AMNLAE から離脱したフェミニストたちがソイラメリカを支援したことで両者の対立は深まった。2006 年 10 月の大統領選挙では、オルテガはカトリック教会の支持をえるために母体に危険を伴う妊娠に対する人工妊娠中絶を認めない考えを示し、38％の得票をして辛勝した。2007 年に大統領に就任すると、オバンド前枢機卿を「平和と和解委員会」の委員長に任命し、あらゆる人工妊娠中絶を非合法化し、罰則規定を設けた。人工妊娠中絶をめぐりカトリック勢力と鋭く対立していたフェミニズム組織をオルテガ大統領が切り捨てたことにより、オルテガ大統領と自律的フェミニズム組織の対立は決定的となった。オルテガ政権の LGBT 擁護は、フェミニストから性的マイノリティの人々を離反させ、FSLN に属さないフェミニズム運動を潰すためのカトリック教会との共闘によるものだった。

　2006 年の選挙では、LGBT の権利擁護グループはフェミニズム組織の「自立する女性運動」(MAM) を通じて選挙運動で政党「サンディニスタ革新運動」(MRS) を支持した。こうした動きに対して、オルテガ大統領はフェミニズム組織とその関連組織に対して攻撃を加えた。性暴力で妊娠した 9 歳の少女の人工妊娠中絶を幇助した罪で「自立する女性運動」(MAM) の 9 人のメンバーが起訴された。また、NGO の資金洗浄と中絶をそそのかした罪で「自立する女性運動」の事務所を検察が捜査した。不正選挙を「自立する女性運動」とともに追及していた「市民コーディネーター」に対しても経費の不正疑惑で事務所を捜査した。「サンディニスタ革新運動」(MRS) は 2008 年に法人格を剥奪された。こうした弾圧に対して抗議するフェミストと政府の間で対立は激化した。

（3）オルテガ政権の LGBT 文化支援

　2011 年の大統領選挙では、オルテガ大統領は得票数の 60％を獲得し再々選された。

　2010 年から 2011 年にかけて、14 のフェミニズム組織が連帯して行った「フェミニスト運動」で、「フアンはカルロスを愛している。ルシアはマリアを愛している。誰も傷つけない、けれどあなたの拒絶はひとを傷つける」と

184   ラテンアメリカのLGBT

いう寛容性を要求したイメージキャンペーンを行った。これに対して、カトリック教会は同性婚を要求するものだと反発した。

LGBTの権利擁護グループIDSDHなどは、ソイラメリカが代表を務める「国際研究センター」から資金援助を受け、議会へのロビー活動も直接行うようになった。オンブズマンとして政府に協力していた性的多様性の権利擁護グループは、同性婚について沈黙したままだった。「国際研究センター」を通じて資金提供を受けていたLGBT組織は、同性婚を時期尚早だとして、記者会見を開きLGBTコミュニティは同性婚を求めていないと発表した [Kampwirth 2014: 327-329]。

2008年以降の「偏見から自由なセクシュアリティ」運動は、映画祭と最終日のプライド・パレードが組み合わされて6月30日前後に実施されてきた。2008年からは、スペイン、フランスの国際NGOの支援を受けた「性的多様性映画上映会」(Cine Diversex) が毎年開催され、次第に大きな催しとなっていった。2008年と2009年は、スペイン、フランスのNGOの後援でLGBT映画がマナグアで上映された。2010年には、「ニカラグア性的多様性映画週間」(Semana de Cine Diversex Nicaragua) として、マナグア、グラナダ、ヒノテガの3都市で開催された。2011年には、会期が6月20日から25日となり、国際映画祭で受賞した作品などを上映する大規模な「性的多様性国際映画祭」(Muestra Internacional de Cine DIVERSEX) が開催された。スペイン、フランスのNGOの後援で、主催団体はIDSDHとニカラグア国内のNGOに加え、政府が後援に名乗りを上げた[19]。開会式は、マナグアのニカラグア文化センターで行われ、開催地もマナグア、レオン、カラソ、マサヤ、マタガルパ、グラナダの6都市に拡大した。2012年の「ニカラグア性的多様性映画週間2012」は、11月24日から12月30日の一か月間にわたり、マナグアなど7都市で開催された。ニカラグア文化省を筆頭に、30のNGOが主催団体となった。これに先立ち、4月には政府後援のミス・ゲイ・ニカラグア・コンテストが伝統あるルベン・ダリオ劇場において、ソイラメリカが審査委員長を務めて開催された。ソイラメリカが母親のロサリオ・ムリージョに支援

―――――――――――
[19] Noticias, Sala de Prensa, "4ta Muestra Internacional de Cine DIVERSEX2011", Junio 20,2011. https://www.creacomunicaciones.com/4ta-muestra-internacional-de-cine-diversex-2011/（2023年7月18日閲覧）

を依頼し、ムリージョはルベン・ダリオ劇場の使用を可能にし、資金支援も行った。勝者は、次の日にテレビ番組に出演して、これまでのドラグクィーン・コンテストでは見られなかった破格の扱いがされた［Kampwirth 2022: 235-6］。ソイラメリカは、個人的な経験から「国際研究センター」を通じて女性組織、LGBT 組織に支援を始めたが、オルテガ大統領と和解し、オルテガ政権が性的マイノリティの権利擁護の立場をとる中で、次第に「国際研究センター」支援が政府の支援運動の一環に位置づけられるようになった。「国際研究センター」と協力した LGBT 権利擁護グループは、ソイラメリカから潤沢な資金援助を受け、オンブズマンとの折衝のアドバイスを受けて、大きく発展したといわれている。しかし、2013 年にソイラメリカとオルテガ大統領がふたたび決裂して、ソイラメリカ一家はコスタリカに出国し、「国際研究センター」は閉鎖され資金源も断たれた。それ以降は援助を受けていたLGBT グループの活動は弱体化していった。「国際研究センター」が閉鎖されたのちは、ルベン・ダリオ劇場でミス・ゲイ・ニカラグア・コンテストが開催されることはなかった。これまでは「偏見から自由なセクシュアリティ」行事とレズビアン・ゲイ・プライド・パレードは別々の組織が同日に行っていたが、2013 年以降は「偏見から自由なセクシュアリティ」とレズビアン・ゲイ・プライド・パレードが一緒になり、「全国 LGBTI パレード」（la Marcha Nacional LGBTI）として開催した。

　海外の NGO の資金援助を受け、性的マイノリティの NGO が中心に行ってきた文化行事は、「国際研究センター」を通じて政府の支援を受けることにより規模も拡大し、ニカラグア社会においてその存在は急速に可視化された。しかし、それは権利を伴わない可視化に過ぎなかった。オルテガ大統領は、性的マイノリティによって運営されてきた文化事業に資金援助を行うことで、フェミスト組織との離間を謀り、国際社会に対してはニカラグアが性的マイノリティに寛容であるというイメージを作り上げた。

（4）2018 年危機以降の弾圧

　2018 年の危機以降、LGBT コミュニティは、反オルテガか、オルテガ支持かに分断された。2018 年危機後も、2021 年の大統領選挙を経て、オルテ

ガ政権に批判的なフェミニスト、性的マイノリティの人々やその組織に対する弾圧は次第に強化され、多くの人々が反逆罪で拘留されたり、亡命を余儀なくされたりした。

2023年2月に、反逆罪に問われていた政治犯222人が釈放されたが、その中には「青と白」（UNAB）に参加し、2021年にMRSから名称を変更したUNAMOSのメンバーをはじめとする20人の女性も含まれていた。反逆罪に問われたUNAMOSの代表のスイェン・バラオナは禁錮8年、2016年から19年まで代表を務めたアナ・マルガリータ・ビヒルは禁固10年を求刑され、党創設者の一人であるドラ・テジェスは605日間にわたりエル・チポテ刑務所に収監された。エル・チポテ刑務所は非人道的状態と拷問で有名で、テジェスの元同志である、ウーゴ・トーレスは、拘留中に適正な医療を拒否され、2022年2月12日に死亡した。釈放された政治犯は、ニカラグア国籍を剥奪され、米国に追放された。釈放後に行われたインタビューによれば〔20〕、テジェスは、クイアの政治犯として男性用の独房に監禁され、性生活についても尋問を受けた。テジェスは、「政権は女性の政治指導者に根深い憎悪と、特に私の場合はホモフォビアを抱いていた。」と語った。他の刑務所に収監された女性たちも同様で、独房に入れられ、家族や子どもとの面会を遮断された。また、LGBTの政治犯は言葉によるハラスメントを受けたり、他の活動家との性的関係について尋問されたりした。

1990年以降ニカラグアのフェミニズム運動の中核を担ってきた「出会いの場」も2022年に法人格を停止され〔21〕、コスタリカに本拠地を移して活動を続けている。

ニカラグアは、2023年度ジェンダーギャップ指数（GGI）は世界7位と高い位置にあるが、性的マイノリティに対する刑務所での扱いは全く異なる現実を示している。特に、フェミニストで性的マイノリティの人々は、二重の

---

〔20〕 Dánae Vílchez, "Released Nicaraguan political prisoners tell of homophobia and misogyny in jail: Testimonies of resistance: Political prisoners exiled to the US tell of state's hatred for women and LGBTIQ leaders" Open Democracy, 17 February, 2023, https://www.opendemocracy.net/en/5050/nicaragua-women-lgbt-human-rights-prison-ortega/（2024年6月14日閲覧）

〔21〕 "Régimen concreta la cancelación de 25 ONG más, incluida la fundación Puntos de Encuentro" *Política*, Publicado mayo, 18, 2022. https://nicaraguainvestiga.com/politica/83460-regimen-cancela-personerias-juridicas-oeneges/（2024年6月5日閲覧）

４章　ニカラグア　　187

暴力にさらされている。

おわりに

　ニカラグアは、20世紀末にラテンアメリカで唯一同性愛に罰則を科すソドミー法を復活した国である。ソドミー法が適用された事例は1件に過ぎないが、規範的意味は大きく、性的マイノリティの人々への暴力を助長した。刑法204条（ソドミー法）下で、性的マイノリティの人々は公にLGBT運動を展開することができず、ジェンダー平等をかかげるフェミニズム組織の支援を受けるか、あるいはエイズの保健・予防教育組織として活動した。その結果、ニカラグアのLGBT運動は、フェミニズム運動と親和性が強く、同時にレズビアン・フェミニストがこの時期の性的マイノリティの権利擁護運動をけん引し、国際的潮流に沿う形で性的多様性を認めることを要求した。

　ソドミー法が存在した1990年から2008年の新自由主義政権時代の前後に、ニカラグア革命を推進したサンディニスタが政権を握った。ニカラグア革命直後の第一次サンディニスタ政権と2007年以降の第二次サンディニスタ政権は同質ではなく、左翼政権の変質がみられる。第一次サンディニスタ時代には、同性愛は資本主義的退廃とみなされ、サンディニスタとして革命に参加した性的マイノリティの人々はクローゼットの中で沈黙を守った。しかし、エイズの感染者がニカラグアに出現すると、保健省の協力要請に応じてLGBT組織が保健・予防教育活動に参加し、次第に性的マイノリティの人々が公の場で活動し、その存在を可視化する活動もみられた。一方で、FSLNの統制下にないLGBT組織を抑え込もうとする人々も政権内部におり、その対応は個人によりさまざまで、FSLNの統一的な政策は存在しなかった。

　新自由主義政権による刑法204条（ソドミー法）下では、LGBT運動は表立って活動ができなくなった。国際社会から資金援助を受けたフェミニズム組織がLGBT運動を支援した。フェミニズム組織の積極的な後援でNGOとなったエイズ教育予防団体や性的マイノリティ支援をかかげる組織も多かった。さらに、フェミニズム組織と連携した「偏見から自由なセクシュアリティ」行事が、レズビアン・フェミニストのリーダーシップの下で展開された。こ

うした過程で、フェミニズム運動と LGBT 運動の連帯が強化されていった。

　第二次オルテガ政権は、最高裁判所を意のままにして、憲法改正を行い大統領の任期を延長可能に変え、現在は 4 期目の長期政権が続いている。政権維持が長期化するにつれ、次第にオルテガと妻で副大統領のムリージョの独裁的支配が強化されている。第一期目のオルテガ政権は、ジェンダー平等政策や刑法 204 条（ソドミー法）の廃止など、国際社会の潮流に沿うような政策を掲げ、カトリック教会とも宥和的な姿勢をとった。そして、カトリック教会との共通の敵であるフェミニズム組織に対しては、抑圧的な姿勢を示した。レスビアン・フェミニストとゲイ・コミュニティの間では、LGBT 運動の方針が全く同じわけではなかったが、6 月 30 日前後には共に LGBT 行事を行ってきた。しかし、ソドミー法が廃止となり、フェミニズム系の組織の支援なしで独立した組織や運動を展開することが可能になると、政府は「国際研究センター」を通じて積極的に LGBT 組織の文化運動への資金提供を行い、国際社会に対して LGBT の権利擁護のイメージを作りあげた。しかし、資金援助の代償は、LGBT 組織の自律的な運動の足かせにもなった。オルテガ政権はオルテガ - ムリージョの独裁化の傾向を呈し、2018 年のオルテガ政権への抗議運動への弾圧で、権威主義的傾向は決定的となった。オルテガを批判するフェミニズム組織を含めた市民組織に対して、事務所の立ち入り捜査や法人格の剥奪などによる弾圧を加えた。第二次サンディニスタ政権は、次第にオルテガ大統領に私物化され、ニカラグアの民主主義制度の脆弱性があらわになった。

　第二次オルテガ政権時代には、文化政策による映画祭やミス・ゲイ・コンテストなどにより LGBT の可視化は進んだが、同性婚やジェンダー・アイデンティティ法については全く進展はなく、権利を伴わない可視化が進んだに過ぎなかった。第二次サンディニスタ政権において、LGBT 運動はフェミニストからある程度独立して活動するようになったが、一方で、政府への接近は同性婚やジェンダー・アイデンティティ法などの自律的な要求を阻む結果となった。オルテガ政権への接近により、LGBT 運動はフェミニズム運動を潰すための道具として利用され、運動の自律性が損なわれ、権利を伴わない可視化を引き起こした。2018 年危機は、GGI の数値では表されないオル

テガ政権のマチスモ的権威主義の体質を露呈した。民主主義体制が脆弱な社会において、権威主義体制維持のための道具として利用された LGBT 運動は、最終的に大きな打撃を被った。

【引用文献】
〈日本語文献〉
松久玲子　1992「ニカラグアの家族——サンディニスタ革命と新し家族象」三田千代子・奥村恭子編著『ラテンアメリカ　家族と社会』新評論 : 55-75.
———　2015「ニカラグアの女性解放運動——新自由主義のはざまで生きる女性たち」国本伊代編『ラテンアメリカ　21 世紀の社会と女性』新評論 : 269-284.
———　2017「第二次オルテガ政権のジェンダー平等政策とフェミニズム運動——ニカラグアのジェンダー・クオータと実質的代表をめぐって」『ラテンアメリカ研究年報』、No.37: 23-51.
———　2021「ニカラグアにおける性的マイノリティの権利擁護運動——サンディニスタ革命から現代まで」『社会科学』第 50 巻第 4 号 : 221 − 241.

〈外国語文献〉
Babb, Florence E. 2001. *After Revolution: Mapping Gender and Cultural Politics in Neoliberal Nicaragua*. Austin University of Texas.
——— 2004. *Out in public: gay and lesbian activism in Nicaragua*. (Report on Nicaragua and El Salvador) NACLA Report on the Americas, May-June, 2004, Vol.37(6).: 27-30.
——— 2009. "Niether in the Closet nor on the Balcony: Private Lives and Public Activism in Nicaragua", in Lewin, Ellen and L. Willliam Leap ed. *Out in Public: Reinventing Lesbian / Gay Anthropology in a Globalizing World*, Wiley-Blackwell.: 240-255.
——— 2019. "Nicaraguan legacies: advances and setbacks in feminist and LGBTQ activism" in Hilary Francis ed. *A Nicaraguan Exceptionalism?: Debating the Legacy of the Sandinista Revolution*, Institute of Latin American Studies, School of Advanced Study, University of London. London.: 165-178.
Bolt González, Mary 1996. *Sensillamente diferentes...: la autoestima de las mujeres lebianas en los sectores urbanos de Nicaragua*, Fundación Xochiquezal, Managua, Nicaragua.
Buben, Radek 2020. "Nicaragua in 2019: The Surprising Resilience of Authoritarianism in the Aftermath of Regime Crisis", *Revista de ciencia política*. vol.40, no.2, Santiago, June 2020 Epub Aug. 26, 2020, https://www.researchgate.net/
CEJIL (Centro por la Justicia y el Drecho Internacional) 2013, *Diagnóstico sobre los crímenes de odio motivados por la orientación sexual e identidad de género: Costa Rica, Honduras y Nicaragua*, https://cejil.org/es/diagnostico-crimenes-odio-motivados-orientacion-sexual-e-identidad-genero-costa-rica-honduras-y
Crane, Rachel 2015. "La búsqueda de una agenda en común: una mirada feminista a las organizaciones LGBTI en Nicaragüa", Independent Study Project(ISP) Collection.2263. http://digitalcollections.sit.edu/isp_collection/2263.

190   ラテンアメリカの LGBT

El Mundo, 27 de mayo 2023, "Ortega bloquea cuentas bancarias de la Iglesia católica para forzar el cierre de templos"   https//www.elmundo.es/internacional/2023/05/27/647142ed21efa0 ac658b45b1.html

El País, 23 de diciembre 2023, http://elpais.com/internacional/2023-12-23/ destierros-detenciones-y-740-agresionde-la-persecusión-de-ortega-y-murillo-contra-Iglesia-católica-se-agrava-en-nicaragua.html

GEDDS 2010. *Una mirada a la diversidad sexual en Nicaragua*, GEDDS, Managua, Nicaragua.

Habson, Emily K. 2012. "Si Nicaragua Venció, Lesbian and Gay Solidarity with the Revolution", *Journal of Transnational American Studies*, 4(2). htttps:scholarship.org/uc/item/9hx356m4

Heumann, Silke 2014. "Gender, Sexuality, and Politics: Rethinking the Relationship Between Feminism and Sandinismo in Nicaragua", *Social Politics*, 2014, Vol. 21(2):. 290-314.

Howe, Cymene 1999. "Nicaraguan Gay and Lesbian Rights and the Sex of Post-Sandinismo". https://digitalrepository.unm.edu/laii_research/3

————— 2003. "Strategizing Sexualities, Re-Imagining Gender and Televisionary Tactics: The Cultural Politics of Social Struggle in Neoliberal Nicaragua", DISSERTATION Submitted in Partial Fulfillment of the Requirements for the Degree of Doctor of Philosophy Anthropology, The University of New Mexico Albuquerque, New Mexico.

————— 2013a. "Epistemic Engineering and the Lucha for Sexual Rights in Post-revolutionary Nicaragua", *The Journal of Latin America and Caribbean Anthropology*, Vol.18, No.2.: 165-186.

————— 2013b. *Intimate Activism: Struggle for Sexual Rights in Postrevolutionary Nicaragua*, Duke University Press, Duham and London.

Kampwirth, Karen 2014. "Organizing the Hombre Nuevo Gay: LGBT Politics and the Second Sandinista Revolution", *Bulletin of Latin American Research*, Vol.33, No.3.: 319-333.

————— 2022. *LGBT Politics in Nicaragua: Revolution, Dictatorship, and Social Movement*, University of Arizona Press.

Lancaster, Roger 1994. *Life is Hard: Machismo, Danger, and the Intimacy of Power in Nicaragua*, Berkley CA. University of California Press.

McGee, Marcus J. and Kampwirth 2015. "The Co-optation of LGBT Movements in Mexico and Nicaragua: Modernizing Clientelism?" *Latin American Politics and Society*, 57:(4).: 51-73.

Montoya, Rosario 2012. *Gendered Scenarios of Revolution: Making New Men and New Women in Nicaragua 1975-2000*, Tucson, the University of Arizona Press.

Nuñoz, Oscar 2014. *Capacidades institucionales y técnica de las organizaciones de la sociedad civil que son de la comunidad LGBT línea de base*, Managua, Nicaragua, 2013, USAID PrevenSida.

Petrus, John Stephen 2015. *Gender Transgression and Hegemony: The Politics of Gender Expression and Sexuality in Contemporary Managua*, Dissertation, Presented in Partial Fulfillment of the Requirements for the Degree Doctor of Philosophy in the Graduate School of The Ohio State University, the Ohio State University.

4章　ニカラグア　*191*

Randall, Margaret 1981. *Sandino's Daughters: Testimonies of Nicaraguan Women in Struggle.* Vancouver, BC: New Star Books.

―――― 1994. *Sandino's Daughters Revisited: Feminism in Nicaragua.* New Brunswick NJ: Rutger University Press.

Welsh, Patric 2014. "Homophobia and Patriarchy in Nicaragua: A Few Ideas to Start a Debate", IDS Bulletin, Vol.45, Issue 1.

USAID 2014. "Imforme Final, Evaluación del desempeño de las ONG de la comunidad LGBT con subvención para la promoción y defensa de los derechos humanos", USAID, Mnagua, Nicaragua, junio 2014. https://pdf.usaid.gov/pdf_docs/PA00KDP9.pdf

5 章

メキシコ
連邦主義と司法による同性婚の拡大

上村　淳志

メキシコ LGBT 関連年表

西暦	国政・首都	地方
1871	メキシコシティの刑法から私的領域での同性愛行為に対する刑事罰規定の削除（＝ソドミー法の廃止）	
1971	モレーロス州クエルナバカ市でメキシコ初のLGBT団体「同性愛者解放戦線」の創設	
1979	首都で第一回プライド・パレード開催	
1980		バハ・カリフォルニア州ティファナ市で初のLGBT団体「ティファナにおける人間の保障のための国際戦線」の創設
1981	メトロポリタン・コミュニティ・チャーチが首都にメキシコ初の支教会を創設	
1982	カムアウトをしている当事者2名が労働者革命党（PRT）から国政選挙に立候補するも落選	ハリスコ州グアダラハラ市で第一回プライド・パレード開催
1983	国内初のHIV感染者の発見	ハリスコ州グアダラハラ市で初のLGBT団体「同性愛者解放プライド・グループ」の創設
1986	国家エイズ予防委員会の創設（1988年に国家エイズ予防管理審議会に改組）	
1990	国家人権委員会（CNDH）の創設	
1993	国家レベルで司法制度改革の開始	
1994		ヌエボ・レオン州モンテレイ市で初のLGBT団体「ナンシー・カルデナス協会」の創設
1995		バハ・カリフォルニア州ティファナ市で第一回プライド・パレード開催
1997	レズビアンのパトリア・ヒメネスが民主革命党（PRD）から連邦下院議員に当選	
2000	レズビアンのエノエ・ウランガが社会民主党（PSD）からメキシコシティ市議会議員に当選	
2001	メキシコ合衆国憲法1条「個人の保障」の差別禁止対象リストに「嗜好」を追加	ヌエボ・レオン州モンテレイ市で第一回プライド・パレード開催
2003	差別禁止および撤廃のための連邦法の施行、国家差別予防委員会（CONAPRED）の設置	
2006	首都で差別禁止法の施行、同居社会法の可決（2007年3月施行）	
2007		コアウイラ州で民事連帯契約の導入法案の可決（2007年1月施行）
2009	首都で同性婚認可（2010年3月施行）	
2011	合衆国憲法第1条の差別禁止リストの用語を「嗜好」から「性的嗜好」へ修正	キンタナ・ロー州で同性婚認可（州民法改正は2021年）

5章 メキシコ 195

西暦	国政・首都	地方
2013	「ホモフォビアに反対する国民の日」を制定する大統領令の発布	カンペチェ州、コリマ州およびハリスコ州でシビル・ユニオンの導入
2014		コアウイラ州で同性婚認可
2015	国家最高司法裁判所（SCJN）が2つの法解釈テーゼを発表し「同性婚を認可しないのは差別である」という先例拘束性のある見解を提示、その見解を受けてCNDHが同性婚を認可しない州に対して準司法機関の権限で違憲訴訟を開始	ミチョアカン州でシビル・ユニオン認可（施行は2016年）、チワワ州およびナヤリット州で同性婚認可
2016	首都において出生証明書の性別変更を認可（民法改正案の可決は2015年）	ハリスコ州（違憲判決による、州法改正は2022年）、カンペチェ州、コリマ州、ミチョアカン州およびモレーロス州で同性婚認可
2017		トラスカラ州でシビル・ユニオン施行、チアパス州（違憲判決による、州法改正は2018年）およびバハ・カリフォルニア州（違憲判決による、州法改正は2021年）で同性婚認可
2018		プエブラ州（州法改正は2020年）で同性婚認可
2019		サン・ルイス・ポトシ州、イダルゴ州、バハ・カリフォルニア・スル州、アグアス・カリエンテス州（違憲判決による）、オアハカ州（違憲判決による、州法改正は2021年）およびヌエボ・レオン州（違憲判決による、州法改正は2023年）で同性婚認可
2020		トラスカラ州で同性婚認可
2021		シナロア州、ユカタン州（州法改正は2021年にされ2022年施行）、ソノラ州、ケレタロ州、サカテカス州およびグアナファト州（行政布告は2022年）で同性婚認可
2022		ベラクルス州、ドゥランゴ州、タバスコ州、メヒコ州、タマウリパス州（10月26日可決、11月施行）、およびゲレーロ州（10月25日可決、12月施行）

はじめに

　2022年11月末に、タマウリパス州の州議会が州民法改正によって同性婚を認可した。それによって、2010年3月の首都メキシコシティにおける同性婚の施行から12年半以上を経て、ついにメキシコ全32州（31州およびメキシコシティ）で同性婚が「事実上」認可された[1]［上村2024a: 53］。

　本書で取り上げる6か国の中で、LGBTの法的な権利保障の展開をめぐってメキシコの特徴となっているのは、連邦主義である［Díez 2015: 164］。メキシコは合衆国制で、広大な国土にある全32の各州が州憲法、州民法および州刑法を持つ。そのために、婚姻可能年齢や性交同意年齢が州ごとに異なる［中川1984］。連邦主義が国家形成の前提になっているので、メキシコ合衆国憲法121条4項では「ある州の法律に整合する民事身分に関する行為は、他州でも効力を有するものとする」とも定められている[2]。

　そのために同性婚認可のパターンは、メキシコは一国家でありながら州ごとに異なる。首都メキシコシティのように同性カップルの権利保障という点でラテンアメリカ全体で見ても先駆的なところもあれば、タマウリパス州のように大幅に遅れた州もある。

　本章において、メキシコ全州を取り上げて論じる紙幅の余裕はない。そのために、以下のような形で説明する。まず、メキシコ全土の動きを先導してきた首都と国政におけるLGBT関連の動きを紹介する。その上で地方州の例として、首都と並んで最も先駆的な州であるコアウイラ州、さらには同性婚認可の最も遅かったグループに属するヌエボ・レオン州とタマウリパス州を抱える、北東部3州を見ていく。そうすることによって、メキシコの中央と地方におけるLGBT運動と同性婚認可の多様な展開を論じることができる。そして、こうしたメキシコの展開が日本にもたらす視座についても述べる。

---

〔1〕施行の最後となった州は、2022年12月末のゲレーロ州である。ここで「事実上」の最後と書いたのは、州民法改正を経ずに行政手続きの上だけで同性婚を導入していた州が存在していたからである。

〔2〕"Constitución política de los Estados Unidos Mexicanos: última reforma publicada DOF 22-03-2024." Cámara de Diputados, 22 de marzo, 2024. https://www.diputados.gob.mx/LeyesBiblio/pdf/CPEUM.pdf （2024年5月31日閲覧）

1. 首都メキシコシティにおける先進的な LGBT 運動と権利保障

(1) 首都における LGBT 運動の展開

　首都メキシコシティの LGBT 運動は、運動開始から同性カップルの法的
な権利保障が始まる前まで、論者ごとに区切りに数年の誤差はあるが一般的
に 3 期に分けて説明される[e.g. Díez 2011; Martínez 2020]。例えば政治学者のディ
エスは、首都の LGBT 運動を運動勃興期（1971 ～ 1983 年）、エイズ問題と経
済不況への対応期（1983 ～ 1997 年）、そして LGBT の当事者議員が選挙に当
選し立法に携わる時期（1997 年以降）、の 3 期で説明している［Díez 2011］。そ
のディエスの分類を踏まえながら、さらに本項では運動前史も加えて、まず
1983 年までの LGBT 運動の展開を描く。それに続けて、首都と国政におけ
る政党と LGBT の法的な権利保障との関係、および宗教と LGBT の関係を
論じ、最後に 1997 年以降の首都と国政における LGBT の法的な権利保障の
展開を説明する。

運動前史（1910 ～ 1960 年代）

　首都メキシコシティの LGBT 運動は突如登場したわけではなく、それを
可能にする土台が先んじて存在していたからであった。その土台は、20 世
紀前半のメキシコシティにおける都市化と近代化の過程で生じた 3 つの変化
によって形成された。

　第一に、性的指向という発想の流入である。メキシコの近代化に伴って西
欧から精神分析も流入し、同時に性的指向という発想に基づく同性愛の理解
も広まった[3]。実際、首都では 1910 年頃から「男性同性愛者（homosexual）」
や「レズビアニズム（lesbianismo）」という語が流通し始めた［Irwin 2004: 84-85］。
そのことが、カトリック教会の同性愛嫌悪や民間のマチスモとは異なる同性
愛理解をメキシコにもたらした[4]［上村 2020: 177］。その理解がメキシコに流

---

〔3〕私的領域における同性愛行為への刑罰規定（＝ソドミー法）が国内で初めて廃止されたのは、
　　同様の規定を世界で初めて記載したナポレオン刑法典に基づいて作成された、メキシコシティの
　　1871 年刑法である［Sloan 2011］。
〔4〕カトリック教会の同性愛嫌悪と民間のマチスモについては、本書序章を参照のこと。

入したおかげで、LGBT 当事者は主体的かつ肯定的にアイデンティティを育めるようになっていった。

第二に、メキシコ革命（1910〜1917年）の後に生じた首都の拡張に伴う、多層階アパートや単身者用アパート、郊外型の週末別荘の建設ラッシュである。それに伴って、LGBT 当事者は家族の目を逃れて生活し、当事者同士で連帯できる私的空間を持つことができるようになった ［Macías 2014: 530-533］。それが、LGBT 運動の創設を可能にした空間的土台になった。

第三に、本書序章でも紹介された、国際的なホモファイル運動の伝達である。特に 1950〜1960 年代に米国で隆盛したホモファイル運動は、亡命や観光でメキシコに来た外国人の LGBT、あるいは欧米に旅行や留学したメキシコ人によって、メキシコへと伝えられた ［Macías 2014: 520-523］。ただしそのことによって、1960 年段階ではメキシコ国内における独自のホモファイル運動団体の創設にまでは至らなかった。

こうした 3 つの変化によって、メキシコの LGBT 当事者は次第に主体的にアイデンティティを形成できるようになり、LGBT 運動の勃興へと繋がったのである 〔5〕。

LGBT 運動の勃興（1971〜1983 年）

以上の変化を土台として、メキシコでは 1971 年に LGBT 運動が勃興した。当時首都のメキシコシティには、1968 年のパリの五月危機に端を発した学生運動の影響が広がり、また 1969 年の米国ニューヨーク市におけるストーンウォール暴動に端を発した同性愛者解放運動の情報も伝わっていた ［上村 2021: 178］。

メキシコ初の LGBT 団体は、週末別荘の多い首都近郊のモレーロス州クエルナバカ市で 1971 年に創設された、「同性愛者解放戦線（Frente de Liberación Homosexual）」である ［De la Dehesa 2010: 16-17; Díez 2011: 693］。同団体の中心人物

---

〔5〕 こうした変化の影響で、首都でゲイ文学が誕生した。1928〜1931 年には前衛主義的な雑誌『同時代人（*Contemporáneos*）』が出され、その書き手の一部は同性愛行為をしているとして人格攻撃や作品に対する非難を受けた ［鼓 2003: 77］。同誌の執筆者の一人であるサルバドール・ノボ（Salvador Novo）が 1945〜1946 年に書いた自伝『塩の像（*La Estatua de Sal*）』が、メキシコのゲイ文学史の中で最初期に登場した作品とされている ［Irwin 2004: 86］。

の一人が、北東部コアウイラ州出身の劇作家にして詩人で、米国への留学経験を有するフェミニストで、レズビアンであることをメキシコで最初にカムアウトして学生運動に参加していた、左派活動家のナンシー・カルデナス（Nancy Cárdenas）であった。そして同団体を創設した目的は、首都にあった米国系百貨店「シアーズ・ローバック（Sears, Roebuck and Company）」の従業員が同性愛行為を理由に解雇されたことに抗議するためであった［De la Dehesa 2010: 16-17; Díez 2011: 693; 2015: 85］。同団体は 1973 年に解散している。

　その後、首都では次々に LGBT 団体が組織された。1972 年にはレズビアンの自助グループ「レスボス（Lesbos）」、1975 年には政治と生体エネルギーに関心を持つ「セックス・ポール（Sex Pol）」、1976 年には無政府主義者のレズビアン団体「アクラタス（Ácratas）」が創設された［Casas 1999: 16-17; COPRED 2015］。さらには 1978 年には、レズビアンである前にフェミニストであるべきと主張する左派レズビアンの団体「オイカベ（Oikabeth）」、フェミニズムを拒否する無政府主義者の男性同性愛者を中心に組織された「同性愛者革命行動戦線（Frente Homosexual de Acción Revolucionario: FHAR）」、トロツキー主義で穏健左派の「ラムダ（Lambda）」も創設されている［Casas 1999: 16-17; COPRED 2015; Díez 2011: 695］。

　こうした LGBT 団体は、差別撤廃を掲げて運動を繰り広げた。1975 年には、ナンシー・カルデナスの主導で「同性愛者擁護の声明（Manifesto en Defensa de los Homosexuales）」が出された［COPRED 2015］。さらには、1978 年に首都で行われたキューバ革命記念デモに参加した同性愛者革命行動戦線（FHAR）の活動家が、デモの最中に同性愛者の権利保障も訴えた。翌 1979 年には、首都における第一回「同性愛者プライド・パレード（Marcha del Orgullo Homosexual）」が複数の LGBT 団体の協力によって開催された [6]［Díez 2011: 695-696］。さらに 1982 年の全国選挙では、労働者革命党（Partido Revolucionario de los Trabajadores: PRT）の大統領候補ロサリオ・イバラ（Rosario Ibarra）から LGBT 支

---

[6] 当時の首都の LGBT 活動家の多くは社会主義者であったために、「ゲイ（gay）」という英単語を米国帝国主義の現れとして当初は忌避していたが、米国のロック音楽を次第に受容していく中で「ゲイ」という英語表現も次第に受け入れるようになっていった［Laguarda 2005: 124］。そうした事情があったために、首都の初期パレードを形容する語として、「ゲイ」でなく「同性愛者」という単語が選ばれていたのである。

援の約束を得て、カムアウトした当事者2名を同党から連邦議員として立候補させるまで、LGBTの可視化は進んだ［COPRED 2015; Díez 2011: 695-696］。こうした首都におけるLGBT運動は、1970年代末から1980年代前半にかけて一部の地方都市にも波及した〔7〕。

しかし、首都で1970年代に生まれたLGBT運動団体は長くは続かず、1984年頃までには姿を消した。その要因は3つある。第一にフェミニズムと社会主義の位置づけをめぐる政治的な立場の違いが表面化し団体間の連携が取れなくなったこと、第二に1982年のメキシコの債務危機に伴ってLGBTの権利を主張することよりも生活環境の悪化への対応を優先せざるをえなくなったこと、そして第三に1983年に国内初のヒト免疫不全ウイルス（Human Immunodeficiency Virus: HIV）の感染者が報告されてLGBT運動団体はLGBTコミュニティ内のエイズ問題に注力せざるをえなくなったこと、であった［Díez 2011: 699-701］。

エイズ対応と芸術活動の時代（1983 ～ 1997 年）

1983年にメキシコ初のHIV感染者が出てから、首都、グアダラハラ市やティファナ市などの大都市のLGBTコミュニティも対応に追われ始めた［Anguiano 2019: 59-67; Carrier 1995: 183-185］。なぜならば、「エイズ＝ゲイの病」という社会的偏見と闘い、コミュニティ内部から続出する感染者を支援する必要があったからである。

もっとも、メキシコは世界的にはいち早くエイズ問題に対応した方の国であった。1986年に国家エイズ予防委員会（Comité Nacional de Prevención del Sida）を創設し、1988年には国家エイズ予防管理審議会（Consejo Nacional para

〔7〕1982年の全国選挙の準備が始まる1978年頃から、米国人観光客も訪れることの多いコスモポリタンな地方都市へLGBT運動が首都の活動家によって伝えられ始めた［e.g. Tzec 2015: 22-23］。1980年には、米墨国境のバハ・カリフォルニア州ティファナ市で「ティファナにおける人間の保障のための国際戦線（Frente Internacional por las Garantías Humanas en Tijuana）」が創設された［Anguiano 2019: 4］。1983年には、中部ハリスコ州グアダラハラ市で「同性愛者解放プライドグループ（Grupo de Orgullo Homosexual de Liberación）」が創設された［Carrier 1995: 181-182］。1986年までには、中部メヒコ州トルーカ市およびコリマ州コリマ市、南部ユカタン州メリダ市でもLGBT団体が作られ、他都市の団体と共にLGBTコミュニティの共同見解を首都の新聞に発表している［Tzec 2015: 27］。プライド・パレードについては、1982年から続いてきたグアダラハラ市、1995年から続いてきたティファナ市を除けば、他の町では現在まで続くパレードは2000年代に入るまで始まっていない［e.g. Anguiano 2019: 93; Carrier 1995: 181-183］。

Prevención y Control del SIDA）へと改組し、さらには国家エイズ－後天性免疫不全症候群予防管理センター（Centro Nacional para la Prevención y el Control del VIH/SIDA）を設置した［Torres 2011: 41-42］。

メキシコ政府の協力があるとはいえ、エイズによる致死率は高く、「エイズ＝ゲイの病」という社会的偏見は続いた。その状況は、1996 年に多剤併用療法が登場し、致死率が劇的に下がるまで続いた。その時まで、LGBT コミュニティはエイズ問題に注力せざるをえなかった。

エイズ問題に加えて、1982 年以降の経済不況に伴う生活問題を優先する中で、首都の LGBT 運動は他事に手を回す余裕を失った。そうした時期でも以下 2 点では進展があった。

一つは、芸術・文化活動である。LGBT 団体や活動家は、LGBT の理解促進のために、演劇、映画や絵画の制作および公開を行って、啓蒙活動を続けていた［畑 2021b］。

もう一つは、首都におけるレズビアンと異性愛者フェミニストとの連携である。その両者は、1987 年のメキシコで開催された第四回ラテンアメリカ・カリブ海フェミニスト会議の時点ではレズビアンの周縁性が問題化されるなど距離感があったが、1989 年に国家レベルで女性への性犯罪に対する法改正がなされ、1992 ～ 1993 年にメキシコシティ市議会で人権を含めた大改革が行われていく過程で、次第に連携し始めた［De la Dehesa 2010: 151-153］。

この時期にはエイズおよび経済不況への対応で運動の展開の点では限界があったが、レズビアンと異性愛者フェミニストの連携が生まれたことが次の時期への足掛かりになった。その連携がカムアウトした LGBT 当事者議員を生み出し、LGBT の権利保障をする法制度の整備に繋がっていった。ただし、その展開を見ていくにあたって、LGBT の法的な権利保障をめぐる政党および宗教の対応を前提知識として理解しておく必要がある。

（2）政党別の LGBT への態度

メキシコは、中道から中道右派に位置づけられる制度的革命党（Partido Revolucionario Institucional: PRI）が 1929 年から 2000 年まで政権与党の座にあり、中央集権的政治によって一強状態にあった［Aguirre 2020: 27-29; Concha 2015: 365］。

202　ラテンアメリカのLGBT

　制度的革命党は巨大政党で多様な人材を抱え込んでいたので、中には同性愛者であることを隠して当選した議員もいると言われてきた。制度的革命党は長らく性的指向には否定的な立場を取っていたが、メキシコで性的指向を人権の保護対象と見なす考え方が20世紀末から広がり、2000年に政権与党の座から脱落した頃から、LGBTに寛容な立場を取る議員も増えてきた。2006〜2007年にかけてメキシコシティおよびコアウイラ州の議会で同性カップルを含めたシビル・ユニオン制度が国内初めて可決された際には、同性カップルによる養子縁組には慎重ないし反対であったが、カップル間の権利保障自体には賛成の立場を取った。

　その制度的革命党から2000年に大統領の座を奪取し、2012年までその地位を保持し続けたのが、キリスト教民主主義を掲げる右派寄りの国民行動党（Partido Acción Nacional: PAN）である。国民行動党が政権与党にあった時期に、メキシコ政府は欧州の影響を受けて国家レベルで性的指向を人権の保護対象とする法改正を進めた。他方で国民行動党は、同性カップルの権利保障についてはキリスト教保守派の立場から明確に反対し、2006〜2007年のメキシコシティおよびコアウイラ州の議会におけるシビル・ユニオン制度の導入議案の投票では明確に反対の立場を取った。

　2012年に制度的革命党は、国民行動党から大統領の座を一時奪還した。だが、2018年から現在まで大統領の座にあるのは、新自由主義反対を掲げて左派ナショナリズムの立場を取る国民再生運動（Movimiento Regeneración Nacional: MORENA）である〔8〕。同党は2011年に誕生したため、2006〜2007年の首都およびコアウイラ州におけるシビル・ユニオン制度の導入議案の投票には参加していない。国民再生運動には基本的にLGBTの権利保障に前

───────────────

〔8〕国民再生運動は、2011年に民主革命党（Partido de la Revolución Democrática: PRD）の党内対立の中から分派して創設され、2014年に正式に政党登録された歴史の浅い政党である［豊田 2019: 50］。前身となった母体の民主革命党は、首都メキシコシティの市長として2000年にアンドレス・マヌエル・ロペス・オブラドール（Andrés Manuel López Obrador）を当選させることに成功する。そのオブラドールが市長時代（2000〜2005年）のメキシコシティの市議会は民主革命党が多数派を占めており、その民主革命党の強力な後押しがあって後述するようなメキシコシティにおけるLGBTの権利保障が少しずつ動き出していた。ロペス・オブラドールは、2005年のメキシコ大統領選挙には民主革命党から立候補するも落選し、その後に自らの手で2011年に民主革命党から分派によって国民再生運動を創設して2012年の大統領選挙に立候補するも再び落選したが、その後の2018年の大統領選挙で国民再生運動の候補者としてやっと当選すると、2024年まで大統領を務めた。

向きな立場を取る者が多いが、同党所属で 2018 年 12 月から 2024 年 9 月まで大統領の座にあったアンドレス・マヌエル・ロペス・オブラドールはときに消極的な姿勢を示していた。例えばロペス・オブラドールは、2000 〜 2005 年までメキシコシティの市長を務めていた際にはシビル・ユニオン法案の議論が市議会で停滞しているのを傍観し、国内各州で同性婚認可がかなり進展していた大統領就任後の 2020 年段階でも同性婚認可を国民投票で行うべきと主張し続けていた [9]。

　他の全国政党についても触れておこう。2006 〜 2007 年の首都およびコアウイラ州における同性カップルの権利保障をめぐる投票では、全員が賛成したのは労働党（Partido de Trabajo: PT）、賛否が分かれたのが民主革命党で、全員が反対したのがメキシコ緑の環境党（Partido Verde Ecologista de México: PVEM）であった。

表 5-1　同性カップルの法的な権利保障の初期段階（2006 〜 2007 年）に成立したシビル・ユニオン制度導入の議決状況

		総投票者	賛成票	反対票	棄権票
メキシコシティの同居社会法（Ley de Sociedad de Convivencia）の議決【2006 年 12 月】	総数	65 人	43 票（66.2%）	17 票（26.1%）	5 票（7.7%）
	政党	-	民主革命党（PRD）33 票、制度的革命党（PRI）9 票、社会民主同盟（PT, Convergencia, PASC）1 票	国民行動党（PAN）16 票、新同盟党（Nueva Alianza）1 票	民主革命党 1 票、緑の環境党（PVEM）3 票、新同盟党 1 票
コアウイラ州の民事連帯契約（Pacto Civil de Solidaridad）の議決【2007 年 1 月】	総数	33 人	20 票（60.6%）	13 票（39.4%）	0 票（0.0%）
	政党	-	制度的革命党 19 票、労働党（PT）1 票	国民行動党 9 票、民主革命党 1 票、緑の環境党 1 票、コアウイラ民主統一（UDC）2 票	

（出所）『ラ・ホルナダ（*La Jornada*）』紙の 2006・2007 年の記事 [10] を基に筆者作成。

---

[9] "How Mexico can keep LGBT rights on track." *Americas Quarterly*, 18 May, 2020. https://www.americasquarterly.org/article/how-mexico-can-keep-lgbt-rights-on-track/（2024 年 5 月 31 日閲覧）

[10] "Aprueban ley de sociedades tras casi 6 años de discusión." *La Jornada*, 10 de noviembre, 2006. https://www.jornada.com.mx/2006/11/10/index.php?section=capital&article=049n1cap（2024 年 5 月 31 日閲覧）および "Aprueba Coahuila la figura del pacto civil de solidaridad." *La Jornada*, 12 de enero, 2007. https://www.jornada.com.mx/2007/01/12/index.php?section=estados&article=037n1est（2024 年 5 月 31 日閲覧）

204   ラテンアメリカのLGBT

　ただしこうした状況は、メキシコ全土でLGBTの権利保障が進むにつれて変わってきている。2021年の全国選挙では、先住民やLGBTにアファーマティブ・アクションが適用された結果として、LGBTの権利保障に後ろ向きだった国民行動党も制度的革命党と連合する形でLGBTの候補者を出した［CIDHAL 2021］。その意味で、LGBTへの政治的差別は完全にはなくなってはいないが、制度的にはかなり小さくなってきていると言える。

（3）LGBTに関するキリスト教諸派の立場

　2020年のメキシコ国勢調査によれば、宗教的には国民の78.6%がカトリック、7.9%がプロテスタントか福音派、6.7%が無宗教などとなっている〔11〕。

　メキシコのカトリック教会は、バチカンの方針を基本的には踏襲している。すなわち、性的指向を人権の保護対象と認め、2023年12月からは日常的な礼拝の中での同性カップルへの祝福を認めているものの、同性愛者の聖職者叙任や同性カップルの宗教上の婚姻は認めていない〔12〕。実際、メキシコのカトリック教会は2010年にメキシコシティで法律上の同性婚が認可された際には反対し、枢機卿ロサーノ・バラガン（Lozano Barragán）は「トランスセクシュアルと同性愛者は天国には入れない、そう言っているのは私ではなくて聖パウロである」と述べた［上村 2020: 183］。こうしたカトリック教会の反発に対して、LGBTの権利を支持する人々は政教分離と人権を訴えて、司祭による児童の性的虐待の方が問題だと非難し、カトリック教会の反発をある程度は抑え込んだ［上村 2020: 183］。

　メキシコのカトリック教会の全聖職者がLGBTに否定的な立場を取るわけではない。HIV感染者の支援やLGBT運動に触れてきた聖職者の中には、個人としてはLGBTの人々に寛容な立場を取る者もいる［上村 2014: 8-10; 2023］。だが、2023年12月にローマ教皇が同性カップルへの日常的礼拝での祝福を認めるまで、LGBTのカップルに祝福を与える司祭はごく少数で、まして婚姻の秘蹟を施す司祭はいなかった。

---

〔11〕 Instituto Nacional de Estadística y Geografía (INEGI), "Religión." https://cuentame.inegi.org.mx/monografias/informacion/mex/poblacion/diversidad.aspx（2024年5月31日閲覧）
〔12〕「ローマ教皇、同性カップルへの祝福を認めると宣言」BBC News Japan, 2023年12月19日. https://www.bbc.com/japanese/67757415（2024年5月31日閲覧）

5章 メキシコ　　205

　カトリック以外のキリスト教諸派の間でも、同性愛を肯定する教派は限られる。メキシコで明確に同性愛を肯定し最も長く活動してきたのは、1968年に米国ロサンゼルス市で LGBT クリスチャンのために誕生した超教派のメトロポリタン・コミュニティ・チャーチ（Iglesia de la Comunidad Metropolitana: ICM）である。同教会は、1981 年にメキシコシティに国内初の支教会を創設した後に、2005 年にはメキシコ内務省から宗教法人格を認可された［Mota 2009: 26］。そうした同教会は、現在まで同性カップルに聖なる結合（Santa Unión）という宗教上の婚姻儀式を行う教会として、メキシコの LGBT の間で知られている。そのメトロポリタン・コミュニティ・チャーチとときに提携し、ある程度 LGBT に寛容な姿勢を示してきた教派には、英国国教会とメソジストがある。それ以外の教派で LGBT のクリスチャンを包摂する教会は限られる〔13〕。

　特に 1970 年代以降になって米国の影響でメキシコでも力を持ち始めた、プロテスタント福音派（ラテンアメリカでは一般的にエバンヘリコ（evangélico）と呼ばれる）は、保守的あるいは原理主義的な聖書解釈をする傾向にあり、基本的には LGBT に否定的な見解を持っている。

　このように、メキシコ全体としては宗教的には LGBT を受け入れる状況にはまだなっていない。ただし、現在ではメトロポリタン・コミュニティ・チャーチのように同性愛を肯定する教会もあり、それ以外に LGBT を包摂する教会も少ないながらも存在している。

（4）LGBT の権利保障の法的および制度的な展開
国家および首都における法整備の背景

　メキシコで LGBT の権利保障が動き出すのは、1997 年である。その年にカムアウトした LGBT 当事者議員が誕生し、その人物を中心に少しずつ LGBT の権利保障の動きが進んでいった。それを可能にした背景をまず見ておきたい。大きく 4 つある。

---

〔13〕例えばハリスコ州グアダラハラ市では、ICM やそこから独立した教会の他に LGBT のクリスチャンを受容する教会で現存するのは 2 つである。具体的には、英国国教会のサンマルコ教区と、米国で創設されたキリスト・カトリック教会（Iglesia Católica de Jesucristo）である［Bárcenas 2020: 16］。

第一に、既に見たように、エイズによる致死率が下がってLGBTコミュニティに時間的・精神的な余裕ができたことである。さらには、1990年代頭にレズビアンとフェミニストの連帯が生まれたことも大きく働いた。それがLGBT当事者議員の立候補を可能にした。

第二に、都市部の若い世代の意識変化である。エイズが世界的な問題になってから、多くの有名なミュージシャンがLGBT支援の立場を表明した。それに感化された若い世代の間で、LGBTの権利に寛容であったり、支援したりする者が増えてきた。

第三に、人権保護に対する内外からの圧力である。メキシコでは2011年のメキシコ合衆国憲法修正によって「人権（derechos humanos）」という語が合衆国憲法に直接的に記載されたが、それまではその内実にあたる「個人の保障（garantías individuales）」という語しか記載されていなかった［Ovalle 2016］。その変化の背景には、「人権」に関する国内的・国際的な圧力がある。国内的には、1960年代末から1970年代の学生運動や1982年に始まる債務危機下で生じたさまざまな社会運動の中で、国内の権利保障を求める声が高まっていた。国際的には、1994年の北米自由貿易協定（Tratado de Libre Comercio de América del Norte: TLCAN）の締結の条件として、米国から人権改革を求められていた［上村 2024a: 57; Aguirre 2020: 33-35; Concha 2015: 369-370; Torres 2011: 42-43］。そうした国内的・国際的な圧力を同時に受けて、ときの政権与党の制度的革命党（PRI）は人権制度の改革に乗り出したのである。

第四に、今述べた人権改革と連動した、諸制度改革である。中でも影響力が大きかったのは、司法制度の改革であり、メキシコシティの自治確立である。人権制度および司法制度の改革に関しては、それまで制度的革命党の一強体制下で制約を受けてきた司法の独立性を高めるために行われたもので、1990年に独立機関として国家人権委員会（Comisión Nacional de los Derechos Humanos: CNDH）が置かれ、また1994〜1995年に大統領からの独立性を高めることを目的として国家最高司法裁判所（Suprema Corte de Justicia de Nación: SCJN）の制度改革が進められた［上村 2024a: 57-58; Aguirre 2020: 27-52; Concha 2015: 370-371; Torres 2011: 42-43］。メキシコシティの自治確立について言えば、長年にわたって連邦政府直轄区として独自の議会さえ持たなかったが、1987年

に自治を得て議会が設置され、1996年から市民の直接選挙による市長選出が可能になった［畑 2021a: 116］。こうした司法機関およびメキシコシティの制度的変化が、連邦政府の意向から離れて判決を出したり、地域的な政治判断を行ったりすることを可能にした。

　以上4点を基盤として、国政および首都ではLGBTの権利保障が進んでいった。

国政および首都におけるLGBTの法的な権利保障の進展

　首都におけるLGBTの法的な権利保障をめぐる分水嶺は、1997年の選挙でフェミニストの支援を受けてレズビアン活動家のパトリア・ヒメネス（Patria Jiménez）が民主革命党（PRD）から連邦下院議員に当選し、2000年の選挙でカムアウトしていたエノエ・ウランガ（Enoé Uranga）が社会民主党（Partido Social Demócratica: PSD）から立候補してメキシコシティ市議に当選した時である［De la Dehesa 2010: 147, 153; Díez 2015: 96, 160-161］。そうした議員の登場によって、LGBT支援を目的とした法制度の整備が当事者の働きかける形で国政および首都の市政レベルにおいて進められる前提条件が整った。

　さらには、国際的にLGBTの権利保障の意識が高まったことも大きかった。2003年に国連人権委員会で性的指向を人権の保護対象とする決議案が出ると、国連では性的指向と人権の問題が継続審議として取り上げられ始めた。ただし、この2003年決議案は反対を受けて取り下げとなった［畑 2019: 282-283］。さらには、メキシコと同じくカトリック教徒の多いフランスで1999年に同性カップルの権利を保障する民法改正が行われ、2005年には旧宗主国でカトリック教徒の多いスペインで同性婚が認められた［上村 2021: 179］。こうした国際的な変化から、カトリック教徒の多いメキシコでもLGBTの権利保障が可能ではないかという期待感が高まっていった。

　先に動いたのは国政だった。2001年には憲法修正に伴ってメキシコ合衆国憲法第1条「個人の保障」に掲げる差別禁止リストの中に「嗜好(preferencias)」が追加され、2003年には差別の予防および撤廃のための連邦法（Ley Federal para Prevenir y Eliminar la Discriminación）が施行され、同年には同法に基づいて内務省内の独立機関として国家差別予防委員会（Consejo Nacional para Prevenir la

Discriminación: CONAPRED）も設置された［Mota 2009: 17-19］。2011 年にはメキシ
コ合衆国憲法1条の「嗜好」という表現が「性的嗜好（preferencias sexuales）」
に変更され、第1条「個人の保障」に「人権」という語も加筆されて「人権
およびその保障」となった〔14〕［CNDH 2018: 12］。現在では、メキシコ合衆国
憲法第1条の「性的嗜好」の表現を「性的指向（orientación sexual）」に改める
べきかの議論も行われている。また、後に見るように首都で2010年に同性
婚が認可された後には、社会保険法（Ley de Seguro Social）の「男女の夫婦に保
険支給を行う」という条文を改正し、同性カップルにも支給可能な条件を整
えた。

　こうした LGBT の権利保障の基盤となる国家レベルでの法改正を受けて、
メキシコシティという州と同等の自治を有する首都で LGBT の法的な権利
保障が進んだ。首都では、2002 年に人の尊厳を傷つける行為が刑罰対象と
され、2006 年には差別禁止法が施行された［Mota 2009: 22-24］。2006 年 11 月
には同性カップルの権利を守るシビル・ユニオン制度が「同居社会法（Ley
de Sociedad de Convivencia）」として国内で初めて可決され、2007 年 3 月から施
行された［De la Dehesa 2010: 159-163; Díez 2015: 160-163; Mota 2009: 21］。2009 年 12
月には同性婚を認める民法改正案が可決されて、2010 年 3 月から施行され
た［Díez 2015: 175-189］。2015 年には出生証明書（acta de nacimiento）の性別変更
を認める民法改正が行われ、2016 年から性別変更の証明書が発行され始め
た［Pérez et al. 2018: 141-142］。他にも同性婚が認可された直後に、メキシコシティ
市役所がラテンアメリカ初の LGBT 専用のツーリスト情報窓口の設置もし
ている〔15〕。また 2019 年には、市議会で性別適合手術およびホルモン療法
の全額公費補助も議題に上っている〔16〕。

---

〔14〕2001 年にメキシコ合衆国憲法第 1 条に「嗜好」という語が加えられる事前検討の際に、「性的
　　指向」という語を盛り込もうという意見は既にあった。ただし、保守派に配慮した妥協の産物と
　　して最初は「嗜好」という表現が選ばれた。その後の 2011 年に「性的嗜好」に改められて、少
　　しでも「性的指向」の含意に近づけようと試みられてきた。
〔15〕"Abren en Ciudad de México la primera oficina de turismo lésbico gay de Latinoamérica." *El Mundo*, 22
　　de julio, 2010. https://www.elmundo.es/america/2010/07/22/mexico/1279803767.html（2024 年 5 月 31
　　日閲覧）
〔16〕"La cirugía de cambio de sexo debe ser gratuita en la Ciudad de México, proponen." *Infobae*, 25 de
　　septiembre, 2019. https://www.infobae.com/america/mexico/2019/09/25/la-cirugia-de-cambio-de-sexo-
　　debe-ser-gratuita-en-la-ciudad-de-mexico-proponen/（2024 年 5 月 31 日閲覧）

このような形で LGBT の権利保障という点では、メキシコシティはラテンアメリカの中でも最も先進的な自治体になってきたのである。

同性カップルの法的な権利保障の全国化を支えた国家最高司法裁判所（SCJN）

2010 年 8 月に、国家最高司法裁判所（SCJN）においてメキシコシティの同性婚の全国的効力が問われた。なぜならば、連邦主義に基づいて州ごとに民法が異なってよいという前提があるために、メキシコシティの同性婚の効力が他州にも及ぶか否かが問題となったからである。2010 年 8 月の国家最高司法裁判所の判決は、①メキシコ合衆国憲法 121 条 4 項の他州の民事身分に関する行為を別の州でも認めるという規定に基づいて首都の同性婚の効力を全州で有効とする一方で、②メキシコシティで法的な同性婚を認められたカップルの社会保障の利用などの点では州ごとに法律整備の早晩が生じることを容認する、というものになった［上村 2020: 188; 2024a: 61-62］。

こうした判決であったために、首都に一度住居を移して婚姻を結んだカップルが地元に戻って、地元州で権利が保障されるか否かが問題になった。それは、その後に国家レベルで社会保険法が改正されて同性カップルにも社会保険の利用を開放する条文になった結果、国家法の問題ではなく各州の州法の問題になった。そして各州で法改正や実務上の点では時間的なズレは生じたが、国家最高司法裁判所は次にみるように LGBT 擁護の姿勢を明らかにし、各州で同性カップルの権利保障が進むにつれて社会保障の適用は問題にならなくなっていった。

国家最高司法裁判所は単に首都の同性婚の効力を認めるのみならず、同性カップルの権利保障をしない州にも違憲判決を出すようにもなっていった。その直接的な契機は、2013 年 4 月に新アンパロ法（Nueva Ley de Amparo）が施行されたことだった［上村 2024a: 60］。

アンパロはメキシコ合衆国憲法に元々記載されていた人権救済の手続きで、判決に付随して「先例拘束性（obligatoriedad de la jurisprudencia）」を有する「法解釈テーゼ（tesis de jurisprudencia）」を出すことができる［Concha 2015: 368］。ただし、2013 年新アンパロ法の施行以前は行政の作為による人権侵害しか違憲訴訟の対象にならなかった。ところが 2013 年から、行政の「不作為（omisión）」

による人権侵害も新たにアンパロの訴訟対象とされるようになった［上村 2024a: 60; Águila 2013; Arellano 2020］。

　このアンパロ法の改正を好機と見た各地の LGBT の当事者や活動家が、既に 2011 年段階でメキシコ合衆国憲法第 1 条「個人の保障」の差別禁止リストに「性的嗜好」という語が盛り込まれていることも踏まえて、自州で同性婚が認められていないのは州政府の「不作為」による人権侵害だとして、新アンパロ法が施行される少し前から国家最高司法裁判所にアンパロ制度を用いて訴え始めた。最初期のものは、2012 年にオアハカ州の 3 組のカップルが上訴審として起こしたアンパロである。同判決の中で国家最高司法裁判所は、生殖を前提として婚姻を男女に限定しているオアハカ州民法について違憲とする判決および学説（tesis）を出し、当該カップルに限定して同性婚を認めるように同州に命じた〔17〕【Amparo en Revisión 457/2012】［上村 2024a: 62-63］。

　その流れが 2013 年の新アンパロ法の施行によって本格化し、それ以降はアンパロを使って各州のカップルが国家最高司法裁判所に訴えれば、アンパロ訴訟の原告に限って同性婚を認可される方向性が固定された。

　その方向性は、2015 年に 2 つの法解釈テーゼの形で具体化された〔18〕。同年 6 月に国家最高司法裁判所は、生殖を究極的な目的として異性間に限って婚姻を定義する州法は違憲と判断した【Tesis de Jurisprudencia 43/2015】。さらにはその判断を推し進めて、同年 11 月には「平等および非差別の原則に違反している（vulnera los principios de igualdad y no discriminación）」とまで言い切った〔19〕【Tesis de Jurisprudencia 85/2015】。この 2 つの「先例拘束性」を有する法解釈テーゼが出て以来、国家最高司法裁判所は同性カップルにも婚姻の定

---

〔17〕ここで引用している判例については、以下の最高司法裁判所の LGBT 関連の判決一覧をまとめたデータベースサイトを参照した。"Sentencias relevantes en materia de derechos humanos: LGBTI+." Suprema Corte de Justicia de Nación (SCJN), https://www.scjn.gob.mx/derechos-humanos/buscadores-juridicos/sentencias-relevantes-en-materia-de-derechos-humanos/1297（2024 年 5 月 31 日閲覧）。

〔18〕2012 年に出た学説と、2015 年の法解釈テーゼの役割は大きく異なる。学説は国内の他の裁判所に対する強制力はまだないものの解釈基準として示されているものであるのに対して、法解釈テーゼは学説を重ねて国内全体の裁判所に先例として強制力を有するようになったものである［上村 2024a: 65］。

〔19〕"Igualdad y diversidad." SCJN, 2 de diciembre, 2016. https://www.scjn.gob.mx/sites/default/files/derechos_humanos/articulosdh/documentos/2016-12/IGUALDAD% 20Y% 20DIVERSIDAD.pdf（2024 年 5 月 31 日閲覧）

義を開く判決を出すことが通例になった［上村 2024a: 63］。

　ただしアンパロは、LGBT 活動家が同性婚を認めない州の規定を違憲だとして、「不作為」を理由に州民法改正を求める違憲訴訟を自らの手で直接的に起こせるような手続きではなかった。そのため、自分たちの代わりに動いて貰う機関として、国家人権委員会（CNDH）を頼ることになった［上村 2024a: 63-65］。

　国家人権委員会は、メキシコ合衆国憲法第 102 条 B 項に明記された独立機関で、政府の依頼の有無にかかわらず他の権力機関の調査権限を有し、そうした機関に総合的な諮問および勧告を行い、単独で違憲訴訟を起こすことのできる準司法機関である［Coddou 2018: 298］。その国家人権委員会が、2015 年の国家最高司法裁判所による 2 つの法解釈テーゼを受けて、「一般勧告 23 号（Recomendación General No. 23）」を出して、メキシコ全州に同性婚を認めるように勧告したのである〔20〕［上村 2024a: 63］。

　こうした国家最高司法裁判所の姿勢の変化、さらには国家人権委員会の「一般勧告 23 号」を受けて、自発的に州知事や行政の判断によって、あるいは州民法改正によって同性婚を認可する州が徐々に現れ始めた。ただし、その歩みは遅かった。そのために LGBT 活動家は、準司法機関である国家人権委員会を頼って、同性婚を認めない州民法は違憲であるとの訴訟を自分たちに代わって国家最高司法裁判所に起こして貰う戦略を取った。その戦略を受けて、国家人権委員会は 2015 年にハリスコ州、2016 年にチアパス州とプエブラ州、2018 年にはヌエボ・レオン州およびアグアス・カリエンテス州の合計 5 州に対して違憲訴訟を起こし、州民法を改正するか、あるいは民法改正の必要のない行政手続きを取るかによって、同性婚を導入させることに成功した〔21〕［上村 2024a: 63-64］。

---

〔20〕 "Recomendación General No.23." Comisión Nacional de los Derechos Humanos (CNDH), 6 de noviembre, 2015. https://www.cndh.org.mx/sites/default/files/doc/ Recomendaciones/Generales/ RecGral_023.pdf（2024 年 5 月 31 日閲覧）

〔21〕 国家人権委員会（CNDH）の Website（https://www.cndh.org.mx/）上で見ることのできる、「憲法違反をめぐる訴訟（acción de inconsititionalidad）」の各報告書を参照のこと。メキシコ内務省の Website（"Acción de inconstitucionalidad." Secretaría de Gobernación, http://sil.gobernacion.gob.mx/ Glosario/definicionpop.php?ID=3（2024 年 5 月 31 日閲覧））によれば、「憲法違反をめぐる訴訟」はアンパロとは違って一般市民個人には訴訟資格がなく、連邦議会議員、州議員、市議といった議員や、国家人権委員会のような準司法機関などが国家最高司法裁判所を相手どってしか起こせ

212　ラテンアメリカのLGBT

　そうした国家最高司法裁判所および国家人権委員会の姿勢が、最終的に
2022年末にメキシコ全32州で同性婚認可が実現される決定打になったので
ある。

2. 同性婚認可の時期に大幅な差がある北東部3州

　こうした首都メキシコシティの展開は、世界的によく知られている。その
ために、メキシコをLGBTの権利保障の先進国であると考える人もいるで
あろう。しかし本書では、メキシコをLGBTの権利保障の中位国に位置づ
けている。確かに首都に限ればLGBTの権利保障の点で先進的だが、連邦
主義の影響で後進的な州も多い。特に興味深い例が、首都と同じく先進的な
州と見なされるコアウイラ州と、同性婚認可が最も遅れたグループに入るヌ
エボ・レオン州およびタマウリパス州を抱えている、メキシコ北東部3州で
ある。
　メキシコ北東部3州は、米国南部の保守州であるテキサス州と接している
ために歴史的に米国との関わりが深く、米国からの情報流入も比較的早い。
ただし、米国北部や大都市部のリベラルな政治思想が、LGBT運動も含めて
いち早く流入して広がった地域であったわけではない。基本的にメキシコ北
東部3州はすべて保守州である。
　国家差別予防委員会（CONAPRED）が2010年、2017年、2022年と行って
きた「差別に関する全国調査（Encuesta Nacional sobre Discriminación: ENADIS）」が
ある。その2017年調査には「同性の二人がカップルとして一緒に生活する
ことをまったく、あるいはわずかにしか正当化できない」と回答した州別
の比率分析があるが、全国平均が64.4%であるのに対して、ヌエボ・レオ
ン州は72.2%で全32州中の6番目、コアウイラ州は63.5%で17番目、タ
マウリパス州は60.4%で22番目と、この3州は決して同性カップルに好意
的な州とは言えない結果であった［CONAPRED 2018］。その調査結果からすれ
ば、タマウリパス州、コアウイラ州、ヌエボ・レオン州の順で同性婚認可が
進みそうだが、実際にはコアウイラ州は全国でも首都と並ぶ同性カップルの

　ない。

権利保障の先進州になったのに対して、ヌエボ・レオン州はかなりの後発州で、タマウリパス州は全32州で最後に同性婚認可を決めた州であった。つまり、州民の意識と州による同性カップルの法的な権利保障の時期とにはズレが生じたのである。

ではどのような形で北東部3州はそれぞれLGBT運動を州内で育み、同性婚認可に至ったのだろうか。それを、本節では同性婚認可が早かった順に見ていく。

図5-1　メキシコの北東部3州と州都の位置

(出所) 筆者作成。

(1) コアウイラ州──
二人のアライに支えられたLGBTの法的な権利保障の先進州

コアウイラ州は北東部3州の中で最も西側の大陸中央部に位置し、州人口は全32州中15番目で314万人を超えている。石炭の国内埋蔵量の95%を有する炭鉱業の州で、牧畜および米国輸出向けの製品加工でも有名である。

そうしたコアウイラ州の州都サルティーヨ市(人口約88万人)において、LGBT運動および同性カップルの権利保障に大きく寄与したのは、英語で「アライ(ally)」と呼ばれる、異性愛者でLGBT支援に熱心な人物であった〔上村2023〕。2002年に創設されて、2007年に協会化し、現在までサルティーヨ市におけるLGBT運動の中心的団体になっている「サン・アエルレド協会(San Aelredo A.C.)」の代表ノエ・ルイス(Noé Ruiz)によれば、そうしたアライが同市には教会内と州政府内の有力ポジションに一人ずつ、計2名いた[22]。

---

[22] 2023年2月28日、「サン・アエルレド協会」のノエへのインタビュー。本項で特に引用なく書くのは、そのインタビューの際に得た情報である。

極めて異例だが、一人はカトリックの聖職者であった。具体的には、1999年から2020年までサルティーヨ教区司教の地位にあった、ラウル・ベラ（Raúl Vera）である。ベラは、サルティーヨ教区司教になる前は南部チアパス州でサン・クリストバル・デ・ラスカサス教区司教を務め、その間にチアパス州で活動するサパティスタ民族解放軍[23]（Ejército Zapatista de Liberación Nacional）の影響もあって人権に敏感になり、同性愛者の人権にも寛容な立場を取る珍しいカトリックの聖職者となった［上村 2014: 28-29; 2023］。

　ベラはサルティーヨ市に来てほどなく、米国ニューヨーク市出身の司祭ロバート・クーガン（Robert Coogan）と協力してLGBT支援を始めた。その過程で、クーガン司祭とLGBT当事者のマルコ・アントニオ・マタ（Marco Antonio Mata）の両名がベラの賛同を得て創設を提案し、2002年にベラ司教に見守られながらサルティーヨ司教区の中でLGBT団体「サン・アエルレド協会」が生まれた。その後も、ベラは礼拝において同性カップルと分かった上でカップルの二人に同時に祝福を与えるなどLGBTに歩み寄り、「サン・アエルレド協会」とも良好な関係を保ち続けた。しかし、バチカンからベラへの圧力があった。その圧力からベラを守るために、同協会は2011年にサルティーヨ司教区の外に出る決断をした。ただし、「サン・アエルレド協会」は2020年に引退したベラ元司教と今でも良好な関係を保ち続けている［上村 2023］。

　こうした教会内のアライの他に、州政府内にもアライが一人いた。それが、2011年から2017年までコアウイラ州知事を務め、2018年から連邦下院議員を務めている、制度的革命党（PRI）所属のルベン・モレイラ（Rubén Moreira）である。モレイラは、長らく人権研究をしてきた法学者であった。その彼が2011年に州知事に就任したことを機に、コアウイラ州では同性婚認可が動き出すことになる。

　こうした二人のアライの存在がコアウイラ州では大きかったが、同州ではモレイラの知事就任以前の2000年から、国家的な人権・司法制度改革を受けて民主化が進んでいた［Flores 2018: 17］。その流れの中で、2007年1月に州

〔23〕1994年に発効した北米自由貿易協定に対する抗議を一つの契機とし、チアパス州でマヤ系の先住民や農民が中心となって武装蜂起し、民主主義の実現、および先住民の権利と文化の尊重などを求めて現在まで戦っている組織である［杉守 2001］。

5章 メキシコ　　215

民法改正によって民事連帯契約（Pacto Civil de Solidaridad）を導入し、シビル・ユニオンを認めたことで、法に守られた同性カップルをメキシコシティに先んじて国内で初めて誕生させた［Lugo 2018: 219］。そして、民事連帯契約の成立を受ける形で、同州のトレオン市では2008年から州内初のプライド・パレードが始められ、州都サルティーヨ市でも2010年からパレードが行われるようになった〔24〕。

　その中で登場したのが、モレイラ知事だった。2013年に「ホモフォビアに反対する国民の日に関する大統領令（Decreto Presidencial de Día Nacional de Lucha contra la Homofobia）」が出されたのを受けて、モレイラ知事下のコアウイラ州議会は同様の州の日を制定した。それを踏まえて、モレイラ知事と州議会は同性婚認可に向けた民法改正に乗り出し、2014年に同性婚を認める州民法の改正に行った［Lugo 2018: 219］。

　このように、コアウイラ州は教会内と州政府内の有力な二人のアライによってLGBT運動および同性カップルの権利保障が進められ、州知事と州議会の自主的な決定で同性婚認可に至った、LGBTの法的な権利保障の先駆的な州になっている〔25〕。ただし、それは制度面に限られる。現実には保守派の影響力が今も強い。たとえば「サン・アエルレド協会」のノエによれば、州都サルティーヨ市でLGBTに寛容なのは市中心部だけだという。また、コアウイラ州には人工妊娠中絶に刑事罰を科す規定があったが、2021年に国家最高司法裁判所（SCJN）から違憲判決を出され、ようやく法改正をすることなく人工妊娠中絶を非刑罰化した〔26〕。さらには「サン・アエルレド協会」のノエによれば、2021年の全国選挙に際して国家選挙管理委員会（Instituto Nacional Electoral: INE）がアファーマティブ・アクションとして、差別是正のためにLGBTの候補者も立てるように要請したにもかかわらず、候補者を擁

〔24〕権利保障がプライド・パレード開催に先行していたことは、パレードでの権利保障の要求の後で保障がなされるというLGBT研究における常識に反する。ただしノエによれば、サルティーヨ市では2010年のパレード開始前から、州庁舎前の新トラスカラ広場（Plaza Nueva Tlaxcala）で同性カップルが集団でキスをする政治的アピールは行っていたという。

〔25〕コアウイラ州は首都メキシコシティにおけるLGBT運動の先駆者であるナンシー・カルデナスの出身地であるにもかかわらず、同性カップルの権利保障およびLGBT運動の進展の点で活動家自体の活躍よりもアライの活躍が目立つのは興味深い。

〔26〕"Suprema Corte declara inconstituonal la criminalización total de aborto." SCJN, 7 de septiembre, 2021. https://www.internet2.scjn.gob.mx/red2/comunicados/noticia.asp?id=6579（2024年5月31日閲覧）

立できなかった。コアウイラ州では 2024 年の全国選挙の際にも、どの政党
も LGBT 候補者を出せていない。こうしたことを考えると、コアウイラ州
は LGBT の権利保障の点では先駆的であるが、あくまでそれは州政府レベ
ルで、州全体としては保守的なままだと言えよう。

（2）ヌエボ・レオン州──LGBT 運動の早期展開と同性婚認可の大幅遅延

　　ヌエボ・レオン州は北東部 3 州の中央に位置し、州人口は全 32 州中 7 番
目の 578 万人超と、北東部で最も人口の多い州である。特に州都モンテレ
イ市を中心とした大都市圏はメキシコの三大都市圏の一つで、同大都市圏に
は州人口の 9 割を越える 534 万人以上が住む。モンテレイ大都市圏は 19 世
紀末から鉄鉱石の加工で栄え、国内および米国向けに製品を送り出してきた。
その影響で米国化が著しく、米国からのプロテスタント布教も国内で最初に
始まり、今でもプロテスタント比率が全国平均よりも高い ［e.g. Molina 2000］。
そのように米国の影響を常に強く受けながらも、キリスト教的な保守性の強
い州になっている。実際、国家差別予防委員会（CONAPRED）による 2010 年
の「差別に関する全国調査（ENADIS）」では、モンテレイ大都市圏は国内の
大都市圏の中では、移民、障がい者、LGBT などへの差別意識が極めて高い
という結果が出ている ［CONAPRED 2011］。

　　そうしたこともあるのか、モンテレイ大都市圏では、LGBT 運動が始まっ
たのはかなり遅く 1994 年になってからだった。

　　1994 年に、カトリック教徒を支持基盤とした国民行動党（PAN）に所属す
る人物がモンテレイ市長に就任した。その直後に、同市長は風紀改革に取り
組んで売春婦や同性愛者の取り締まりを強化し、ゲイバーにも相次いで閉店
命令を出した ［Reding 1998: 18］。そうした新モンテレイ市長による LGBT へ
の抑圧を見越して、モンテレイ大都市圏初の LGBT 団体が作られた。それ
が、1994 年にアベル・キロガ（Abel Quiroga）によって創設された「ナンシー・
カルデナス協会（Colectivo Nancy Cárdenas, A.C.）」で、1998 年には「性的少数者
の権利要求のための集団行動協会（Acción Colectiva por los Derechos de las Minorías
Sexuales, A.C.）」に改称されている ［Reding 1998: 18-19; Mota 2009: 26］。同団体を足
掛かりとして、モンテレイ大都市圏では続々と LGBT 団体が生まれた。

5章　メキシコ　　217

　そうした団体の一つが、メトロポリタン・コミュニティ・チャーチ（ICM）のモンテレイ支教会「灯台（Casa de Luz）」である。「灯台」は、1998年に米国人のディビッド・ペティット（David Pettit）とメキシコ人の手で創設され、それ以降は宗教的な同性婚を司式する数少ない教会であることが現在まで国内で広く認識されている［Mota 2009: 26］。

　そして「性的少数者の権利要求のための集団行動協会」や「灯台」などが中心となり、警察による同性愛者や異性装者の恣意的逮捕に抗議するために、2001年にモンテレイ大都市圏で第一回プライド・パレードが開催された［Mota 2009: 26］。それ以降、現在までパレードは継続されているが、現在では名称は「多様性パレード（Marcha de la Diversidad）」に変更されている〔27〕。

　当事者による議会参加への挑戦としては、2003年に Male to Female（MTF）のトランスジェンダーで通称グレンダ（Glenda）を名乗るマリオ・アロンソ・プラード（Mario Alonso Prado）が、ヌエボ・レオン州の LGBT コミュニティ初のカムアウトをしている候補者として「可能なメキシコ党（Partido México Posible）」から州議会議員に立候補したが、落選した［Mota 2009: 26］。2009年選挙では、そのグレンダと、さらにはゲイ4名の計5名の候補者が州・市議会選挙に挑み、そのうち制度的革命党（PRI）から出馬したマリオ・ロドリゲス・プラータスがモンテレイ市議会の代理議員（regidor suplente）に当選した［Mota 2009: 26］。そして女性や先住民のみならず LGBT にもアファーマティブ・アクションが適用された2021年の全国選挙では、ヌエボ・レオン州において合計40名の LGBT 当事者が諸政党から国・州・市レベルの議員に立候補したものの、誰一人として当選できなかったが、その大半が制度的革命党（PRI）と国民行動党（PAN）の連合からの出馬であった〔28〕。

　このようにヌエボ・レオン州では、コアウイラ州と違って LGBT 活動家自身の活躍が目立つが、ロドリゲス・プラータスを含めて LGBT 活動家自

---

〔27〕 2023年3月5日、モンテレイ大都市圏で LGBT 団体「包摂するヌエボ・レオン（Nuevo León Incluyente）」を主宰するマリオ・ロドリゲス・プラータス（Mario Rodriguez Platas）へのインタビュー。プラータスは筆者に、「LGBT 当事者以外の家族や友人を含める目的で自分が名称変更を提案し、2007年から変えた」と述べた。

〔28〕 "Nuevo León suma 40 candidatos LGBT; PRI-PRD tiene la mayoría." Proceso, 7 de mayo, 2021. https://www.proceso.com.mx/nacional/estados/2021/5/7/nuevo-leon-suma-40-candidatos-lgbt-pri-prd-tiene-la-mayoria-263508.html（2024年5月31日閲覧）

218 ラテンアメリカのLGBT

身がLGBTの権利保障に繋がる立法に直接携わるところまでいかなかった。その原因は、ヌエボ・レオン州では当事者候補の当選が難しい上に、州議会が保守派で占められており、そのような立法に腰が重かったためである。

　業を煮やしたモンテレイ大都市圏のLGBT活動家たちは、2013年の新アンパロ法の導入を機に、多くのカップルを集めて集団でアンパロを使って国家最高司法裁判所（SCJN）に訴えて、当該カップルに限定された同性カップルの権利保障を求めるプロジェクト「訴訟（LITIGA）」を開始した〔29〕［Ruiz 2018］。同プロジェクトを通してアンパロを繰り返している時に、2015年の国家最高司法裁判所による法解釈テーゼが出た。それを受けて、2016年2月にアンパロによってヌエボ・レオン州内で最初の同性カップルが個別に同性婚を認められると、それ以降に同様の形で同性婚を勝ち取る個別カップルが相次ぎ、2017年には同時に59組のカップルが同性婚を認められた［Ruiz 2018: 49］。

　しかしそのように国家最高司法裁判所が個別カップルに同性婚を認めても、ヌエボ・レオン州議会は正式な同性婚導入の法改正に着手しなかった。そこでLGBT活動家は、国家人権委員会（CNDH）を頼った。国家人権委員会は2017年に「勧告」を出してヌエボ・レオン州に民法改正を迫り、2018年2月には「憲法違反をめぐる訴訟」を起こした［Ruiz 2018: 49］。最終的に、2019年2月に国家最高司法裁判所が、州政府に民法を改正し同性婚を認可せよと命じた〔30〕。

　しかし、ヌエボ・レオン州では州民法改正がなされずに、州法では明文化されないままに行政手続きの上で「事実上」同性婚が認可されることになった。その状況は、メキシコ全州で同性婚が認可された後の2023年6月に、ヌエボ・レオン州の州議会が州民法を、賛成22名、反対10名で正式に改正するまで続いた〔31〕。そのため、約4年半にわたって同州のLGBTカッ

〔29〕 "Recurren a amparos para que se aprueben bodas gay en el país." *Proceso*, 13 de noviembre, 2013. https://www.proceso.com.mx/nacional/2013/11/13/recurren-amparos-para-que-se-aprueben-bodas-gay-en-el-pais-125838.html（2024年5月31日閲覧）
〔30〕 "Saluda CNDH la sentencia de la SCJN que invalida disposiciones legales que impídan contraer matrimonio a personas del mismo sexo en el estado de Nuevo León." CNDH, 20 de febrero, 2019. https://www.cndh.org.mx/documento/saluda-cndh-la-sentencia-de-la-scjn-que-invalida-disposiciones-legales-que-impedian（2024年5月31日閲覧）
〔31〕 "Congreso de Nuevo León aprueba el matrimonio igualitario." *Expanción Política*, 14 de junio, 2023.

プルは不安定な状態に置かれた。実際 2023 年 3 月には、ヌエボ・レオン州ガルシア市の民事登録局（Registro Civil）を訪れた同性カップルが登録局職員から「根拠規定がない」として婚姻登録を拒否され、モンテレイ市の LGBT 活動家が当該民事登録局にかけあって同性婚認可を認めさせるという出来事も発生した〔32〕。

　このようにヌエボ・レオン州の特徴は、LGBT 運動が比較的早期に展開したにもかかわらず、同性婚認可が大幅に遅れたことである。

（3）タマウリパス州——同性婚認可の一番遅れた最も保守的な州

　タマウリパス州は北東部 3 州の中で唯一メキシコ湾側に位置し、州人口は全 32 州中 14 番目で 352 万人を超える。歴史的に米国テキサス州との関わりが深く、産業の中心も米国向けの農業と工業である。米国との関係から州南部にある人口 34 万 9000 人の州都シウダード・ビクトリア市よりも、人口 70 万 4000 人のレイノサ市、人口 54 万 1000 人のマタモーロス市および人口 42 万 5000 人のヌエボ・ラレード市と、米墨国境の諸都市の方が大都市になっている〔33〕。そうした米墨国境沿いの諸都市は、メキシコ麻薬戦争の中で長らく麻薬密輸組織とメキシコ軍・警察の一大抗争地帯になってきた［グリロ 2014］。その影響で、タマウリパス州側の国境の都市では麻薬団による米国人の誘拐や殺害が今なお発生し続けている。

　タマウリパス州は、米国の影響を強く受けているので米国の LGBT 運動がいち早く伝わりそうであるが、実際には州内で LGBT 運動が盛り上がり、プライド・パレードが開催されるのは、北東部の他 2 州よりも遅れた。

　プライド・パレードについて言うならば、タマウリパス州内で最も早く開催されたのは、2012 年のマタモーロス市である。その後、2013 年にはヌエボ・ラレード市、2014 年には州南部タンピコ市、2015 年には州都シウダード・

---

https://politica.expansion.mx/estados/2023/06/14/congreso-de-nuevo-leon-aprueba-el-matrimonio-igualitario（2024 年 5 月 31 日閲覧）

〔32〕2023 年 3 月 12 日、プロジェクト「訴訟」を主導し、LGBT 団体「ジェンダー、倫理、セクシュアル・ヘルス協会（Genero, Etica y Salud Sexual, A.C.）」を主宰する活動家マリアウロラ・モタ（Mariaurora Mota）へのインタビュー。

〔33〕"División municipal en Tamaulipas." INEGI, https://cuentame.inegi.org.mx/monografias/informacion/tam/territorio/div_municipal.aspx（2024 年 5 月 31 日閲覧）。

220　　ラテンアメリカのLGBT

ビクトリア市、2016年にはレイノサ市でも初めて開催されている。ヌエボ・レオン州が2001年から、コアウイラ州が2008年から始まっていて、その両州も同じように米国との関係性が深いことを考えると、タマウリパス州のプライド・パレードの開始は大幅に遅れたと言わざるをえない。

　パレードの前提となるLGBT運動がいつからタマウリパス州内で始まったかは定かではない〔34〕。しかし既に1998年の段階で、南部タンピコ市近郊のマデーロ市に2つの「エイズと闘う」団体があり、国境の街のヌエボ・ラレード市では国境の反対側にある米国のラレード市の団体がエイズ対策支援をしていた。もっとも、当時の制度的革命党（PRI）所属のタマウリパス州知事は、連邦政府の政権与党であった国民行動党（PAN）の「同性愛嫌悪」の思想に共鳴していたことから、マデーロ市にあった「エイズと闘う」団体の一つは2000年の段階で既に解散していた〔35〕。

　その後もタマウリパス州内において、LGBT活動家は危険な環境にあり、同性愛嫌悪による殺人が頻発している。代表例としては、2007年1月にマタモーロス市の有名なLGBT活動家エルネスト・レアル・ロドリゲス（Ernesto Leal Rodríguez）が同性愛嫌悪と見られる理由で自宅で殺害された事件がある［Corrales 2014: 93-94］。そうした環境もまた、タマウリパス州内におけるプライド・パレードの開始の遅れに大きく影響を及ぼしている。そして、同性婚認可もメキシコ全32州で最後になったのである。

　このようなLGBT運動にとって恵まれた環境ではないタマウリパス州において、どのようにして同性婚は認可されたのであろうか。最初の動きは、2010年の首都における同性婚認可を受けて、まだ州内でプライド・パレードが始まる前の2011年に、LGBT活動家が州議会に対して同性婚認可を求める署名活動を開始したことだった〔36〕。ただし、その署名活動を踏まえて、実際に州議会が同性婚認可の議論を始めることはなかった。

〔34〕現在まで、タマウリパス州内のLGBT運動について整理した研究論文も報道もない。
〔35〕"Mexico: The treatment of homosexuals in Tamaulipas and whether there are support or advocacy groups acting on their behalf in Tamaulipas (1998 to August 2000)." Immigration and Refugee Board of Canada, August 23th, 2000. https://www.refworld.org/cgi-bin/texis/vtx/rwmain?page=printdoc&docid=3ae6ad6a5c（2023年7月31日閲覧）
〔36〕"Congreso del Estado podría legalizar el matrimonio gay en Tamaulipas." *Hoy Tamaulipas*, 1 de julio, 2011. https://www.hoytamaulipas.net/notas/36846/Congreso-del-Estado-podria-legalizar-el-matrimonio-gay-en-Tamaulipas.html（2024年5月31日閲覧）

5章 メキシコ　221

　そのために、タマウリパス州のLGBT活動家はヌエボ・レオン州のプロジェクト「訴訟」と同じように、アンパロを使って個別カップルの同性婚認可を求める方向に舵を切った。実際に、2014年に州内57組のカップルがアンパロを使用して国家最高司法裁判所（SCJN）に訴えて、同年に勝訴した[37]。その後、同様の判決が相次いだために、決定を不服とするタマウリパス州は国家最高司法裁判所に異議申し立てをした。しかし国家最高司法裁判所は、2015年に出した2つの法解釈テーゼに基づいて、異性間に限定した婚姻規定は違憲であるとし、2017年2月にタマウリパス州に対して90営業日以内に州民法を改正するように命じた【Amparo en Revisión 482/2016】。しかし、その国家最高司法裁判所の命令をタマウリパス州は無視した。そのために、タマウリパス州のLGBT活動家にとっては、アンパロを使って個別に同性婚認可を求めていかざるをえない状況が続いた[38]。

　やっとタマウリパス州の州議会が動いたのは、2022年10月のことであった。同年5月に、かつて国民再生運動（MORENA）に所属し2021年から国民行動党（PAN）に移籍した州議員のナンシー・ルイス・マルティネス（Nancy Ruíz Martínez）が「人権、ジェンダー平等および立法研究合同委員会（Comisiones Unidas de Derechos Humanos, Igualdad Género y Estudios Legislativos）」で民法改正の発議をしたものの、委員会に出ていた国民行動党と制度的革命党に所属する大部分の議員に拒否された[39]。ところが10月になると、同じくナンシー・ルイスの発議による同性婚認可の州民法改正が、賛成23名、反対12名、棄権1名という結果で認められた[40]。これは、ゲレーロ州議会に一日遅れた承

---

[37] "Ganan 57 parejas gays amparo para casarse." *La Jornada*, 21 de octubre, 2014. https://www.jornada.com.mx/2014/10/21/estados/032n1est、および "Avalan amparo para bodas gay en Tamaulipas." *Milenio*, 3 de octubre, 2014. https://www.milenio.com/politica/avalan-amparo-para-bodas-gay-en-tamaulipas（2024年5月31日閲覧）

[38] "Implusan amparos matrimonio LGBT." *Expreso.press*, 6 de septiembre, 2018. https://expreso.press/2018/09/06/impulsan-amparos-matrimonio-lgbt/（2024年5月31日閲覧）

[39] "Frenan bodas gay PAN y PRI; polemizan diputados." *El Mañana*, 4 de mayo, 2022. https://www.elmanana.com/tamaulipas/cdvictoria/frenan-bodas-gay-pan-y-pri-polemizan-diputados/5538545（2024年5月31日閲覧）

[40] タマウリパス州議会のWebsite（"Directorio legistrativo." Congreso del Estado de Tamaulipas, https://www.congresotamaulipas.gob.mx/AsambleaLegislativa/Directorio Legislativo/DirectorioLegislativo.asp（2024年6月10日閲覧））によれば、投票時の議会構成は、国民再生運動（MORENA）16名、国民行動党（PAN）13名、制度的革命党（PRI）3名、市民運動（Movimiento Ciudadano）1名、無所属3名の合計36名である。このうち棄権者1名は国民再生運動の所属と判明しているが、

認であり、メキシコ全 32 州の中で最後の同性婚承認となった〔41〕。

　このような形でタマウリパス州は、同じ北東部でもコアウイラ州およびヌエボ・レオン州とまったく異なる展開を辿った。まず、LGBT 運動が州全体の保守性もあって盛り上がるのに時間がかかり、プライド・パレードの開始が他の北東部 2 州に比べて遅れた。さらには州議会が国家最高司法裁判所による州民法改正命令を受けても無視し続けたがゆえに、LGBT 活動家はヌエボ・レオン州のプロジェクト「訴訟」と同様のアンパロを用いた、個別カップルごとの同性婚認可を取り続けるしかなかった。そして、最終的に州議会が紛糾する形で、違憲判決から 5 年もかかって民法改正をすることで全 32 州の中で最後に同性婚を承認したのである。それは、民法改正の手続きを経ずに、国家最高司法裁判所の命令によって行政手続きの上で同性婚をとりあえず「事実上」認めたヌエボ・レオン州のやり方とはまったく異なっていた。

（4）北東部 3 州における LGBT 運動の展開と同性婚認可プロセスの多様性

　本節では、コアウイラ州、ヌエボ・レオン州、タマウリパス州の北東部 3 州における LGBT 運動の展開と同性婚認可のプロセスを見てきた。ここまでで分かるように、首都とは大きく異なる展開を辿っていた。

　コアウイラ州では、ベラ司教とモレイラ州知事という二人のアライの存在が大きかった。初期 LGBT 運動の展開も同性婚認可の点でもアライの影響力が極めて大きいという、特異な州だったのである。

　それに対してヌエボ・レオン州では、LGBT 運動が当事者の力で展開し、プライド・パレードの開始時期は早かった。しかし、州議会に同性カップルの権利保障をなかなか認めて貰えずに、国家人権委員会（CNDH）および国家最高司法裁判所（SCJN）に頼りながら何とか同性婚承認を「形式的」に達成した。活動家の力だけではどうにかならず、司法機関の活躍が決定打になった州であったと言ってよい。

　賛否内訳の詳細は不明である。
〔41〕 "Tamaulipas aprobó matrimonio igualitario: ya es legal en todo México." *Infobae*, 26 de octubre, 2022. https://www.infobae.com/america/mexico/2022/10/26/tamaulipas-aprobo-matrimonio-igualitario-ya-es-legal-en-todo-mexico/（2024 年 5 月 31 日閲覧）

5章　メキシコ　　223

表 5-2　北東部 3 州における LGBT 運動および同性婚認可の展開

	コアウイラ州	ヌエボ・レオン州	タマウリパス州
州内初の LGBT 団体	2002 年　サン・アエルレド（サルティーヨ市）	1994 年　ナンシー・カルデナス協会（モンテレイ大都市圏）	※ 1998 年にはエイズ関連に目的を絞った LGBT 団体は存在
州内初の プライド・パレード	2008 年　トレオン市	2001 年　モンテレイ大都市圏	2012 年　マタモーロス市
シビル・ユニオン	2007 年　民事連帯契約	なし	なし
同性婚認可	2014 年　州議会で州民法改正	2018 年　国家人権委員会（CNDH）が最高司法裁判所（SCJN）に提訴 2019 年　SCJN の違憲判決により民法改正なしで行政手続き上は同性婚認可 2023 年　州民法改正	2017 年　SCJN がアンパロの判決に伴って同性婚認可するように州民法改正を命令するもタマウリパス州議会は無視 2022 年　州議員の発案で州民法改正

（注）コアウイラ州とタマウリパス州の州内初の LGBT 団体は判明している範囲に限る。
（出所）本節の記述を元に筆者作成。

　ヌエボ・レオン州の同性婚認可の事例が示しているのは、いくら LGBT 運動が州内で十分に展開していても、その運動が当該行政による LGBT の権利保障に直接的に結びつくとは限らないことである。ヌエボ・レオン州とは逆ではあるが、コアウイラ州の事例でも似たことが言える。コアウイラ州の場合には、2007 年の民事連帯契約が州議会によって成立した後に州内でプライド・パレードが始まっており、州内の LGBT 運動の際立った展開が同性カップルへの権利保障をもたらした形にはなっていない。もちろんメキシコ全体で見れば、首都における LGBT 運動の歴史があり、国政や首都の市政レベルでは LGBT の人権意識の高まりによって先行して法整備がなされている。ただ、国政と首都における人権意識の高揚がコアウイラ州のように直接影響することもあれば、ヌエボ・レオン州のように保守性が高いがゆえにほとんど影響しないこともある。LGBT の権利保障、特に同性カップルへの権利保障の成立は、必ずしも当該自治体内の LGBT 運動によって直接的に引き出されるものでもなく、連邦主義を取るメキシコでは州によって異なる形で進んできたと言えるのである。
　最後に、一番同性婚認可に手間取った、タマウリパス州の事例である。米

224　ラテンアメリカのLGBT

国から情報を得やすい環境にありながら、LGBT運動の展開は遅れて、プライド・パレードの開始も北東部3州で一番遅い2012年になってからであった。そうした厳しい環境にあるため、タマウリパス州の活動家はヌエボ・レオン州と同様に、アンパロに頼って個別カップルの権利保障を勝ち取る戦略を取らざるをえなかった。しかしアンパロに付随して出された最高司法裁判所による州民法改正の命令さえ、州政府が無視するという異常事態が起こった。その結果として、北東部3州の中でもメキシコ全州の中で同性婚認可が最も遅れた州になったのである。タマウリパス州は、LGBT運動の展開も遅れ、司法判断も決定打とならず、他のほぼ全州で同性婚が導入されたという国内の動きがあって初めて動いた州であった。

おわりに──日本への視座

　本章では、連邦主義を掲げるメキシコの州ごとに異なるLGBT運動と、同性婚認可の動きを見てきた。国政や首都の動きだけを追っていては十分に理解できないほどに、州ごとに多様な展開がある。そして最終的に、同性婚認可を渋る保守州を押し切る力となったのは、国家最高司法裁判所（SCJN）や国家人権委員会（CNDH）だった。メキシコ全32州における同性婚認可を最終的に決定づけたのは、司法の力だったのである。

　さて、こうしたメキシコの展開は日本にとってどのような視座をもたらすのであろうか。連邦主義を掲げて州ごとに民法が異なるメキシコと、国家法としての民法しかない日本では大きく制度が異なるので、何も日本への視座はもたらしてくれないと考える人もいるであろう。しかし、そうではない。大きく言って3つの手がかりを提示してくれる。

　第一に、多様な自治体での権利保障が進展することに伴った、保障内容の標準化がある。メキシコでは、首都における同性婚認可が他州でも有効になるかどうかが問題となった。そして、その問題はメキシコ合衆国憲法の規定に基づいて国家最高司法裁判所が「全州で有効」とすることによって、権利保障が行政の境界を越えて認められた。それに伴って、自分の州でも同性婚認可を求めるという形で、州を越えた権利保障の標準化が問題になっていた。

同じようなことは現代日本でも生じている。日本では、地方自治体の判断で登録パートナーシップ制度の導入が相次いでいる［横尾 2023: 196-199］。東京都では 2022 年 11 月から登録パートナーシップ制度が認められたが、それと同時に、同様の制度を先行して導入していた都下の自治体との都内における制度連携が始まった〔42〕。その連携は、他自治体で認められた登録パートナーシップを、都下の他の自治体に移動しても有効と見なすというものである［上村 2024b: 68］。ただ自治体ごとに保障内容に大幅な違いを認めている現状の方式では、権利保障の手厚い自治体から薄い自治体へ移動する利用者の不満が生まれる。首都メキシコシティの同性婚の効力および内容がメキシコ全土で有効か否かが問題になったように、都内でも問題になるはずである。その過程で、メキシコのように東京都全体での権利保障の標準化が模索される可能性が高い。そしてそうした標準化が都道府県を跨いで互換できる状況になれば、日本でも地方自治体レベルの出来る範囲において、国政による決定を経ずとも「事実上」国家全体で登録パートナーシップ制度が認められる可能性が高まるであろう〔43〕。

　第二に、同性婚認可に向けた司法介入の条件である。メキシコの場合には、司法が全州における同性婚認可の切り札になった。ただし、その役割を司法が果たせたのは、それが動けるだけの人権改革や司法制度改革が先に行われて司法に機動力が付与されていたこと、そしてメキシコ合衆国憲法 1 条の修正や差別禁止法といった判決の根拠になる国家法が制定されていたことによる。そうしたメキシコと日本を比べると、日本の場合は憲法修正が極めて難しく、司法の独立性を高める改革が一切行われていない。そのために、メキ

〔42〕「東京都パートナーシップ宣誓制度（都内自治体との連携）」東京都、https://www.soumu.metro. tokyo.lg.jp/10jinken/page/partnership03.html（2024 年 5 月 31 日閲覧）

〔43〕既に日本では、都道府県の境を越えた形での登録パートナーシップ制度の互換が模索され始めている。現在行われているのは、大都市圏への通勤者を想定した制度連携である。例えば、2023 年 10 月には、大宮への通勤者と転勤者を想定して、埼玉県さいたま市と茨城県が登録パートナーシップ制度の連携協定を結んでいる（「茨城県と「パートナーシップ宣誓制度の連携に関する協定」を締結します」さいたま市、2023 年 10 月 30 日。https://www.city.saitama. lg.jp/006/014/008/003/012/007/p100044.html（2024 年 5 月 31 日閲覧）。また 2024 年 4 月からは、大阪・京都・神戸への通勤者と転勤者を想定して、大阪府・京都府・兵庫県の一部自治体間で同じく登録パートナーシップの連携協定が始まっている（「大阪・兵庫とパートナーシップ宣誓制度の都市間連携を開始し、31 自治体に拡充します！」京都市情報館、2024 年 1 月 31 日。https://www. city.kyoto.lg.jp/bunshi/ page/0000322343.html（2024 年 5 月 31 日閲覧））

226　　ラテンアメリカのLGBT

シコ全州の同性婚認可における司法の活躍は参考にならないように見えるかもしれない。しかし、メキシコの例は国家法が先行してあることの意義を再認識させてくれるはずである。

　日本でも、2023年6月に国会で「性的指向及びジェンダーアイデンティティの多様性に関する国民の理解の増進に関する法律」（通称：LGBT理解増進法）が賛否両論の中で可決された。そうしたLGBT理解増進法は、骨抜きの理念法であるという批判の声も大きい［e.g. 神谷2023: 51-69］。しかし、理念法であれ、国家法が出来た意義は少なくない。メキシコの国家最高司法裁判所が同性婚認可を支持する判決を出せるようになったのは、国家法という明確な根拠が出来たからである。そのことを考えるならば、日本のLGBT理解増進法も最高裁判所の判決の根拠となりうる国家法が出来たという意味では、決して小さなものではないと考えるべきである。実際、LGBT理解増進法が成立した後に、最高裁判所はLGBTの権利を守る判決を出している。たとえば、2003年の性同一性障害特例法における性別変更のための「生殖不能の手術要件」については、2023年10月には最高裁判所大法廷が全員一致で違憲判決を出している〔44〕。

　第三に、同性婚認可までの多様な道筋である。メキシコの場合には、必ずしも州民の過半数が納得しているという背景があった上で同性婚認可がなされたわけではない。州行政の中心にアライが登場するだけで同性婚認可がされる州も、国家最高司法裁判所の命令で同性婚認可のための州民法改正をする州もある。民法改正を経ない行政手続き上の同性婚認可が「事実上」なされる州も、国家最高司法裁判所の命令が出ても無視して民法改正を渋って同性婚導入までに時間がかかる州もある。同性婚認可と言っても道筋は一つではない。メキシコが日本に示しているのは、同性婚認可に至るまでに一つの道筋だけを「正解」と思い込む必要はまったくないことである。

　このように、連邦主義のメキシコにおける多様な同性婚認可のプロセスは、多様な道筋があることを示し、日本に対して国家的な同性カップルの権利保障に至るまでの道筋を一つに絞る必要がないことを示してくれているのであ

───────────────
〔44〕「性別変更、生殖不能の手術要件は「違憲」 最高裁決定」日本経済新聞、2023年10月25日。
　　https://www.nikkei.com/article/DGXZQOUE17D8I0X11C23A0000000/（2024年5月31日閲覧）

る。

【引用文献】

〈日本語文献〉

上村淳志　2014.「逆輸入される解放の神学——ラテンアメリカにおける同性愛神学の影響」『ラテンアメリカ・カリブ研究』21: 20-32.

―――　2020.「現代メキシコにおける性文化の混淆実態——政治的状況によって異なる同性愛言説の共存形態」『地域政策研究』（高崎経済大学地域政策学部）22(4): 173-190.

―――　2021.「LGBT 運動」ラテンアメリカ文化事典編集委員会編『ラテンアメリカ文化事典』丸善出版 : 178-179.

―――　2023.「カトリック聖職者の支援によって生まれた州内初の LGBT 団体——メキシコ北東部コアウイラ州サルティーヨの事例」『コメット通信』37【'23 年 8 月号】: 5-7.

―――　2024a.「メキシコの同性婚認可における最高司法裁判所の存在感——人権意識の進展、司法制度改革、2013 年アンパロ法の施行」『イベロアメリカ研究』45: 53-69.

―――編　2024b.「東京都下における同性カップルへの権利保障の展開——4 自治体の比較を通して」『2023 年度　社会調査実習報告書 vol. 40』（明治学院大学社会学部社会学科）、pp. 43-83.

神谷悠一　2023.『検証「LGBT 理解増進法」——SOGI 差別はどのように議論されたのか』かもがわ出版.

グリロ、ヨアン　2014.『メキシコ麻薬戦争——アメリカ大陸を引き裂く「犯罪者」たちの叛乱』山本昭代訳　現代企画室.

鼓　宗　2003.「メキシコにおける前衛主義——『同時代人』*Contemporáneos* 誌を中心に」『関西大学外国語教育研究』5: 69-80.

豊田　紳　2019.「腐敗した共和国を救いうるか——メキシコ・国民再生運動と新大統領ロペス＝オブラドール」『ラテンアメリカ・レポート』35(2): 41-54.

杉守慶太　2001.「サパティスタ運動——「内と外」に迫る二つの変革」『ラテンアメリカ・カリブ研究』8: 14-22.

中川和彦　1984.「メキシコ国婚姻法の素描」『成城法学』18: 1-33.

畑　惠子　2019.「性的マイノリティと人権——国際社会、日本、ラテンアメリカ」大曾根寛編『福祉社会へのアプローチ——久塚純一先生古稀祝賀　下』成文堂 : 277-303.

―――　2021a.「セクシュアリティの多様性をめぐるラテンアメリカ社会の変容」畑惠子・浦部浩之編『ラテンアメリカ——地球規模課題の実践』新評論 : 103-123.

―――　2021b.「メキシコシティにおけるプライド・パレード」（パネル A「プライド・パレードと LGBT 運動——6 か国比較から見えてくるもの」）、ラテンアメリカ学会第 42 回定期大会（オンライン開催）、6 月 5 日.

横尾俊成　2023.『〈マイノリティ〉の政策実現戦略——SNS と「同性パートナーシップ

228 ラテンアメリカの LGBT

制度」』新曜社.

〈外国語文献〉

Águila, Acata Isaías 2013. "Amparo por omisión." *Inventio*, 9(18): 33-36.

Aguirre, Orlando Inocencio Martínez 2020. *Neoliberalismo y hermenéuticas de derechos humanos en México y en el Mercosur: un campo de batalla*. New York: Peter Lang.

Anguiano, Jesse 2019. "Repression and Resistance: A Social History of the Gay Social Movement of Tijuana, México 1980-1993." Unpublished PhD. Thesis presented at the Western Michigan University.

Arellano, Edgar Velázquez 2020. *¿Qué es el amparo?: el juicio de amparo mexicano*. Independently Published.

Bárcenas, Karina Barajas 2020. *Bajo un mismo cielo: las iglesias para la diversidad sexual y de género en un campo religioso conservador*. Ciudad de México: Instituto de Investigaciones Sociales de la Universidad Nacional de Autónoma de México.

Carrier, Joseph 1995. *De los Otros: Intimacy and Homosexuality among Mexican Men*. New York: Columbia University Press.

Casas, María de la Luz Martínez 1999. "Homosexualidad: de lo privado a lo público." *Istmo* (Centros Culturales de México A.C.), 243: 26-29.

Coddou, Alberto Raúl Mc Manus 2018. "A Transformative Approach to Anti-Discrimination Law in Latin America." Unpublished PhD. Thesis presented at University College London.

Comisión Nacional de los Derechos Humanos (CNDH) 2018. *Diversidad sexual y derechos humanos*. Ciudad de México: CNDH.

Comunicación, Intercambio y Desarrollo Humano en América Latina (CIDHAL) 2021. *La aplicación de la paridad en el proceso electoral 2020-2021*. Cuernavaca, Morelos: CIDHAL.

Concha, Hugo Alejandro Cantú 2015. "The Justice System: Judiciary, Military, and Human Rights." In Laura Randall ed., *Changing Structure of Mexico: Political, Social, and Economic Prospects, 2nd ed*. London and New York: Routledge.: 361-383.

Consejo para Prevenir y Eliminar la Discrminación de la Ciudad de México (COPRED) 2015. "Declaratoria de la CDMX: Ciudad amigable LGBTTTI. 21, 22 y 23 de noviembre." Ciudad de México: COPRED.

Consejo Nacional para Prevenir y la Discrminación（CONAPRED）2011. *Encuesta nacional sobre discriminación en México, Enadis 2010: resultados generales*. Ciudad de México: CONAPRED.

―――― 2018. *Encuesta nacional sobre discriminación (Enadis) 2017: prontuario de resultados*. Ciudad de México: CONAPRED.

Corrales, Salvador Corrales 2014. "Patrones y prácticas de discriminación social en Matamoros." En Arturo Zárate Ruiz coord., *Matamoros violento, Tomo II: la ilegalidad en su cultura y la debilidad en sus instituciones*. Tijuana, B.C.: El Colegio de Frontera Norte.: 73-108.

De la Dehesa, Rafael 2010. *Queering the Public Sphere in Mexico and Brazil: Sexual Rights Movements in Emerging Democracies*. Durham and London: Duke University Press.

Díez, Jordi 2011. "La trayectoria política del movimiento lésbico-gay en México." *Estudios Sociológicos*, 29(86): 687-712.

———— 2015. *The Politics of Gay Marriage in Latin America: Argentina, Chile and Mexico.* New York: Cambridge University Press.

Flores, Oscar Torres 2018. "Los derechos humanos en Coahuila: un análisis histórico." En Rubén Ignacio Moreira Valdez coord., *Los derechos humanos en Coahuila: una nueva política de Estado (2011-2017).* Ciudad de México: MAPorrúa.: 11-18.

Irwin, Robert McKee 2004. ""Las inseparables" y la prehistoria del lesbianismo en México." *Debate Feminista*, 29: 83-100.

Laguarda, Rodrigo 2005. "De lo rarito al ambiente: aproximación a la construcción de la identidad gay en la Ciudad de México." *Clío*, 5(34): 119-131.

Lugo, Paloma Saucedo 2018, "El matrimonio igualitario en Coahuila." En Rubén Ignacio Moreira Valdez coord., *Los derechos humanos en Coahuila: una nueva política de Estado (2011-2017).* Ciudad de México: MAPorrúa.: 211-221.

Macías, Víctor M. González 2014. "The Transnational Homophile Movement and the Development of Domesticity in Mexico City's Homosexual Community, 1930-70." *Gender & History*, 26(3): 519-544.

Martínez, Calros Arturo Carmona 2020. *El movimiento LGBT en la Ciudad de México: una mirada sociológica a su institucionalización.* Ciudad de México: Instituto de Investigaciones Sociales de la Universidad Nacional de Autónoma de México.

Molina, José Luis Hernández 2003."Configuración regional del territorio religioso en México, 1950-2000." *Frontera Norte*, 15(30): 91-119.

Mota, Mariaurora comp. 2009. *Libro arcoiris: el colectivo lésbico, gay, bisexual y transgénero frente a las elecciones de Nuevo León 2009.* Monterrey, N.L.: Oficio Ediciones.

Ovalle, José Favela 2016. "Derechos humanos y garantías constitucionales." *Boletín Mexicano de Derecho Comparado*, 49(146): 149-177.

Pérez, José Adolfo de la Rosa, Anabell Chumacero Corral y Paula Judith Vallarta Mar 2018. "Rectificación de acta por reasignación de concordancia sexogenérica." *Revista Iberoamericana de Ciencias*, 5(6): 135-147.

Reding, Andrew 1998. "Mexico: Treatment of Homosexuals (Question & Answer Series/ Mex/98.001)." New York: INS Resource Information Center.

Ruiz, José Fabián 2018. "La participación ciudadana en la ampliación de los derechos civiles en Nuevo León: el caso de proyecto Litiga." *Trayectorias*, 20(46): 42-65.

Sloan, Kathryn A. 2011. "The Penal Code of 1871: From Religious to Civil Control of Everyday Life." In William H. Beezley ed., *A Companion to Mexican History and Culture*. Malden: Wiley-Blackwell.: 302-315.

Torres, Antonio Ruiz 2011. "HIV/AIDS and Sexual Minorities in Mexico: A Globalized Struggle for the Protection of Human Rights." *Latin American Research Review*, 46(1): 30-53.

Tzec, Germán Pasos 2015. *Mérida gay: crónica de los movimientos LGBTTT en la ciudad de Mérida (1960-2014).* Mérida: LibrosEnRed.

6 章

コスタリカ

民主主義体制における保守主義と LGBT の権利保障

尾尻　希和

コスタリカにおける LGBT の権利保障年表

西暦	国政	LGBT 関連
1821	スペインから「中米連邦」の一部の「コスタリカ州」として独立	
1848	「コスタリカ共和国」成立	
1855 ～ 1857	ウォーカー事件	
1884 ～ 1886	自由主義政権による「反カトリック法制」	
1948	コスタリカ内戦	
1949	現行憲法制定。「国教」規定維持	
1971		ソドミー法廃止
1987		「エイズに対する戦い全国協会」設立
1998		エイズ対策法成立
2006		憲法裁判所が家族法の中の同性婚禁止条項を合憲と判断
2010		第1回プライド・パレード実施
		「ヘイト国民投票」実施に違憲判決
2013		同性愛者やトランスジェンダーへの「手入れ」の根拠となった刑法の「公序良俗に反する行為」のうちホモセクシュアリズムと売春を削除
2014	PAC のソリス大統領就任	「反ホモフォビアの日」に大統領公邸で初めてレインボーフラッグが掲げられる
2015		保健法の規制改正により同性カップルに家族の便宜を適用開始
		政府が LGBT 差別禁止の政令発出
2018	大統領選挙の第1回投票で同性婚反対派が1位。決選投票で同性婚賛成派の PAC のカルロス・アルバラド候補が逆転勝利	米州人権裁判所が同性婚禁止について「米州人権条約違反」とする意見勧告
		憲法裁判所が家族法の中の同性婚禁止条項を違憲と判断
2020		同性婚法制化
2022	大統領選挙で与党 PAC 候補の得票率が1%に届かず敗退	公務員基本法成立により LGBT の権利についての公務員研修を非義務化
		刑法改正、ヘイトクライム（性的指向を含む）に対する罰則を規定

はじめに

コスタリカは1953年以降、公正で民主的な選挙を通じて公職者を選出することが続いており、ラテンアメリカ最古の民主主義とされる。常備軍を廃止し、教育に力を入れ、環境保全にも熱心な国であることから、2017年には『コスタリカの奇跡 積極的平和国家のつくり方』というドキュメンタリー映画が日本で上映されるなど、コスタリカのファンが日本にも多くいるのは周知のとおりである。

そのコスタリカでは2020年に同性婚が法制化され、LGBTの権利保障の面では進んでいると言える。しかし同時にコスタリカは、カトリック信仰を憲法で国教と定めるなど、非常に保守的であるのも事実である。実際にメキシコシティやブラジル、アルゼンチンなど「ラテンアメリカのLGBT先進国・都市」に比べれば、同性婚法制化に至る道は遅々としたものであり、最終的には、米州人権裁判所という「外圧」を用いて同性婚が法制化されたのであった。また、トランスジェンダーの人々の性別変更についても、その「外圧」によってパスポートでは変更が可能となったが、日本の「戸籍」にあたる「出生証明書」では変更できないなど、道半ばの状態である。さらに、2022年の公務員基本法の制定にあたり、保守派の圧力で、それまで公務員の義務だったLGBTの権利についての研修の受講が義務ではなくなるなど、一部では後退もみられる。

本章では、このようなコスタリカにおけるLGBTの権利保障の歩みと現状を紹介するとともに、コスタリカにおける政治と宗教の関係を検討する。第1節の第1項「宗教」ではLGBTの権利保障に否定的なカトリック教会がコスタリカにおいて特権的地位にあり、社会に大きな影響力をもっていることを説明する。第2項「法律・制度」では、LGBTに対する差別禁止、同性カップルの権利保護、ヘイトクライム法などについてのこれまでの歩みをまとめ、その多くが立法措置ではなく司法判断によるものであることを示す。第3項「政治」では、コスタリカにおいて二大政党制が崩れ、新規政党が台頭したが、その新規政党によってLGBTの権利が保障されるようになった

ことを説明する。第4項「市民運動」では、法律面でのLGBTの権利の保障の背景には市民組織の連携があったことを指摘する。第2節では、コスタリカのナショナル・アイデンティティの成立過程に目を向け、カトリックがコスタリカのナショナル・アイデンティティとどのような関係にあるのかを検討する。

　まずは第1節で、コスタリカにおけるLGBTの権利保障の歩みをみてみよう。

1．コスタリカのLGBTの権利保障

　コスタリカでは、1980年代後半のエイズ禍を機に、おもに同性愛の人たちによってLGBT運動が牽引され、幾度にもわたる同性婚法案や同性シビル・ユニオン法案の国会へ提出と廃案、さらに「ヘイト国民投票」（否決することによって同性婚や同性シビル・ユニオンを阻止しようとする試み）に対する反対運動を経て、2020年の同性婚法制化に結実した。その歩みは決して平坦ではなく、カトリック教会をはじめとする保守派との対立に彩られている。まずはコスタリカの宗教をみてみよう。

（1）宗教
　本章の冒頭でも述べたように、コスタリカは保守的な社会と言われており、カトリック教会の影響力は大きい。それに加えて近年ではプロテスタントの保守派である福音派も影響力を増している。これら宗教勢力は、公立学校の宗教教育や性教育に介入しているほか、司法府の判事にも心理的な影響力を与えている。

　まずカトリックの影響力についてみてみると、その影響力の大きさは、ラテンアメリカで唯一、コスタリカの憲法でカトリック信仰を「国の公式の宗教（国教）」として規定していることにも表れている（75条）。その起源はコスタリカがスペインの植民地であった時代に制定されたカディス憲法であり、その規定が1821年の独立後もそのまま引き継がれてきた。1844年の憲法では、カトリック教会に対する経済的支援も盛り込まれた［Alpízar 2017: 143］。

この経済的支援は現在も行われており、2014 〜 2016 年の間に、中央政府予算から 0.12%（2014）、0.14%（2015）、0.29%（2016）が教会に支出されている[1]。その他、大統領就任式などの政府の公式行事へのカトリック聖職者の参加、公務員就任時のカトリック式の宣誓など、公的空間におけるカトリック教会の存在感の大きさは枚挙にいとまがない。カトリック教会は、各教会における一般信者に対する布教活動だけでなく、国家に認められた社会の仲介者であるということで、その権威を高めているのである。

　それに加えて、1980 年代以降、プロテスタントの保守派である福音派がコスタリカで勢力を伸ばしているが、コスタリカでは福音派の聖職者の国会議員が誕生し、LGBT の権利の推進の障がいとなっている。そもそもコスタリカでは、聖職者が政治に介入することは禁止されており、カトリックの聖職者は公職に立候補することはできない。しかし、これは「国教」に限ってのことである。コスタリカの法律では宗教といえばカトリックしか想定されておらず、何をもって宗教とするのか、それを定義する法律や宗教団体を規制する法律も存在していない。このため、コスタリカで法的な意味で「聖職者」というのはカトリックの聖職者だけ、ということになってしまっているのである。この「抜け穴」を利用して、コスタリカでは実際に福音派の聖職者が国会議員に立候補して当選している。例えばカルロス・アベダーニョ＝カルボ（Carlos Avedaño Calvo）牧師は 2002 年から 2022 年の間に三期も国会議員をつとめ、最後には国会副議長にまで上り詰めた。近年では、カトリック教会はこれら福音派と「戦略的同盟」を組むことで保守的な政策の実現を推し進めているとされる。何度もコスタリカ国会に提出された同性婚合法化法案や同性シビル・ユニオン法案が一度も委員会を通過することなく廃案となってきたのは、国会における福音派議員の力、そしてそれを後押しするカトリック教会の力が大きいためであると考えられる［Fuentes 2015: 21］。

　コスタリカにおける LGBT の権利保障に影響を及ぼす宗教的要因として、他には、公立学校における宗教教育があげられる。憲法裁判所は 2010 年の判決で、カトリック司教の団体「司教評議会（Conferencia Episcopal）」が宗教教

[1] Cuadros 2, 3, 4, 5, 6, 7 ［Carballo Villagra 2019: 127-152］に示された支出額と、コスタリカ会計院資料 Contraloría General de la República de Costa Rica (2014-2016) の各年刊に示された 2014-2016 年のコスタリカの中央政府予算総額より、筆者が算出。

育の担当教員選びに介入するのは違憲であるとしながら、他方で宗教教育を
「公式宗教教育」と「多様化された宗教教育」の2つの段階に分けることを
命じた。このため「公式宗教教育」の段階では実質的にカトリック教会が教
員を選ぶ余地が残された。その結果、公立学校で教えられている「宗教」と
いう授業ではカトリックの教義、いわゆるカテキズムを完全に脱するには
至っていないという [Méndez 2020: 10-15]。公立学校でカトリックの教義を教
えることと、LGBT の人権を教えることとは矛盾が生じることが想定されよ
う。

　次に、公立学校における性教育に対するカトリック教会の影響力をみてみ
よう。コスタリカではユネスコの協力により1991年に公立学校で性教育が
開始された。当初はテキストづくりにカトリック聖職者が関与し、LGBT な
ど「多様な性」については記述していなかった。しかし2013年に導入され
た新しいテキストでは市民教育の一環として人権や多様性やジェンダーにつ
いて学べる内容となった。するとカトリック教会や福音派をはじめとする保
守派はこのテキストを「ジェンダー・イデオロギー」(序章参照) として強く
批判した。これを受けて父母組織が憲法裁判所に提訴したところ、憲法裁判
所は同内容での教育が憲法違反ではないとしつつも、親が子どもを教育する
自由を認め、自分の子どもにこのプログラムを受けさせたくない場合は学校
に書類を提出すればよい、とした [Sequeira 2019: 67]。

　このように、宗教勢力は広くコスタリカ社会に影響力をもっているが、そ
れが司法を担う裁判官にまで影響を与えていることが窺える。コスタリカで
最初に同性婚の是非が問われたのは2001年であるが、憲法裁判所の判事の
一人が「婚姻は文化的、宗教的に異性間を想定しており、異性カップルだけ
が子どもを養子にできる」と答えた [Jiménez 2017a: 162]。また、「法律・制度」
の項で詳述するが、コスタリカでは2006年に憲法裁判所が、当時の家族法
の同性婚禁止条項について合憲であると判断した。その際、「違憲」に投票
した判事は「カトリック教会の大きな影響力で同性婚禁止条項が定められた
のである」と判決文の「反対意見」に記している [Sala Constitucional 2006]。

　コスタリカにおける宗教については、コスタリカのナショナル・アイデン
ティティとも関わっていると言われているため、本章の後半においては、コ

スタリカにおける国家と宗教の関係を再検討する。その前に、コスタリカにおいてどのように LGBT の権利が制度的に認められてきたのかをみてみよう。

（2）法律・制度

　LGBT の人たちの権利を保障する手立てとして法律は非常に重要であるが、コスタリカにおいては、立法で制定されず、訴訟の末に憲法裁判所が既存の反 LGBT 的性格をもつ法律に違憲判断を下す、あるいは、政府が規制（regulamento）を定めて LGBT の権利を保障するなど、立法以外の手段で確立されてきた事例がほとんどであったという特徴がある。以下では、ソドミー法および公序良俗規定の分野、差別禁止の分野、同性婚法制化の分野、そしてトランスジェダーの人たちの名前・性別変更の分野に分けて説明していく。

　まず、コスタリカで明確に LGBT の人たちの権利を侵害する法律といえば、ヘテロセクシュアル以外の性行為を禁じる「ソドミー法」があったが、これは 1971 年の刑法改正により廃止され、同性愛が犯罪行為ではなくなった [Jiménez 2018: 13]。しかし刑法の「公序良俗規定」は残された。これは公序良俗に反する場所に行くことを禁止するものであり、それに該当する場所として、アルコールの過剰摂取、ドラッグの使用、ホモセクシュアリズム、売春が常習的に行われている場所、と明記されていた。そしてそのような場所への強制執行（いわゆる「手入れ」）を認める法律も残ったのである。1980 年代のエイズ・パニック時に、警察はゲイバーやトランスジェンダーの売春宿などで強制執行を行い、身柄を拘束するなどしたが、それは刑法のこれらの規定に基づいて行われた。この条項に憲法違反との判断が下され、文言から「ホモセクシュアリズム」と「売春」が削除されたのは、2013 年のことである [Salas 2019: 41]。

　次に差別禁止、およびヘイトクライム対策についてみてみよう。コスタリカでは憲法で差別を禁止しているものの、一般的表現にとどまっており LGBT の差別禁止が明記されているわけではない（33 条）。明確に「性的指向を理由とする差別を禁止する」という規定は、1998 年のエイズ対策法（Ley sobre el SIDA-VIH）によって労働法の中に初めて盛り込まれた。このエイズ対策法は立法措置であったが、法案作りの過程で当事者団体をはじめとする

238　　ラテンアメリカの LGBT

市民組織と政府が協力した成果であった（本章の「市民社会」で詳述）。しかし、これも職場での差別を禁止するにとどまっており、職場以外での差別を規制するものとは言えなかった［HAHNHR, RLCPT, OTRANSVIDA, Akahatá-ESD 2015: 1-2］。

　2014 年、コスタリカの政治は転機を迎えた。伝統政党以外の新規政党から初めて大統領が当選したのである。新しく誕生した市民行動党（Partido Acción Ciudadana: PAC）政権は、主に政令によって LGBT の権利を固めていった（「政治」の項で詳述）。2015 年の「政府組織から LGBTI への差別をなくす政令」は、その PAC 政権による LGBT の権利保障の試みの最初である［Ministerio de Salud 2015］。しかし、この政令は特定の規制を伴なうものではなく、あくまでも公的機関における差別をなくす取り組みと言える。

　PAC 政権二期目の最後の年である 2022 年には、ヘイトクライム法が成立した。これは立法措置である。内容としては傷害もしくは殺人の動機がヘイトであった場合には 20 〜 35 年の禁固刑に処するというものである。動機として人種、年齢、宗教、国籍、政治的信条、障害と並んで性的指向もこの法律の対象に含まれた［2］。

　次に、同性カップルの権利保障についてはどうだろうか。PAC 政権誕生以前の 2006 年には、コスタリカの家族法の中にあった同性婚禁止条項について訴訟が起こされ、憲法裁判所が憲法違反かどうか審議し、その時は合憲と判断された。判決文によると、同性婚は憲法と調和していないのではなく、同性婚を定める法律が存在していないことが問題なのであり、この問題は立法に委ねられるべきであるという説明であった［Sala Constitucional 2006］。

　しかし、2018 年 1 月に米州人権裁判所が、同性婚禁止について「米州人権条約違反である」との意見勧告をコスタリカに通告してから、コスタリカは同性婚の法制化に向けて大きく動き出した。コスタリカは米州人権条約の署名にあたって「留保事項を一切設けない」との一文を加えており、米州人権裁判所の判決は国内で拘束力をもつものとみなしてきた。このため、意見勧告を受けて、あらためてコスタリカの憲法裁判所が同性婚禁止条項につい

［2］Andrea Mora, "Alvarado firma ley que penaliza los crímenes motivados por el odio en el país." *Delfino, 25 de abril, 2022. https://delfino.cr/2022/04/alvarado-firma-ley-que-penaliza-los-crimenes-motivados-por-el-odio-en-el-pais*

て審議し、人権の「累進性」(条約に署名して以降も人権の内容は進化するとみなすこと)を認め、違憲であると判断したのである。ただし立法で同性婚を法制化する道を開くため、2020年5月までを「猶予」期間とし、猶予期間の間に立法措置がない場合でも期限が来れば同性カップルは異性カップルと全く同じ権利をもつ、とされた。そして立法措置のないまま2020年5月の期限を迎え、家族法の同性婚禁止条項は無効となったためにコスタリカでは同性婚が可能となった。

　以上のように、コスタリカでは同性婚は米州人権裁判所という「外圧」によって可能となったが、その背景には政府の政治的戦略と市民運動の後押しがあった。この点についてはそれぞれ「政治」と「市民運動」の項で説明する。

　次に、トランスジェンダーの法的性別変更についてみてみよう。トランスジェンダーの人たちの権利保障については、まず、2009年に彼ら・彼女らが身分証明書の写真撮影の時に身分証明書に書かれた性別の外見・服装でなくても身分証明書が発行されることになった。それまでは担当者の判断で拒否されることがあったのである〔HAHNHR, RLCPT, OTRANSVIDA, Akahatá-ESD 2015: 2〕。

　また、トランスの人たちの性自認に沿った名前に変更するには、その都度裁判所に申し立てる必要があったが、2018年の米州人権裁判所の意見勧告で、同性婚禁止条項が人権侵害であるとの判断に加えて、「トランスの人たちの名前の変更手続きが簡素であれば、なお良し」と判断されたことで、コスタリカでは簡単な手続きで名前が変えられるようになった〔3〕。

　ただし、トランスの人たちが2023年現在でも抱えている問題としては、法的性別の変更がある。それは、名前を自分の望む性に沿ったものに変更することと、法的に性別を変更することは同じではないという問題である。2018年から、身分証明書からは性別記載欄が削除されたため、トランスの人たちは、普段は法的な性別を意識せずに生活ができる。また、パスポートには必ず性別が記載されるが、その性別も自身の性自認のものに変更可能である。問題は、出生証明書に記載されている性別が変更できないことであ

---

〔3〕 Daniela Muñoz Solano, "El recurso es un triunfo para el reconocimiento del derecho a la identidad de las personas trans." *Semanario Universidad*, 4 de agosto, 2021. https://semanariouniversidad.com/pais/sala-constitucional-ordena-emision-de-pasaportes-acorde-a-identidad-de-genero/

る。この問題については 2019 年に憲法裁判所が合憲という判断を下したため、法的にはトランスの人たちは性別を変更できない状態となっている[4]。

　トランスの人たちの法的性別の変更が認められていないことで、次のような問題が生じている。コスタリカでは選挙で立候補者を男女でパリティ（同数）にすると決められている。しかしトランスやノンバイナリーの人たちについては、出生証明書に書かれた性別で男女パリティがカウントされることになっている[Vargas 2020]。つまり、トランス女性は女性として選挙に立候補できず、トランス男性も男性として立候補できないという不都合が起きているのである。これを補うために、出生証明書に記載された性別以外で選挙評議会（Tribunal Supremo de Elecciones）に登録できるようにする法案が 2023 年 6 月に提出されている[5]。

　以上のように、コスタリカでは主に司法判断で LGBT の権利が構築されてきた。それ以外では、LGBT の権利保障に熱心な政党によって、政府の権限で LGBT の権利を守る規制が作られ、既成事実が積み上げられていった。以下ではその過程を説明する。

（3）政治

　福祉国家として名高いコスタリカでは、全ラテンアメリカを襲った 1980 年代の経済危機に際しても社会平和を維持し、他方で漸進的に構造改革を行ってきた。しかし 1990 年代の伝統政党による通信部門の外資開放などのネオリベラル政策に対する国民の不満が高まり、それらの不満を味方に新規政党 PAC が台頭した。2014 年に PAC は伝統政党以外で初めて大統領選挙に勝利し、PAC 政権が誕生したのである。コスタリカにおける LGBT の権利保障は、この PAC によって進められることになった。

　PAC は 2006 年の大統領選挙において僅差で敗北した後、新たな有権者の支持を得ようと、LGBT や障がい者などのマイノリティの人たちの権利の獲

---

[4] "Sala Constitucional considera que no es posible rectificar sexo registral para personas trans." *elmundo.cr*, 21 de junio, 2019. https://elmundo.cr/costa-rica/sala-constitucional-considera-que-no-es-posible-rectificar-sexo-registral-para-personas-trans/

[5] Aarón Sequeira, "Proyecto permitiría registro de personas trans, no binarias, intersexo y género diverso." *La Nación*, 28 de junio, 2023. https://www.nacion.com/el-pais/politica/proyecto-permitiria-registro-de-personas-trans-no/EVRXOS5CI5HEJBWIMMLE3U3PGU/story/

得に向けて行動を開始した。当時は何人かの大統領候補が同性婚を支持する発言をすることはあったものの、積極的に LGBT の権利保障に取り組む政党や、同性婚を支持する政党はなかった。しかし PAC は当事者団体に働きかけて同性シビル・ユニオン法を国会に提出するなどして、LGBT の人たちの支持を獲得していった〔6〕。2010 年の大統領選挙ではふるわなかったものの、2014 年についに大統領選で勝利し、PAC 政権が誕生した。この勝利は、決選投票の選挙戦のさなかに対立候補が途中で選挙資金を使い果たして撤退を表明したという幸運もあったが、LGBT の権利保障をはじめとして新しい政治を求めるコスタリカの有権者の願いが結実したものと言える。

2014 年 5 月、ルイス・ギジェルモ・ソリス＝リベラ（Luis Guillermo Solís Rivera）が大統領に就任した。就任後 1 週間で「反ホモフォビアの日」を迎え、彼は大統領公邸にレインボーフラッグを掲げたが、これはコスタリカの公共建物では初めてのことだったという〔7〕。

PAC が国会では第二党の少数政権だったことからシビル・ユニオン法の審議が進まず廃案にされる中、PAC 政権は政府のできる範囲で同性カップルの権利を制定する手段をとった。2015 年、保健法の規制改正により、同性カップルに家族の便宜を適用した。これで、病院で同性のパートナーが家族として立ち会うことができるようになった。また 2018 年には、労働省の規制改正により、同性パートナーが亡くなった場合、残されたパートナーが年金を受け取れることが明文化された［Ministerio de Salud 2018: 13］。

同性婚の法制化については、2018 年 1 月に、米州人権裁判所から、コスタリカの同性婚禁止条項は米州人権条約に違反する、という意見勧告が伝えられたことで実現したのは前述のとおりである。この意見勧告は 2016 年にコスタリカの副大統領が米州人権裁判所に「コスタリカでは LGBT の権利の現状はこのようになっているが、これは米州人権条約に違反しているか」という趣旨の「お伺い」を立てた結果としてもたらされたもので、立法の場で同性婚が進まないのであれば司法を利用しようという PAC の戦略による

---

〔6〕 LGBT アクティビストであるエマ・チャコン＝アルバラド（Emma Chacón Alvarado）への筆者のインタビュー。2020 年 2 月 23 日、コスタリカ、サンホセ市。
〔7〕 筆者のルイス・ギジェルモ・ソリス＝リベラ（Luis Guillermo Solís Rivera）元大統領へのインタビュー。2020 年 2 月 18 日、米国フロリダ州マイアミ市。

ものであった。国内の司法については 2006 年に家族法の同性婚禁止条項が
「合憲」であるとの判断が下されていた他にも、体外受精を憲法違反と判断
するなど、保守的な判断が続いていたため、国内の裁判所よりも上に位置づ
けられていた米州人権裁判所の意見勧告を求めることにしたのである［尾尻
2022］。

　ただ、立法での法制化でなく外圧を利用したことは、コスタリカ社会に遺
恨を残す結果となった。2018 年 1 月というのは大統領選挙の第一回投票の
1 か月前であり、選挙運動の最中であった。意見勧告の発表で、突如として
同性婚は選挙の争点となった。そして第一回投票までの間に、同性婚に強
硬に反対する福音派のファブリシオ・アルバラド＝ムニョス（Fabricio Alvarado
Muñoz）候補が 14 ポイントも支持率を上げ〔8〕、第一回投票で 1 位となっ
た（得票率 25%）。与党 PAC のカルロス・アルバラド＝ケサダ（Carlos Alvarado
Quesada）候補は同性婚に賛成の意思表示をして 2 位（得票率 22%）となり、4
月に両者を候補として決選投票が行われることになった。その間に、同性婚
反対派のファブリシオ・アルバラド候補が師匠としてあがめる福音派牧師が
コスタリカの守護聖人である聖母ロス・アンヘレス（Virgen de Los Ángeles）を
罵倒する発言をしてしまい、カトリック教徒の怒りが福音派候補に向けられ
て、PAC のカルロス・アルバラド候補が勝利するという結果になった（得票
率 61%）〔9〕。この 2018 年の大統領選挙の第一回投票において福音派の候補
が躍進した要因として、米州人権裁判所の意見勧告という外圧によって同性
婚の法制化が急に現実味を帯びたことに対するコスタリカ人の拒否反応が
あったと考えられる。LGBT の権利獲得に熱心な人も多いが、それに反対す
る人が多いのもコスタリカの現実なのである。

　同性婚法制化後の保守派の「巻き返し」現象を象徴する出来事が 2022 年
に起こった。同年に制定された公務員基本法によって、それまで義務づけら
れていた LGBT の権利についての研修を拒否することが許されるようになっ

---

〔8〕 María José Brenes, "Costa Rica centra debate electoral entre matrimonio gay y respeto a los DDHH."
　　El país, 23 de enero, 2018. http://www.elpais.cr/2018/01/23/costa-rica-centra-debate-electoral-entre-
　　matrimonio-gay-y-respeto-a-los-ddhh/（2021 年 7 月 3 日閲覧）
〔9〕 Gerardo Ruíz, "Rony Chaves: Apóstol y sombre de Fabricio Alvarado." *La Nación* 18 de marzo, 2018.
　　https://www.nacion.com/el-pais/politica/rony-chaves-apostol-y-sombra-de-fabricio-alvarado/3VCFXSJIW
　　ZD47DYRXM5I2DZU6A/story/

たのである。この法律には公務員の給与を抑制する内容が含まれており、それは財政赤字に苦しむ政府の構造改革の一環であったが、福音派議員をはじめとする保守派議員らはこの法案に賛成する見返りとして研修の非義務化を要求し、PAC 政権がそれを受け入れたのである〔10〕。

　2014 年から 2022 年までの 2 期 8 年の間、与党として LGBT の権利獲得に邁進してきた PAC であったが、与党の座から転落することになった。2022 年の国政選挙では、大統領選挙第一回投票において与党 PAC 候補は得票率が 1％にも満たず、また国会議員選挙では PAC の議席はゼロという大敗北を喫した。2014 年から 2022 年まで 2 期 8 年の与党経験の間、PAC は LGBT の権利保障では成果をあげたが、財政難から支出を切り詰める構造改革に着手したことで、福祉国家の維持を望む有権者の支持を失ってしまった。PAC 政権は敗北後、任期満了までの間にヘイトクライム法を成立させ、置き土産としたが、LGBT からの支持をつなぎとめることはできず、現在、LGBT の権利拡充の受け皿となる政党はとくに存在していない。他方で国会では依然として福音派議員が一定の勢力を維持している。2018 年の選挙では 57 議席中 8 議席であり、2022 年の選挙では 7 議席を占めた。過半数を支配する政党が無く、第一党が 16 議席、第二党が 10 議席という多党制となったコスタリカでは、7 議席というのは大きな勢力であり、今後も、さまざまな機会で保守的な政策を推し進めるものと考えられる。

　以上がコスタリカの LGBT の権利保障に関する政治の面からの説明をしたものである。次に、市民運動はどうだろうか。

（4）市民運動

　司法の力で LGBT の権利が獲得された印象のあるコスタリカだが、LGBT の権利の獲得に、市民運動が深く関わってきたのも確かである。以下ではエイズ対策法、プライド・パレードの展開、同性婚法制化の各局面における市民運動を説明する。

　カトリックの信仰が根付き、カトリック教会が特権を維持してきたコスタ

〔10〕 Juan Diego Córdoba González, "Funcionarios ahora pueden acogerse a objeción de conciencia." *La Nación* 19 de marzo, 2023. https://www.nacion.com/el-pais/politica/funcionarios-ahora-pueden-acogerse-a-objecion-de/GPENINDNZZAUXF7PU4REYMOZTU/story/

リカでは LGBT に対する批判的な考えが支配的であった。1986 年にはコスタリカの主要新聞であるラ・ナシオン紙の一般投稿欄に「同性愛は悪である」という内容の投稿が掲載されたが、とくにそれが問題視されることもなかった [Jiménez 2015: 69]。そこにエイズ禍が起こった。1987 年には同性愛と HIV の関係が取り沙汰されるようになり、コスタリカ大学心理学部が実施したアンケート調査では、90% の人がホモセクシュアルに対して嫌悪感を抱いており、40% の人がホモセクシュアルを刑務所に入れるべきであると答えた [Jiménez 2015: 77]。このような世論を受けてコスタリカ内務省は抑圧的手段に出た。ゲイバーやトランスジェンダーが集まるバーに「手入れ」を行い、そこに集まっていた 253 人を「倫理に反する行為の取り締まり」として一斉検挙したのである。この事件が報道されると、それを称賛する意見があった一方で、知識人らが立ち上がった。153 人が共同で「公開書簡」をラ・ナシオン紙に掲載し、政府の対応を批判したのである〔11〕。

　LGBT の当事者たちも立ち上がった。1987 年に「エイズと戦う全国協会（Asociación Nacional de Lucha Contra el SIDA）」が設立され、エイズの予防について情報提供をするようになった。この団体には外国から資金が提供されるようになり、エイズ予防運動の中心的組織となった。1990 年代には予防プログラムづくりで行政との連携が制度化され、最終的には 1998 年のエイズ対策法成立へと至った〔12〕。前述のとおり、このエイズ対策法の中に、コスタリカでは初めて、明確に「性的指向を理由とする差別を禁止する」という規定が盛り込まれた [Asamblea Nacional 1998]。

　エイズ対策法成立の直後の 1998 年、市民運動の強さを浮き彫りにする事件が起こった。同年に、国際的なイベント「レズビアン・ゲイ・フェスティバル」がコスタリカで開催されることになり、それを当時の大統領とカトリック教会の大司教が非難したところ、多数の LGBT 当事者団体が、このエイズ対策法の差別禁止の条項に言及して大司教に対する反対運動を展開し

---

〔11〕 Dario Chinchilla, "Homosexuales de la vieja guardia." 13 de julio, 2014. https://www.nacion.com/revista-dominical/homosexuales-de-la-vieja-guardia/73CFSAO4URCPJKB35SU76GMZTM/story/
〔12〕 Alessandro Solís Lerici, "El largo camino hacia la igualdad de derechos LGBTI en Costa Rica." *La Nación* 26 de junio, 2016. https://www.nacion.com/revista-dominical/el-largo-camino-hacia-la-igualdad-de-derechos-lgbti-en-costa-rica/BJPWJS23OZHGNJKP6BNEFVMNNM/story/

た。その結果、大司教は辞任した［Jiménez 2018: 22］。

　コスタリカの LGBT 組織は多数あるが、主要組織として二つ紹介しておこう。まず、エイズ予防運動から生まれた団体のひとつに「中米人権研究および促進センター（Centro de Investigación y Promoción para América Central de Derechos Humanos: CIPAC）」がある。同団体は LGBT の保健問題や人権問題について幅広く広報活動や研修の提供を行っており、省庁や民間企業のよき相談相手として信頼されている。もうひとつは「アベラルド・アラヤ多様性運動（Movimiento Diversidad Abelardo Araya）」であるが、この団体は 2006 年の第一回コスタリカ LGBT 全国会議の開催に中心的な役割を果たした［Jiménez 2017b］。

　コスタリカでの LGBT 運動はとくにゲイ組織が中心であると言われ、上記二大組織も設立された当初はゲイ組織であった［Chacón Alvarado, Brenes Hernández y Sánchez Mora 2012: 37］。それに対して、より幅広い組織が参加しているのがプライド・パレード（Marcha de la Diversidad）である〔13〕。当初、LGBT のイベントといえば 2003 年から開催されていた「プライド・フェスティバル」であった。しかし 2009 年に、トランスの人たちに対する人権侵害に怒りを覚えた若者が知り合いに声をかけて中心街を行進するということを開始し、翌 2010 年にはその若者が広告を出して告知するという形式で、コスタリカ初のプライド・パレードが開催された〔14〕。LGBT 運動の専門家によると、「フェスティバル」の時代には LGBT のプライベートな集まりだったものが、「パレード」では自分たちの存在をアピールする目的へと変わっていったという。また、プライド・パレードは、それまでゲイ中心だった LGBT 運動を、トランスなど他の性的マイノリティも包括するものへと変貌させるものであったのだとしている［Jiménez 2017b: 83］。

　2009 年には 25 人の行進だったが、2010 年の初のプライド・パレードでは 1000 人、2011 年には 3000 人、2012 年には 1 万人、と順調に規模を拡大し、2017 年には 4 万 5000 人、2018 年にはおよそ 10 万人が参加した。新型

---

〔13〕コスタリカでは正式名称が「多様性パレード（Marcha de la Diversidad）」であるが、主催団体がインタープライドに加盟していること、コスタリカでも別称として「プライド・パレード（Marcha del Orgullo）」が使われていることから、本章では「プライド・パレード」と称することとする。
〔14〕プライド・パレード主催者であるハビエル・ウマーニャ＝リベラ（Javier Umaña Rivera）への筆者のインタビュー。2021 年 5 月 11 日オンライン。

コロナ感染症により 2020 年と 2021 年にはバーチャルで開催され、2022 年
には規模を縮小しての再開となり 4 万 5,000 人の参加となった。大規模化に
ともない、外資を中心に、民間企業のプライド・パレード支援も拡大している。
2018 年に設立が発表された「プライド・コネクション」という団体には 20
の企業が参加し、資金や人材を拠出してパレードを支えている〔15〕。パレー
ド当日にはさまざまな山車が繰り出し、沿道には企業の宣伝ブースが並ぶ、
という光景は、世界各地で行われるプライド・パレードと同様である。

　このような商業的色彩の強いパレードに対しては、一部の LGBT 当事者
から反発の声が上がっている。その一人、コスタリカの LGBT 研究の第一
人者であり、またコスタリカの代表的知識人でもあるハコボ・シフター (Jacobo
Shifter) はプライド・パレードの派手なシーンばかりが報道されることで、
保守派の LGBT に対する嫌悪感を刺激し、逆に LGBT を苦しめている、と
批判し、また、宣伝目的で多数の企業がパレードに群がっている事態にも苦
言を呈している。シフターは、これまでに多数の LGBT の友人たちが殺害
されたり自殺したりしたため、パレードは「厳かに喪に服す日」であると訴
えている〔16〕。

　以上のように賛否両論のコスタリカのプライド・パレードではあるが、人
口 500 万人の国で 10 万人の人が集まるプライド・パレードは国内最大のイ
ベントであり、多様な LGBT をまとめ、保守的なコスタリカ社会に対して
可視化するという重要なふたつの成果をもたらしたと言えよう。

　次に同性婚法制化の運動をとりあげる。同性婚法制化をめぐる市民運動は、
コスタリカにおいては、法制化を求める運動ばかりではない。まずは 2010
年に出現した「シビル・ユニオンを問う国民投票」を目指す運動をみてみよう。

　2010 年に、市民団体「生命と家族のための市民の観測所 (Observatorio
Ciudadano por la Vida y la Familia)」が署名運動を開始した。その目的は「同性シ
ビル・ユニオンを問う国民投票」の実施である。コスタリカの法律では有権

---

〔15〕 Anyi, Ospino, "Sector privado dijo presente en la Marcha de la Diversidad Costa Rica 2018." *Mercados
y Tendencias*, 27 de junio,2018. https://revistamyt.com/sector-privado-dijo-presente-en-la-marcha-de-la-
diversidad-costa-rica-2018/（2021 年 5 月 10 日閲覧）
〔16〕 Jacobo Shifter, "Gay Pride Parades. The Best. The Worst." *Meer*, June 26, 2017. https://wsimag.com/
economy-and-politics/27317-gay-pride-parades

者の5％の署名を集めれば国民投票を実施することができる。「市民の観測所」は保守系の団体で、コスタリカの有権者の過半数が同性シビル・ユニオンに反対票を投じると踏んで、同性婚の実現を阻止するために、国民投票を実施しようとした。当時、同性シビル・ユニオン法案が国会に提出され委員会で審議されていたことから、これを市民の力で無効にしようとの意図だったと思われる。

　コスタリカの選挙評議会は、集められた署名が規定数に達していると認め、投票の準備に入ろうとしたが、「人権に関することは国民投票にかけられない」として憲法裁判所が違憲判決を出したため、投票は実現しなかった〔17〕。しかし、同時期の世論調査では、71％が同性シビル・ユニオンに反対の意思表示をしており、もし実現していたら否決された可能性が高かったと言われている〔18〕。ただ、この国民投票は「ヘイト国民投票（Referendo de Odio）」と呼ばれ、LGBTに対する憎悪のための運動として主要メディアでも批判的に報道されていたため、国民投票が実現したところで本当に71％の人が反対に投票したかどうかはわからない。

　当時の報道の中に、LGBTの人たちの運動が分裂していて、この国民投票運動に対して有効に対処できていない、という記事がある。インタビューされた「アベラルド・アラヤ多様性運動」創設者のアベラルド・アラヤは、LGBTの運動が団結できていないことを認めつつも「それでも動揺せずに運動を続けることが大事だ」と語った〔19〕。しかし5年後には、状況は改善された。次に説明するように、同性婚法案の提出で、LGBTの人たちは団結したのである。

　「ヘイト国民投票」が取り沙汰されていた当時を含めて、コスタリカでは同性婚法案や同性シビル・ユニオン法案は5回提出されている。その中で、と

---

〔17〕 "Sala IV prohibe referendo sobre uniones civiles gais." *La Nación*, 11 de agosto, 2010. https://www.nacion.com/el-pais/politica/sala-iv-prohibe-referendo-sobre-uniones-civiles-gais/ZN2XQSUX3BG73DAUUO27VYKD5A/story/

〔18〕 "70% abría rechazado uniones civiles homosexuales." *La Nación*, 12 de agosto, 2010. https://www.nacion.com/archivo/70-habria-rechazado-uniones-civiles-homosexuales/H5B3QTTM5ZDS5DX3E3UU3EDIFU/story/

〔19〕 "Grupos organizan campañas de cara a posible referendo." *La Nación* 18 de julio, 2010. https://www.nacion.com/archivo/grupos-organizan-campanas-de-cara-a-posible-referendo/Z2PIM35EHBCAHHJYOHM3K4ZWB4/story/

くに市民運動の集大成と位置付けられる法案は、2015年に提出された法案第19852号である。この法案は、数百にのぼるLGBT団体や人権団体の連合である「平等の権利のための戦線（Frente por los Derechos Igualitarios: FDI）」によって作成された。それまでに提出された法案は、国会議員が自らの考えで作成した法案ばかりであったが、この法案は多数の市民団体の総力を結集したものであり、それが実際に法案にまとめられて提出されたというだけで大きな成果と言える。2010年の国民投票運動の時期にはLGBT運動が連帯できていなかったが、2015年には団結して運動を展開したのである。

　前述のとおり、この法案の審議が停滞する中で、2018年1月に米州人権裁判所から、コスタリカの同性婚禁止条項が米州人権条約違反であるとする意見勧告が伝えられたが、この意見勧告とコスタリカのLGBT運動は決して無関係ではなかった。2016年にコスタリカ政府が米州人権裁判所に「お伺い」をたててから、米州人権裁判所での審査が始まり、その審査の一環として、コスタリカ政府や市民団体、合計40もの団体や個人に対する「意見聴取（audiencia）」が行われた［CIDH 2017］。その「意見聴取」に参加した「アベラルド・アラヤ多様性運動」の代表ヘオバニー・デルガド（Geovanny Delgado）は、意見陳述の時間として各団体・個人に15分間ずつ与えられ、市民組織が米州人権裁判所の意見勧告に大きな影響を与えた、と語っている[20]。

　また、意見勧告がコスタリカに伝えられてから、ただちに登記所で同性カップルの婚姻届の受理が開始されたわけではなく、憲法裁判所による家族法の同性婚禁止条項の違憲判決が依然として必要であった。憲法裁判所から何も発表がないまま半年が過ぎた頃、動きの鈍いコスタリカ憲法裁判所に動くよう促したのはコスタリカの市民組織であった。あるラジオ番組にフェルナンド・クルス（Fernando Cruz）裁判長が出演することが決まり、その番組担当者が上記ヘオバニー・デルガドに、番組で裁判長に対する質問を考えるように依頼してきた。そこでデルガドは「憲法裁判所で同性婚に関する審議が進まないのはなぜなのか」とストレートに攻めることを番組担当者に伝えた。番組では裁判長は「社会的に極めて難しい問題だ」とお茶を濁そうとしたが、

---

[20] 「アベラルド・アラヤ多様性運動」の代表ヘオバニー・デエルガド＝カストロ（Geovanny Delgado Castro）に対する筆者のインタビュー、2021年7月22日オンライン。

インタビュアーが食い下がり、裁判長が根負けして1か月以内に憲法裁判所で判事の投票を行うことを約束した。2018年8月のある日、「今日裁判官の投票が行われる」と聞きつけたデルガドは、LGBT活動家50人に呼びかけて裁判所前に集結した。夜中になっても結果は判明せず、固唾を飲んで様子を見守っていると、50人のうち、1人だけ中に入ってよいと言われ、デルガドが中に入ると、裁判官の前で意見を述べるように言われたという。デルガドが意見を述べた直後に結審して投票が行われ、同性婚禁止条項について憲法違反であるとの判決が下された（投票結果は6対1）。前述のとおり、実際の同性婚実現には18か月間の猶予が設けられ、その間に立法措置の機会を与えるという中途半端な判決ではあったものの、同性婚禁止条項の違憲判決は社会運動の成果であるとデルガドは述べている[21]。

　そして前述のとおり、2020年5月に猶予期間が終了してコスタリカでは同性婚が可能となった。登記所で同性カップルの婚姻届の受理が始まったのである。コスタリカ統計局のデータによると、2020年には498組、2021年には838組の同性間の婚姻届が受理された［INEC 2022: 164］。

　上記のとおり、ラジオ番組のインタビューでは、当初クルス裁判長は、同性婚についての憲法裁判所の審議について否定的な姿勢を示していた。しかし同性婚禁止条項を違憲であるとした判決文では、クルスは「猶予期間を設けずに直ちに同性婚を可能にすべきである」という意見であった［Sala Constitucional 2018］。判事としては同性婚の早急な法制化に賛成の投票をしたのに、なぜ彼は裁判長として直ちに審議を開始しなかったのか。そこに、公にカトリックの教義に反することをためらうコスタリカの文化があったことは間違いない。そこで、以下ではコスタリカの保守思想の源泉となっている宗教について、あらためて政治との関係を検討してみよう。

2．コスタリカのナショナル・アイデンティティ形成と宗教

　本章ですでに紹介したように、コスタリカでは2020年に同性婚の法制化

---

[21]「アベラルド・アラヤ多様性運動」の代表ヘオバニー・デエルガド＝カストロ（Geovanny Delgado Castro）に対する筆者のインタビュー、2021年7月22日オンライン。

が実現した。同性婚実現のために運動を展開していた市民組織は、憲法から
カトリックの国教規定を外す、という「世俗国家」の実現を次の目標に据え
た[22]。しかし同性婚法制化後、法案が提出されるわけでもなく、何の進展
もない。ある専門家は、コスタリカでは世俗国家化というのは「アンタッチャ
ブル（intocable）」なテーマであるとまで言っている[23]。

　コスタリカ社会はなぜ保守的なのか。その理由として、コスタリカではナ
ショナル・アイデンティティの形成に宗教（カトリック）が大きな役割を果た
したからである、と説明されることが多い[Fuentes 2015: 320]。

　以下ではまず、コスタリカの独立の経緯を振り返り、次に19世紀後半の
自由主義政権による国家建設と国民形成過程を説明する。そこで明らかにさ
れるのは、独立の経緯からして、コスタリカはナショナル・アイデンティティ
の形成に困難を抱えており、19世紀後半に政治を支配した自由主義者たち
が宗教の力を借りる必要があったことである。

　さらに、コスタリカが福祉国家へと転換した1940年代に、カトリック教
会とコスタリカ国家の「蜜月」がどのように構築されたかを述べる。これが
現在に至るコスタリカ政府とカトリック教会の「相互承認」メカニズムの原
点となり、LGBTの権利保障に否定的なコスタリカの保守主義が、広く社会
に浸透し続ける要因となっていることが明らかにされる。

（1）コスタリカの独立

　政治学では、国家の政治発展の段階として、①国家建設、②国民形成、③
参加、④分配という4段階を想定している[Almond and Powell 1966: 35]。まず
は国家建設過程において法律や官僚組織などの制度面での整備が行われ、防
衛、マクロ経済管理、公衆衛生など国家の機能を果たすために必要な構造が
作られる必要がある。次に国民形成過程においてナショナル・アイデンティ
ティの形成を通じて国民が創出される。「国民」は単なる「住民」とは異なり、
国家に帰属意識をもち、兵役や納税その他の義務を進んで果たそうとする人

---

[22] プライド・パレード主催者であるハビエル・ウマーニャ＝リベラ（Javier Umaña Rivera）への
　　筆者によるインタビュー、2021年5月11日オンライン。
[23] 世俗国家運動に詳しいイダーリア・アルピサル＝ヒメーネス（Idalia Alpízar Jiménez）への筆者
　　によるインタビュー、2023年1月14日、コスタリカ・エレディア市。

たちである。そのような「国民」をもつ国家は団結心が強く、そうではない国に比べて戦争などでは威力を発揮する。例えばナポレオン軍がヨーロッパを席捲した際、フランスのために命をかけて戦う「国民軍」が強さを発揮したことからもわかる。義務を果たすからには、政策に口を出す権利を国民が要求するようになり、次の段階では国民の政治参加が促される。そして政治参加が進むと、有権者は自身に対する富の分配に熱心な政治家に投票するのが自然であり、最後に福祉国家建設へと至る、というロジックである。

　ではコスタリカがどのようにして現在のコスタリカになったのか。もともとは「グアテマラ総督領」を形成する「コスタリカ県（Provincia de Costa Rica）」としてスペインの植民地であったのが、1821年にグアテマラ総督領がスペインから独立すると、コスタリカは「コスタリカ州（Estado de Costa Rica）」として中央アメリカ連邦共和国（以下「中米連邦」）の一部となった。スペインの植民地であった時には、スペイン王室が最高権威であり、スペイン王室と、それを支えるカトリック教会の威光により現地当局は統治していた。しかしグアテマラ総督領がスペインから独立したことにより、もはや王室からは独立した主権となったのである。

　独立当時は、規模の小さいコスタリカのまま独立を維持することに懐疑的なエリートが多かった。彼らが直面した大きな問題は、帰属先としてコスタリカが「中米連邦」を取るのか、「メキシコ帝国（1821〜24年）」を取るのか、ということであった。この問題をめぐって地域間で戦争にまで発展することもあったほどである。コスタリカの植民地時代の首都カルタゴ（Cartago）はメキシコ帝国派、サンホセ（San José）とアラフエラ（Alajuela）は中米連邦派、というように。結局サンホセ・アラフエラ連合が勝利してコスタリカは中米連邦に帰属することになり、首都はサンホセに定められた。しかし中米連邦憲法とは別にコスタリカ憲法を作るべき、など、コスタリカを単位として主権を確立する動きが生まれ、結局1848年に、正式にコスタリカの名称が「コスタリカ州（Estado de Costa Rica）」から「コスタリカ共和国（República de Costa Rica）」に変更された。コスタリカはこうして主権国家となった［Gómez Murillo 2021: 82-92］。では、コスタリカではどのように国家建設が行われたのだろうか。現在のカトリック教会との蜜月関係からは想像がつかないが、コ

スタリカの国家建設はカトリック教会から既得権を剥奪する過程を経て行われた。

（2）国家建設としての自由主義政権による反カトリック法

　他のラテンアメリカ諸国と同様に、19世紀後半、コスタリカでは自由な経済活動によって富を蓄積しようという経済エリートが台頭した。彼らにとって重要なのは、経済活動に必要なインフラを国家の手で整え、公共教育を確立して「国民」を育成し、社会平和を達成するということであった。彼らは「自由主義者」と呼ばれ、時には内部対立を引き起こしながらも、同じ政治目標を共有する者どうしで国家建設に着手した。

　それら自由主義者たちがコスタリカで権力を握ったのは1880年代である。国内でコーヒーを栽培しヨーロッパに輸出することで富を蓄積しつつあった彼らは「コーヒー・オリガルキー」と呼ばれ、現在のコスタリカ国家の基礎は、彼らによって構築された。登記所（1881年）、統計局（1881年）、国立刑務所（1885年）、国立博物館（1885年）、国立図書館（1885年）など、重要な国家組織が相次いで創設された。また自由主義政権は1882年に公立学校において無償教育を開始した。それまでは教育はカトリック教会が独占していたのだが、中央政府の監督のもとに、地方政府が行うことになったのである。自由主義政権がこの教育改革を行ったのは、国家の社会的・経済的ニーズにかなう教育を行い、それを一般市民にも提供することが国家の発展に不可欠であると考えたからであった［Salazar 1990: 254］。

　しかし、コスタリカで国家建設を行うということは、カトリック教会から既得権を剥奪するということでもあった。教育分野以外に、自由主義政権は墓地の世俗化や婚姻の世俗化（そして離婚を可能とする）も達成するなど、「反カトリック法」と呼ばれる一連の政策をすすめた。これに対して、1880年にコスタリカに赴任してから強いリーダーシップで布教活動を行ってきたベルナルド・アウグスト・ティエル（Bernardo Augusto Thiel）司教は、カトリック教会のふたつの新聞『司祭の使者（*Mensajero del Clero*）』紙と『カトリック・エコー（*El Eco Católico*）』紙を通じて政府批判を展開した。すると自由主義政権は政令を出してこの2紙を休刊に追い込んだ。それにさらに反発したティエル司

教は各教会で反政府的な内容の祈禱を拡大するよう命じたところ、これに触発された一部住民が武器を持って首都を目指す動きをみせたため、1884 年にティエル司教は国外退去処分となった。また翌 1885 年には聖職者の政治介入が禁止された ［Salazar 1990 : 37-38］。

　しかし、このような「反カトリック」の動きは数年で沈静化する。ティエル司教の国外退去処分は 1889 年には解かれ、コスタリカに復帰した。1892 年には公立学校で宗教教育が行われるようになり、カトリック教会が教員を任命する権限を得た。また、ティエル司教が国外退去処分になっている間も憲法の「国教規定」はそのまま維持されており、カトリック教会に対する経済的支援は続けられていた ［Alpízar 2017: 145］。これについては、自由主義者たちはカトリック教会の特権に制限を設けたものの、カトリック教会の特権のすべてを撤廃するつもりはなかったと考えられる。次にみていくように、自由主義者たちにとってナショナル・アイデンティティの形成にカトリック教会は重要であったからである。

（3）コスタリカにおけるナショナル・アイデンティティの形成

　ナショナリズム構築の面では、独立直後のコスタリカではナショナリズムが育っていなかった。問題の根源は、最初の独立の単位が中米であったこと、そもそもグアテマラ総督領のスペインからの独立はコスタリカが望んでいたものとは言えなかったこと、また、1821 年 9 月の独立をコスタリカが知ったのがその 1 か月後であったこと、の 3 点にあり、そのために独立時にはコスタリカのナショナル・アイデンティティは形成されていなかったとされる ［Palmer 1993: 58］。

　しかしグアテマラのフスト・ルフィノ・バリオス（Justo Rufino Barrios）大統領が中米再統合の試みとして 1885 年に近隣のエルサルバドルに進軍した際、コスタリカの自由主義政権はこれに対抗するため、有効なナショナル・アイデンティティの構築に乗り出した。1850 年代の、いわゆる「ウォーカー事件」［24］で戦死したコスタリカの無名兵士フアン・サンタマリア（Juan

─────────

〔24〕アメリカ人冒険家ウイリアム・ウォーカー（William Walker）が私兵団を率いて 1855 年にニカラグアを侵略し大統領に就任した事件。コスタリカをはじめとして、過去に中米連邦に所属していた国々が派兵してウォーカーと戦い、1857 年にウォーカーは降伏した。

254　　ラテンアメリカのLGBT

Santamaría）を英雄に祭り上げたのである。コスタリカの玄関口、首都サンホ
セの国際空港の名前である「フアン・サンタマリア」は、この「無名兵士」
から名付けられているが、そもそも「英雄」サンタマリアについて初めてコ
スタリカで記事が発表されたのは1885年3月5日であり、サンタマリアが
戦死したウォーカー事件の収束から30年近くが経ってからであった。当時
の自由主義政権は、ウォーカー事件をコスタリカ・ナショナリズムの起源
と設定し、「無名兵士」に倣ってグアテマラの脅威に対抗するよう国民に呼
びかけた。その後、この自由主義政権によって、ウォーカー事件の一連の
戦いの名称が「中米国民戦争（Guerra Nacional Centroamericana）」から「国民戦争
（Guerra Nacional）」に変更された。この戦争を「コスタリカ」のナショナリズ
ムの起源とするには「中米」という呼び名は都合が悪かったからである［Palmer
1993: 54］。

　バリオスはコスタリカに到達する前にエルサルバドルで戦死したため、コ
スタリカは実際にバリオス軍と戦うことはなかったが、これ以後、ウォー
カー事件はコスタリカの歴史において「コスタリカの本当の独立戦争」［Palmer
1993: 62］という位置付けとなっていった。

　コスタリカのナショナル・アイデンティティ構築の試みとして自由主義政
権は、「ウォーカー事件」で戦死した「無名兵士」だけでなく、カトリック
信仰も利用した。コスタリカ版のマリア信仰である聖母ロス・アンヘレス信
仰である。この信仰は植民地時代の17世紀に当時の首都カルタゴにおいて、
地面から小さな黒い聖母マリア像が発見され、カトリックの奇跡のひとつと
して認定されたのがきっかけである（そのため別名は「黒いマリア」）。発見場所
にはロス・アンヘレス大聖堂が建てられ、カルタゴの守護聖人として信仰の
対象となっていた。それが、スペインから独立したのちの1824年に、首都
をカルタゴではなくサンホセにすることと引き換えに、聖母ロス・アンヘレ
スをコスタリカ全体の守護聖人とすることで合意に達し、現在に至っている
［Gil 2004: 79-80］。

　ただし、聖母ロス・アンヘレスが1826年にコスタリカの守護聖人になっ
たからといって、直ちに全国に信仰が広まったわけではなかった。その証拠
として例えば、ウォーカー事件のときに、その像が戦場に持ち込まれてはい

なかったことがあげられる。この信仰がコスタリカ全土に広まったのは19世紀末、自由主義政権によってであった。自由主義政権の時代に、聖母ロス・アンヘレスは1か月にわたって盛大にお祝いするコスタリカ国家のシンボルとなったのである［Díaz Arias 2021: 185］。聖母ロス・アンヘレスは、自由主義政権にとって社会統制の手段であった。ネーションとしてのコスタリカとカトリックをリンクさせるものとして自由主義者たちに利用されたのである［Gil 2004: 85-87］。

　現在も、聖母ロス・アンヘレスの祭典が開かれる8月2日はコスタリカの祝日であり、盛大な式典がカルタゴで開催される。式典に向けて例年7月22日から信徒が各地から歩いてカルタゴに向かう巡礼も行われるため、コスタリカ社会保障庁が、各地に巡礼者に対応するための拠点を設けている〔25〕。

　本章「政治」の項において、2018年の大統領選挙で、突如同性婚が争点になったことから福音派議員が第一回投票で1位になるなど躍進したものの、決選投票の前に、その候補者が師匠と仰ぐ福音派牧師が聖母ロス・アンヘレスを罵倒する発言をしたために有権者の支持を失い、同性婚賛成派の与党候補者が決選投票で勝利したことはすでに述べた。コスタリカ版マリア信仰の対象である聖母ロス・アンヘレスはコスタリカのナショナル・アイデンティティの大きな一部であり、同性婚に反対のカトリックの人たちであっても、自分たちのシンボルが罵倒されたことは到底許されるものではなかったのである。

　ここまで、19世紀におけるナショナル・アイデンティティ形成について述べたが、1884年の「反カトリック法」が廃止され、現在のような政府とカトリック教会の「相互承認メカニズム」に至るきっかけとなったのが、1940年代のコスタリカの社会改革であった。

（4）政府とカトリック教会の間の相互承認メカニズムの確立

　1940年代は社会改革をめぐりコスタリカが分裂した時代であった。1929

---

〔25〕 Irene Rodríguez, "Comienza flujo de romeros hacia la Basílica de los Ángeles." *La Nación*, 22 de julio, 2023. https://www.nacion.com/el-pais/patrimonio/comienza-flujo-de-romeros-hacia-la-basilica-de-los/D6AM5M5QG5E43N4EI3YA64JYOY/story/

256   ラテンアメリカのLGBT

年の世界恐慌のあおりを受け、コスタリカでも不況となり失業が蔓延して労働運動が盛んになっていた。そこへ1940年に大統領となったラファエル・アンヘル・カルデロン＝グアルディア（Rafael Ángel Calderón Guardia）が共産党と連携して社会改革を開始したのである。伝統的に経済自由主義をとってきたコスタリカにおいて、労働法の制定、社会保障庁の創設などには保守派の反発が容易に想像できた。そこでカルデロン＝グアルディア大統領がカトリック教会の支持をあおぎ、ビクトル・マヌエル・サナブリア（Víctor Manuel Sanabria）大司教がこれに応えたのである。閣外協力ではあるが共産党と連携する大統領をカトリック教会が支持して社会改革に「お墨付き」を与えることは、国内外に驚きをもたらしたが、その裏には、支持と引き換えに1884年の反カトリック法の大部分を破棄してもらう（ただし聖職者の政治介入は禁止を維持）という取引があったのである。

　1948年にはカルデロン＝グアルディアの大統領選挙再出馬をめぐってコスタリカでは内戦が勃発し、共産主義を嫌う社会民主主義者ホセ・フィゲーレス＝フェレール（José Figueres Ferrer）が内戦に勝利した。コスタリカではフィゲーレスを指導者とする社会民主主義勢力によって社会改革は維持されるとともに、銀行・鉄道・電力・通信などの部門が国営化され、福祉国家が建設された［尾尻 1996］。教会の擁護者であるカルデロンが失脚した形となったが、教会が改革の維持を支持したために、教会の擁護者は社会民主主義勢力に引き継がれた。このように、自由主義政権による最初の国家建設ののちの、いわば第二の国家建設（福祉国家建設）にお墨付きを与えたカトリック教会は、社会民主主義勢力が作ったあらたな憲法でも国教規定という「お返し」をもらい、公立学校での宗教教育もカトリック教育が担うとされたのである［Maroto Vargas 2013: 195］。

　現在、カトリック教会とコスタリカ国家は相互に正統性を高める存在となっていると言われている。教会が政治権力に正統性を与えるのと引き換えに、カトリック教会は社会の仲介者としての役割を政府から与えられている、というのである。近年、「社会の仲介者」としてカトリック教会の存在感が示された出来事といえば、2007年の、中米・アメリカ合衆国・ドミニカ共和国自由貿易協定（CAFTA-DR）の批准問題であろう。この貿易協定は、電力

と通信部門の民間開放という条項を含んでいたため、公務員をはじめとして、国民の多くが反対してデモが繰り返された［尾尻 2012: 10-11］。新自由主義経済政策の典型とみなされる自由貿易協定を政府が締結し、その批准を目指したことで、「福祉国家」の擁護者としてふるまってきたカトリック教会は当初、微妙な立場に立たされた。宗教が政治に介入することは禁止されているため、直接的に支持や不支持を表明することはできないものの、最終的には「CAFTA-DR が社会平和をもたらすであろう」と司教評議会が声明を発表し、実質的に政府を支持した［Maroto Vargas 2014: 300］。

　このように、コスタリカではカトリック教会が政治権力と密接な関係にあり、その所以は、コスタリカでは国家建設の一環としてナショナル・アイデンティティを形成する際に「歴史的英雄」だけに依拠することはできず、カトリック教会の威光を利用せざるを得なかったからである。そして現在では、「コスタリカではナショナル・アイデンティティにカトリック教会は欠かせない」という言説が広く信じられ、それがさらにアイデンティティとしてのカトリックの重要性を強化するということにつながっている。カトリック教会はこの言説を最大限に利用して、コスタリカ社会における自身の発言権を確保し、LGBT の権利保障について否定的な意見を広め、政策に反映させようとしているため、コスタリカでは同性婚は立法で実現されず、「外圧」によって実現されたと考えられる。

おわりに

　本章では、コスタリカにおける LGBT の権利保障の進展と、その要因をまとめた。コスタリカは、本書で紹介されているアルゼンチンやブラジルと異なり、軍政を経験しておらず、LGBT の権利保障に民主化プロセスが関わっていない。その分、保守的な社会を根底から変革する運動が生まれるには至らず、同性婚の法制化を目指す政治家と市民組織が連携し、米州人権裁判所という「外圧」を使って司法の場で法制化を実現したと言える。

　ラテンアメリカで最も古い民主主義を誇示するコスタリカが、なぜ外圧に頼らなければならなかったのか。コスタリカではカトリック教会がナショナ

ル・アイデンティティの形成に深く関わり、現在でも教会と政府は相互に支持を与え合うことで自身の正統性の強化に利用してきたという現実があるからである。

　コスタリカではカトリックの信者の割合は年々減っており、2020年の調査では54.8％にとどまっているが、福音派は25％であるため、両方を合わせると79.8％がキリスト教徒となり[26]、依然として、LGBTの権利保障を教義として認めない宗教に属している人が大多数であると言える。

　他方で、コスタリカ社会は変貌し続けている。前述のように、LGBTの人々の存在を可視化するプライド・パレードはコスタリカ最大の動員人数を誇るイベントへと成長した。また、カトリックの教義には都合が悪いことに、コスタリカでは婚姻関係にあるカップルのもとでの出生よりもシングル・マザーのもとでの出生のほうが多く[27]、婚外子がめずらしい存在ではなくなっている[Fuentes : 336]。「カトリックの教義に反する」からといって、LGBTや婚外子に対する社会的なサポートをしなければ、「コスタリカ福祉国家」は絵に描いた餅に過ぎなくなるであろう。

　コスタリカは、民主主義や人権擁護など、さまざまな分野でリーダーシップを発揮してきた。LGBTの権利保障の分野では遅れをとったが、メキシコシティ、ブラジル、アルゼンチンなどの「LGBT先進国・都市」に追いついた今、さらなる飛躍が期待される。

　ひるがえって、日本のLGBTの権利保障が遅々として進まないことを、読者のみなさんはどうお考えだろうか。最後に、コスタリカのLGBT運動の歴史研究者であるホセ・ダニエル・ヒメーネス＝ボラーニョス（Daniel Jiménez Bolaños）の言葉を紹介しよう。「歴史学者として言えるのは、法が先に変化し、そして文化が変わるのです。すでに社会は変わり始めています」[28]。

---

[26] Latinobarómetoro, "Análisis Online: Costa Rica.¿Cuál es su religión?" 2020 (https://www.latinobarometro.org/latOnline.jsp).

[27] ただし、妊娠した女性を男性が見捨てているということでは必ずしもなく、婚姻届を出さずに男女で子供を育てている場合が多い。婚姻届を出さない理由としては、一旦婚姻届を出すと3年間は離婚できないことや、3年以上生活をともにしているカップルは「事実婚 (unión de hecho) として婚姻カップルと同様の権利が得られる」ということがあげられる。

[28] ホセ・ダニエル・ヒメーネス＝ボラーニョス（José Daniel Jiménez Bolaños）への筆者のインタビュー、2020年2月25日、コスタリカ・サンホセ市。

6章 コスタリカ　259

【引用文献】
〈日本語文献〉
尾尻希和　1996『コスタリカの政治発展　「民主体制崩壊」モデルによる 1948 年内戦の分析』上智大学イベロアメリカ研究所.
———　2012「コスタリカにおける政党政治の危機」『コスタリカ総合研究所説（調査研究報告書）』山岡加奈子編、日本貿易機構アジア経済研究所 : 1-17.
———　2022「米州人権システムとコスタリカにおける同性婚合法化プロセス」『イベロアメリカ研究』43(1): 1-13.
———　2023「コスタリカ 2022 年国政選挙とロドリゴ・チャベス政権」『ラテンアメリカ・レポート』39(2): 30-40.

〈外国語文献〉
Almond, Gabriel A. and Bingham Powell 1966. *Comparative Politics: A Developmental Approach*. Boston: Little Brown.
Alpízar Jiménez, Idalia 2017. "Estado Confesional y derechos humanos en Costa Rica." *Revista Lationamericana de Derechos Humanos* 28 (2): 139-153.
Asamblea Nacional de Costa Rica 1998. "Ley General sobre el VIH-SIDA, Ley No.7771, de 29 de abril de 1998."
Asamblea Nacional de Costa Rica 2022. "Ley adición de un inciso 11) al Artículo 112 del Código Penal, Ley No. 4573, de 4 de mayo de 1970."
Carballo Villagra, Priscilla 2019. "El costo del Estado confesional en Costa Rica: Implicaciones presupuestarias del financiamiento del Estado a la Iglesia Católica." *Revista Rupturas* 9(1): 127-154.
Chacón Alvarado, Emma, Paola Brenes Hernández y Alberto Sánchez-Mora 2012. *Mapeo de actores estratégicos en Materia de los Derechos humanos de la población LGBT en Costa Rica*. San José, Costa Rica: Centro de Estudios Internacionales.
Contraloría General de la República de Costa Rica 2014. *Situación y perspectivas*, San José, Costa Rica: CGR.
———　2015. *Situación y perspectivas*, San José, Costa Rica: CGR.
———　2016. *Situación y perspectivas*, San José, Costa Rica: CGR.
Corte Interamericana de Derechos Humanos 2017. Opinión Consultiva OC-24/17. 24 de noviembre de 2917.
Díaz Arias, David 2021. "De las identidades coloniales a las republicanas." En *Costa Rica 1821-2021: de la independencia a su bicentenario. Editado por Iván Molina Jiménez*. Cartago, Costa Rica: Editorial Tecnológica de Costa Rica, 179-204.
Fuentes Belgrave, Laura 2015. *La tibieza de quien peca y reza. Cambios en las creencias religiosas en Costa Rica*. San José, Costa Rica: Sebila.
Gamboa Barboza, Isabel. 2008. "Sociabilidad e identidad en el campo sexual en Costa Rica, 1980-2004." *Nómadas, Revista Crítica de Ciencias Sociales y Jurídicas* 18 (bebrero): 1-12.
Gil Zúñiga, José Daniel 2004. *El culto a la Virgen de los Ángeles (1824-1935). Una aproximación*

a la mentalida religiosa en Costa Rica. Alajuela, Costa Rica: Museo Histórico Cultural Juan Santamaría.

Gómez Murillo, Vicente 2021. "Poder colonial y política republicana." En *Costa Rica 1821-2021: de la independencia a su bicentenario.* Editado por Iván Molina Jiménez. Cartago, Costa Rica: Editorial Tecnológica de Costa Rica, 73-98.

Instituto Nacional de Estadística y Censos 2022. *Estadísticas Vitales 2021: Población, Nacimientos Defunciones y Matrimonios.* San José, Costa Rica: INEC.

Heartland Alliance for Human Needs and Human Rights, Red Lationamericana y del Caribe de Personas Trans, OTRANSVIDA, y Akahatá-Equipo de Sexualidades y Derechos 2015. "Información a tener en cuenta para el Tercer Informe Hemisférico del MESECVI Costa Rica." (https://www.oas.org/es/mesecvi/InformesSombra.asp).

Jimínez Bolaños, José Daniel 2015. "La criminalización de la diversidad sexual y el inicio del activismo gay in Costa Rica, 1985-1989." Revista Rupturas 6 (1) (enero-junio): 61-90.

―――― 2017a. "Matrimonio igualitario en Costa Rica: Los orígenes del debate 1994-2006." *Revista Ciencias Sociales* 155: 157-172.

―――― 2017b. "De lo privado a lo público: la celebración del Orgullo LGBTI en Costa Rica, 2003-2016." *Diálosos Revista Electrónica de Historia* 18-1: 65-90.

―――― 2018. "Ciudadanía sexual en Costa Rica: los actos, las identidades y las relaciones en perspectiva histórica" *Revista Interdisciplinaria de Estudios de Género de El Colegio de México* 4 (30 de abril): 1-31.

Maroto Vargas, Adriana 2013. "La confesionalidad del Estado costarricense: Un proceso en constante renovación." *Revista Reflexiones* 92 (2): 189-198.

―――― 2014. "Intercambio de obsequios y contraobsequios: construcción de la legitimidad en las relaciones Estado-Iglesia Católica 3n Costa Rica, 2007-2010." *Anuario de Estudios Centroamericanos, Universidad de Costa Rica*, 40: 289-310.

Méndez Méndez, José Mario 2020. "La educación religiosa en Costa Rica: Aportes desde la interculturalidad." *SIWÔ'* 13 (2): 9-26.

Ministerio de Salud de Costa Rica 2015. "Decreto No.38999 Política del Poder Ejecutivo para erradicar de sus instituciones la discriminación hacia la población LGTBI: 15 de mayo de 2015".

―――― 2018. "Guía corta: situación de derechos de las personas LGBTI en Costa Rica." San José, Costa Rica: Ministerio de Salud.

Palmer, Steven 1993. "Getting to Know the Unknown Soldier: Official Nationalism in Liberal Costa Rica 1880-1900" *Journal of Latin American Studies* 25: 45-72.

Sala Constitucional de Costa Rica 2006. "Resolución No. 07262-2006" 23 de mayo.

―――― 2018. "Resolución No. 12782-2018" 8 de agosto.

Salas C., Juan C. 2019. *Código Penal Ley 40753 actualizado al 39 de junio del año 2019.* San José, Costa Rica: Defensa Pública de Costa Rica.

Salazar Mora, Orlando 1990. *El apogeo de la república liberal en Costa Rica: 1870-1914.* San José, Costa Rica: Editorial de la Universidad de Costa Rica.

Sequeira Rovira, Paula 2019. "Sexualidad, educación y locura: el conocimiento homo-

sexualizador y la ideología de género en los programas de educación sexual del MEP."
En *Ideología de Género en Costa Rica: Tres ensayos*. Editado por Helio Gallardo
Martínez. San José, Costa Rica: Editorial Sebila: 43-186

Vargas Alvarado, Jota 2020. "Las personas trans y el mecanismo de alternancia electoral a la luz
de la OC-24/17." *Revista Derecho Electoral* 30. (https://www.tse.go.cr/revista/art/30/
vargas_alvarado.htm).

終　章

6か国比較からみる
ラテンアメリカのLGBT権利保障の特徴

畑　惠子

1．目的・手法と各国のまとめ

　本書の目的は、ラテンアメリカ地域の LGBT 運動・権利保障の実態、および保障を促す／妨げる諸要因を解明し、地域の特徴を明らかにすることにある。ラテンアメリカでは半数の国で LGBT の権利保障が進む一方で、半数の国ではなかなか進まないという二分化がみられる。本書では地域全体の動向や特徴を把握するために、LGBT の権利保障が異なるレベルにあるラテンアメリカ6か国──アルゼンチン、ブラジル、ペルー、ニカラグア、メキシコ、コスタリカを選定し、二つの切り口から比較を試みた。一つは共通項目（法律・制度、政治、市民社会、宗教）を設定し、各国の動向を整理するという手法である。だが、各国の LGBT を取り巻く環境は多様であり、権利保障への道程も直面する問題も異なる。それらを共通項目で掬い上げることは難しいため、それぞれの国において「特徴的である」と執筆者が考えるテーマを選び、異なるアプローチ（政治学、社会学、文化人類学）からの分析も行った。これが二つ目の切り口である。叙述的な比較研究はややもすれば個別事例の列挙で終わりがちだが、本書では共通項目と個別のテーマを通して、LGBT に関する運動、論点、課題などを多面的に把握し、それらを比較の視点から捉え直すことによって、ラテンアメリカの LGBT の権利保障に関わる主要な要因を探った。

　1〜6の各章では、前半で共通項目が整理され、後半で各国固有のテーマが論じられた。その概要は次のようにまとめられる。LGBT の権利保障が進んだ1章アルゼンチン、2章ブラジルでは、1980年代後半から90年代の民主化の時代に、LGBT 運動、人権運動、政党活動などが活発になり、さまざまなアクターの連携が始まった。その過程で LGBT の権利も「人権」として認識されるようになり、21世紀に誕生した左派政権の下で、同性婚などの権利が認められていった。だがその権利を担保しているのが、アルゼンチンでは立法、ブラジルでは最高裁判断という違いがある。ブラジルにおいて立法でなく司法が判断した背景には、LGBT に否定的な宗教的保守派（カトリックおよびエバンヘリコ）の国会内議員団の存在がある。また家族を「カップ

ルの情愛にもとづく安定的な結びつき」と捉える解釈の広がりが、情愛を男女間に限定しないとする司法の判断を後押しした。権利保障が進んだ両国ではあるが、それによって問題がすべて解決されたわけでなく、アルゼンチンではトランスジェンダーに対する苛烈な差別・暴力への取り組みが新たな課題となり、ブラジルでは LGBT フォビアやエバンヘリコの政治的な影響力への対応をせまられている。両国の事例は、ある権利が実現すると、新たな課題や対立の局面が表出することを示している。

　3 章ペルーと 4 章ニカラグアでは、LGBT の権利の実現を阻む要因が分析された。ペルーには LGBT を支援する市民活動が存在し、その権利保障に肯定的な国会議員もいる。しかし、農村部を地盤とする政治・宗教的保守層がそれを凌駕する強大な力を持っており、国会に同性シビル・ユニオン法案が提出されても、その都度廃案となってきた。そのような社会の保守化の一因は、90 年代まで続いた左翼ゲリラとの内戦とそれが社会に残した「左翼アレルギー」にある。他方ニカラグアでは、独裁色を強めるオルテガ政権の下で、LGBT 運動は支援されているようにみえるが、実際には政権維持のために、フェミニズム運動やカトリック教会との関係性の中で、LGBT 運動は「政治の道具」として操作されており、具体的な権利保障への道筋はみえていない。両国ともに政治の機能不全と保守的宗教勢力（カトリック教会・プロテスタント福音派）の存在が阻害要因となっている。

　メキシコとコスタリカは同性婚承認国であり、その認可が司法判断によることから、ブラジルに類するケースといえる。しかし、メキシコには連邦制の下で州ごとに婚姻・家族に関する法律が定められ、コスタリカには米州人権システムと国内法が一体化している、という特殊な条件があるがゆえに、ブラジルとは異なるプロセスをたどった。またその結果として、保障実態の地域差や制度化と人々の理解の間の乖離がみられる。5 章ではメキシコ北東部 3 州の比較をとおして、LGBT 運動だけが必ずしも法整備に至る決定要因ではなく、隣接州であっても道筋が異なることが示され、首都圏を中心とするこれまでの研究蓄積に新たな視点が加えられた。6 章ではコスタリカが人権・民主主義の模範国というイメージとは異なり、実際にはカトリックを国教と定めた保守的な国家・国民性であること、そして現在ではプロテスタン

ト福音派が勢力を伸ばし、保守派の巻き返しが懸念されることが明らかにされた。

このように、LGBT の権利が法律・制度として認められても、LGBT の人たちは社会に完全に受け入れられているわけでなく、それを排除しようとする勢力とのせめぎ合いがむしろ激しさを増し、政治や選挙での争点化、あるいは日常的な暴力として表出している。それが現在の地域の姿である。では6か国比較からどのような知見が得られたのか。ここでは6か国全体を特徴づける主要な要因についてまとめる。促進要因としては、民主化・経済危機・エイズ拡大の同時発生がもたらした 80 年代〜90 年代の変動、および国際的・地域的人権保護枠組みの2点を、阻害要因としては宗教とセクシュアリティの政治的争点化を取り上げる。

2. 促進要因と阻害要因

（1）民主化・経済危機・HIV エイズ流行

ラテンアメリカの一部の国では 21 世紀に入ると、LGBT の権利の実現に向けて法改正や制度整備が急速に進んだ。その背景には、1980 年代半ばから 90 年代にかけて民政移管、経済危機と経済の自由化、そして HIV 感染者およびエイズ発症者の増加という政治・経済・社会の大変動があった。これらが同時期に起きたのはまったくの偶然だが、その偶然が「人権尊重」「グローバル化」へと各国の転換を促し、その後の LGBT 運動の方向性を決定づけたと考えられる。

1960 年代後半から軍事政権下に置かれ始めたラテンアメリカ、とくに南米諸国では政党や市民組織の活動が抑圧され、厳しい人権弾圧が続いた。だが 1970 年代末から 80 年代前半に、人権弾圧と経済運営の失敗に対する軍部批判と民政移管要求が強まった。1980 年代に民政が復活すると、90 年代にかけて政党活動や市民活動が活発となり、軍政下での人権犯罪の責任が追及された。同時期には債務不履行に端を発し、のちに「失われた 10 年」と呼ばれる深刻な経済危機、そして大きな社会不安となったエイズの拡大も起きた。この二つの危機は国民に大きな犠牲を強いた。しかしこの3領域での変

動は「人権」理念のもとに国内のさまざまな集団を糾合しただけでなく、経済協力やエイズ対策支援などをとおして、西側先進国を中心とするグローバルな枠組みの中にラテンアメリカ地域を否応なく組み込んでいった。そして民主主義、平等、人権といった西欧的な普遍的価値が共有された。

　経済危機の打開策として、北米自由貿易協定（NAFTA）や南米南部共同市場（MERCOSUR）などの地域協定が締結されたが、そこで前提となったのは人権尊重や民主主義の維持であった[1]。また、エイズは LGBT の人々の存在とその深刻な現実を可視化し、国民の健康の権利、性別に関係なくパートナーに保障されるべき権利などが「人権」として広く認識され、それを保障する国家の義務が問われるようになった。このような人権意識の高まりと国内外の諸団体のネットワークの広がりが、21 世紀の LGBT の権利実現へとつながる道を拓いた。

　経済危機とエイズ禍は本書が対象とする 6 か国すべてが体験した。だが政治状況に関してはペルー、ニカラグアと他の 4 か国では大きな違いがあった。ペルーでは 1980 年に民政移管が実現したが、80 年代、90 年代を通して農村部を中心に左翼ゲリラ活動が続き、強権化する政治の下で政党や市民組織の自由は制約された。そしてゲリラの脅威が消滅したあとも、保守の力は強いまま保持され、しかも政党内、政党間の分裂により合意形成の難しい状況が続いている。ニカラグアでは 1979 年のサンディニスタ革命後の内乱が、1988 年の政府と反政府軍による暫定停戦合意によりようやく終息した。だが内政は安定せず、2007 年に返り咲いたオルテガの下で独裁制が強まっている。両国で LGBT の人権保障が進まない主たる要因は、1980 年代、90 年代の政治的混乱が今日まで尾を引き、国民の要望を代弁・調整し政策化できる政党も、市民によるアドボカシー活動も、総じて脆弱であることに求められる。

　6 か国の LGBT 権利の進捗の差は三権分立の視点から捉えることもできる。ラテンアメリカでは歴史的に行政権が圧倒的優位にあったが、民主化の過程で司法権の機能が見直された。ブラジルでは 1988 年憲法において、メキシ

---

[1] NAFTA がメキシコの人権保護を促し、MERCOSUR の社会労働宣言が SOGI を理由とする差別を禁じていたことについては、序章を参照のこと。

コでは 1990 年代の司法改革において、とくに連邦／国家最高裁判所の独立性と権限が強化された。このような改革を経た最高裁が憲法に明記された人権遵守を体現したのが、ブラジルやメキシコの同性婚認可の事例である。議会内の反対勢力や州の権限によって難航する同性婚の承認を司法が打開したのである。またコスタリカには米州人権裁判所という地域の司法判断の力を借りる道が国内法で確保されていた。それに対して、司法権が脆弱なままのペルーでは国会で法案が繰り返し阻まれても、憲法裁判所は「立法判断が不可欠」という姿勢を崩しておらず、ましてや権威主義体制下にあるニカラグアでは司法権および立法権が機能する余地はない。それとは対照的に、6 か国の中で唯一司法の力を借りずに LGBT の権利保障を議会で立法化したアルゼンチンは、政治権力の分立においても、議会の立法機能においても、先進的な条件を備えていたといえる。

（2）地域および国際的な人権保護枠組みと LGBT

　このようなラテンアメリカ諸国内の変化をもっと広い枠組みで支えたのは、国連人権理事会（旧人権委員会）を中心に形成されてきた LGBT の人権に関する国際合意であった。それは、性的指向・性自認（SOGI）についても、世界人権宣言に謳われた「すべての人は生まれながらにして自由で、尊厳と権利において平等である」という原則が適用されるとする、「国際人権法による解釈」である。国際的合意が各国に直接的な拘束力をもつわけではない。だが、アルゼンチンやブラジルなどのラテンアメリカ諸国が理事会の構成メンバーとして、決議や声明の提案に関与し、国際的な枠組み構築のために積極的な役割を果たしてきた経緯や、2024 年 4 月時点で、国連の LGBTI コアグループにラテンアメリカ 12 か国が参加していること [2] を考慮すると、これらの国々には、強弱の差はあっても、この枠組みを尊重しようとする意識があることが推測できる。

　その原則が最初に示されたのは、2006 年 11 月に国際人権法専門家会議で採択された「ジョグジャカルタ原則」であった。その後、国連人権理事会で

───────────
〔2〕コアグループ（UN LGBTI Core Group）に関しては、序章注 49 および以下の URL を参照のこと。
　https://unlgbticoregroup.org

の審議を経て、2011 年には同理事会で「人権、性的指向・性自認に関する決議」
が採択され、2012 年には人権高等弁務官事務所が冊子「生まれながらの自
由と平等――国際人権法における性的指向・性自認」を発行した。序章でも
述べたように、2011 年の決議は賛成 23、反対 19、棄権 3 という僅差での採
択であったが、西側先進国と並んでラテンアメリカ諸国も「SOGI を事由と
する差別は許されない。SOGI のいかんにかかわらず平等な権利が保障され
る」という原則に賛同し、それを受け入れた。

　貧困・格差や差別・暴力が蔓延するラテンアメリカは、人権保障とは縁遠
い社会であるとみなされがちだが、ラテンアメリカ 20 か国は国連原加盟国
として第二次世界大戦後の人権体制の構築に参画してきただけでなく、米
州機構（OAS）の地域的人権システムの一翼をも担っている。OAS は米国の
ヘゲモニー下での地域の安全保障を目的として 1948 年に創設され、1951 年
に発足した国際機関である。発足当初の加盟国は米国とラテンアメリカ諸国
の計 21 か国であったが、ニカラグアが脱退した 2023 年 11 月まではカナダ、
カリブ諸国も含めて南北アメリカに位置する 35 か国すべてが加盟していた。
OAS では 1948 年に米州人権宣言が採択され、1957 年に米州人権委員会が設
置された。さらに 1969 年には米州人権条約が採択され（1978 年発効）、米州
人権裁判所が創設され、それ以前に根拠と役割が曖昧であった米州人権委員
会が同条約の履行管轄機関として再定置された。米州と銘打っているものの、
米州人権条約に批准し、米州人権裁判所の管轄権を受け入れているのは、ラ
テンアメリカ諸国と少数のカリブ諸国のみであることから、それらはラテン
アメリカ諸国を中心とする人権条約であり、人権裁判所であると言ってよい
だろう。そして本書で扱った 6 か国も条約を批准し、裁判所の管轄権を受け
入れている〔3〕。

　2008 年に米州機構（OAS）総会では「SOGI を理由とする差別非難決議」
が満場一致で採択された。この決議を提案したブラジルにとっては、2003
年の国連人権委員会での決議案が反対国の圧力で取り下げられて以来の挑
戦でもあった。翌 2009 年の OAS 総会では、各国に SOGI による人権侵害

〔3〕ニカラグアは OAS 脱退後も、米州人権裁判所のホームページには加盟国、管轄権受け入れ国と
　して記載されていること、米国国務省等はニカラグアの人権に関する義務が無効化されていない、
　と捉えていることについては、序章注〔52〕を参照のこと。

の実態調査や防止措置などを求め、米州人権委員会にこの問題への関与を要請する決議が採択された〔4〕。これらの決議に準じた結果かどうかは不明だが、対象6か国ではSOGIを理由とする暴力に対して、実効性は別にして、罰則規定あるいは罰則強化などの措置が講じられている（表序-3参照）。また、2010年代から米州人権裁判所もLGBT権利に関わる事案に対して、国際人権法の解釈を踏まえた判断を行っている。中でもコスタリカに向けた2017年の意見勧告は、性自認の権利、名前変更の権利、同性カップルの家族としての権利は米州人権条約に含まれている、とする画期的な判断であった。

　だが、裁判所の管轄権を認めているペルーやニカラグアでも、この意見勧告がいまだ実施されていないことが示すように、いつ、どのように国の政策に反映されるかは、最終的に各国の人権意識と政治判断による。しかし地域的な人権システムが現に存在し、それがLGBTの権利に関する事案において機能し始めているという事実は、この地域におけるLGBTの人権をめぐる議論や運動、政策の不可逆的な方向性を根底の部分で規定しているといってよいであろう。

（3）宗教とセクシュアリティの政治的争点化

　ラテンアメリカにおいてLGBTの人々への平等な権利保障に対してもっとも厳しい対抗姿勢をとっているのは、カトリック教会とプロテスタント福音派のエバンヘリコである。現代は「宗教復権」の時代であり、宗教諸派が同性婚や人工妊娠中絶など、セクシュアリティやリプロダクティブヘルス・ライツの問題に介入するのは世界的な現象である。しかし、この地域では選挙過程に影響を与えるまでに、「宗教の政治化」現象が進んでいる。

　米国ピュー研究センター（Pew Research Center）の調査によれば、2014年のラテンアメリカ全体の教派別信者の構成比は、カトリック69％、プロテスタント19％、無宗教8％、その他4％であった。プロテスタントの大半はエバンヘリコである。1970年の構成比（カトリック92％、プロテスタント4％）と比較すると、プロテスタントの拡大、そしてカトリック離れが顕著である。

---

〔4〕 Arc-international. net. "OAS Resolution 2008."; "OAS Resolution 2009." https://arc-international.net
　（2023年8月9日閲覧）

272 ラテンアメリカの LGBT

しかも、カトリック教徒として育った人が 84％いたにもかかわらず、調査時点でカトリック教徒であると自認していたのは 69％、反対にプロテスタントとして育った人は 9％であったが、調査では 19％がプロテスタントであると回答した。カトリック教会を離れる理由としては 3 分の 2 以上が神との個人的な関係の模索をあげており、カトリック教会が人々の要求に応えられていない実態が窺える〔5〕。カトリックからプロテスタントや無宗教（特定の宗教なし）への転向傾向はその後も続き、2020 年にはカトリック 57％、プロテスタント約 25％（エバンヘリコ 19％）、無宗教 16.6％となった〔6〕。

福音派（エバンヘリコ）の特徴は聖書の教えを守り、伝道活動に励むことにある。1970 年代以降にラテンアメリカでは第二、第三世代のエバンヘリコが増え、市民社会組織や職域組織を立ち上げて宗教・市民活動に携わるとともに、政治に進出する信者も現われた。80 年代には教義の上でも現実社会との関わり方に変化があった。それまでは現実社会の問題からは距離をとるべきとされていたが、キリストの復活に備えて現世の改革に取り組むべきであり、そのために政治参加が不可欠であると考えられるようになったのである〔Pérez Guadalupe 2018: 34-38〕。

ちょうどこの時期にラテンアメリカでは民政が復活し、選挙で新旧さまざまな政党間の競合が激しさを増していた。エバンヘリコ指導者たちは政党に協力することで政治介入を図り、聖書の説く宗教的理想を実現しようとしてきた。そして強まりつつあった LGBT の権利や人工妊娠中絶の権利の要求が、聖書を絶対視するエバンヘリコの標的となったのである。エバンヘリコは保守政党と連携することが多いが、実益を求めて革新政党と選挙協力を組むこともいとわない。一方、政党にとってもエバンヘリコの手堅い票田は魅力的である。このように宗教や市民社会での活動だけでなく選挙や政治活動をもとおして、エバンヘリコは LGBT、人工妊娠中絶、ジェンダー概念に対抗する勢力の旗手となっていった。

一方、カトリック教会はその独占的地位の一角をエバンヘリコに崩されて

---

〔5〕 Pew Research Center 2014. "Religion in Latin America." https://www.pewresearch.org（2023 年 8 月 10 日閲覧）
〔6〕 Statista, "Religion affiliation in Latin America as of 2020, by type." https://www.statista.com（2023 年 8 月 10 日閲覧）

終章　6か国比較からみるラテンアメリカのLGBT権利保障の特徴　273

きたとはいえ、現在もラテンアメリカで最大の宗教であり、教義が人々の中に倫理観・道徳観として内面化されているため、その影響力は信者数だけで推し測ることはできない。また各国にはカトリシズムと親和的な政党もある。今日もなおカトリック教会はキリスト教的価値観を脅かす同性婚や人工妊娠中絶を批判し、断固認めない立場を堅持している。

　カトリックとエバンヘリコは歴史的にも、現在の力関係からみても、相容れない関係にあるが、世俗化の進行や同性婚や人工妊娠中絶の権利要求といった「道徳の問題」に関しては現状認識・目的が一致している。そのため、ブラジル国会内の両派の議員団のように、時に連携することもある。また、序章で述べたように「ジェンダー・イデオロギー」批判を一つの戦略として共有し、自分たちの考えに賛同する他の政治勢力を巻き込んで共闘する姿勢を強めている。キリスト教的な解釈によれば、ジェンダー・イデオロギーは「男女二元論に立ち、性的関係を男女に限る」とする聖書の教えに反するため、それから家族や子どもを守らねばならない。このような主張は熱心な信者だけでなく、マチスモや家族主義という価値観を内面化し、近年のLGBTの権利保障や人工妊娠中絶の権利主張に違和感をもつ人々からも共感を得やすい。2019年に教皇庁教育省は「神は人を男と女に創造された――教育におけるジェンダーの課題に関する対話の道に向かって」を発表し、「ジェンダーではなく性が人格の基本的要素である」とジェンダー概念を否定した。またジェンダーはイデオロギーであり、「特定の願望に納得しうるこたえを要求し」「それを唯一の思想だとして子どもの教育を規定しようとしている」〔7〕と批判している。2021年3月に教皇庁は声明において「同性婚は罪であり、教会はそれを祝福しない」ことを改めて強調した。さらに2024年4月8日、バチカンは性別適合手術に対しても、「人間の尊厳を脅かす」「人間性を守ることは創造されたままに受け入れ、尊重すること」として、反対の立場を表明している〔8〕。

　同性婚はラテンアメリカ9か国で認められ、人工妊娠中絶の権利も一部の

---

〔7〕カトリック中央協議会「教皇庁教育省『神は人を男と女に創造された』」2020年2月27日。
　https://www.cbcj.catholic.jp
〔8〕「性別適合手術『人間の尊厳脅かす』バチカンが新文書、教皇も承認」『朝日新聞』2024年4月9日。
　https://digital.asahi.com

国で条件つきで認められるようになってきた。この状況にカトリック教会、エバンヘリコ教会ともに危機感を強めている。宗教的な倫理・道徳と権利の間の抗争は、人工妊娠中絶の可否をめぐっても激しさを増しつつある。それは胎児の生命の尊重を主張する勢力（Pro-Life, Pro-Vida）と女性の身体に関する自己決定権を主張するフェミニスト勢力（Pro-Choice, Por el derecho a decidir）の対立として各国で表れている。だが興味深いことに、宗教組織の中から、宗教的実践にジェンダー視点をとりいれて聖書を読み直したり、宗教的原理主義やその影響について再考したりする、教派や国を超えた女性たち（神学者、活動家、牧師など）のネットワークも立ち上がっている〔9〕。

3．「性とジェンダーの多様性」がもつ含意

促進・阻害要因ではないが、ここではラテンアメリカでよく用いられる、「性とジェンダーの多様性」（diversidad sexual y de género, 略語形は性の多様性：diversidad sexual）という概念の含意について若干の考察を加えておきたい。ラテンアメリカの LGBT 運動や権利保障の経緯を検証する中で、日本との違いを感じたのは、日本では「LGBT」「性的マイノリティ」という表記が一般的であるのに対し、ラテンアメリカでは「性とジェンダーの多様性」「性の多様性／性的多様性」がよく使われ、逆に「性的マイノリティ」（minoría sexual）という表記が少ないことである〔10〕。

SOGI、LGBT、性的マイノリティ、性の多様性の中でどの概念を用いるかは、なにを説明し主張したいのかという意図と密接に関わっている。ラテンアメリカでも使い分けがあり、法律や公的文書の中では「SOGI を理由とす

---

〔9〕女性の神学者・牧師・キリスト教活動家・指導者たちのネットワーク（Red de Teólogas, Pastoras, Activistas y Liderasas Cristianas-TEPALI）は 2019 年に発足した。"Nace la escuela de Teologías Feministas de la Red Tepali," Diario Digital Femenino. Agosto 22,2020. https://diariofemenino.com.ar/df; Cecilia Fernández Castañón, "Are Civil Rights at Risk in Argentina？" September 30,2022. https://www.fairplanet.org（2023 年 8 月 13 日閲覧）

〔10〕筆者は複数のメキシコ人研究者や活動家から、「性的マイノリティ」は LGBT を特異な存在として捉えるマジョリティ側の見方を反映しているため、使用を避けたほうがよいとの指摘を受けた（2023 年 1、2 月のメキシコシティでの調査、および同年 5 月のメキシコ大使館主催のシンポジウムにて）。またすべてを検索したわけではないが、スペイン語の論文・書籍のタイトルにこの表現を用いたものは少ない。

る差別」という文脈でSOGIが、日常的な場ではLGBTが、そして行政機関の部署名、プライド・パレードのスローガン、イベント名などには「多様性」が用いられる傾向にある。だが「性とジェンダーの多様性」という表記にはLGBTをめぐる議論のラテンアメリカ的特徴があるように思われる。

「性とジェンダーの多様性」について、メキシコ国家人口審議会（Consejo Nacional de Población: CONAPO）は次のように説明する。「セクシュアリティは人が自らを定義する際に決定的な側面であり、人生をとおしてあらゆる分野でそれぞれが得る主観的な経験である。多様性とは、人々が自分のセクシュアリティを想定し、表現し、生きることが可能であること、同様にいかなる性的表現、指向、自認も可能であることを意味する。それは、他の人々の権利を尊重する限りにおいて、どのような身体、感覚、欲望であれ、それを自身のものとし、表現することを認めることであり、その権利はすべての人にある」〔11〕。そこにはあらゆるセクシュアリティやジェンダー・アイデンティティを包括し、シスジェンダー、ヘテロセクシュアルもすべてを含む人権概念が提示されている。

　他方で、この表現はLGBTの人々に限定した意味で用いられることも多い。アルゼンチンの「女性・ジェンダー・多様性省」（1章）、ニカラグアの「人権を求める性的多様性イニシアティブ」「性的多様性オンブズマン」（4章）、メキシコの選挙制度のアファーマティブ・アクションの対象グループの一つとしての「性の多様性」（序章）がその一例である。「性的多様性」は対象をあいまいにすることにより、特定の集団を利する措置として認識されることから生じる反発を緩和する表現でもある。例えば、自らのSOGIを表現し生きることは、社会のマジョリティであるシスジェンダーやヘテロセクシュアルの人々が無意識に享受している権利だが、「LGBTの権利」と表現した途端に「特別な権利」とみなされ、強い反発を招くことがある。そのような敵対的な感情を避けるために、「多様性」は都合のよい表現なのかもしれない。だが他方で、そのような後ろ向きの用法ではなく、LGBTにそれ以外のアイデンティティの頭文字を加えて、例えばLGBTTTIQ+にしてみても、すべて

---

〔11〕 CONAPO, "¿Sabes qué es la diversidad sexual y de género?" http://www.gob.mx（2023年8月9日閲覧）

を掬い上げることができないほどにアイデンティティが多様で流動的であることを認識しているがゆえの、あるいはそう認識すべきであるという強い合意をもった、ことばの選択として捉えることもできよう。

　いずれにしても、「性とジェンダーの多様性」という表現には、LGBTという「特別な」集団に、あるいはその集団内のゲイやトランスといった個別のカテゴリーに着目するのではなく、例えばヘテロセクシュアルからホモセクシュアルの間にある、あるいはシスジェンダーからトランスジェンダーの間にある、あらゆるセクシュアリティやジェンダー・アイデンティティを認め、平等に権利を守っていこうとする前向きの姿勢があるように感じる。

　またラテンアメリカでは、しばしばLGBTあるいは性的多様性が女性、ジェンダー、その他のマイノリティ集団と並置される。アルゼンチンの「女性・ジェンダー・多様性省」という名称は、女性とLGBTが直面する差別や不利益は根が同じであるという前提にたち、相互理解や連携の可能性を示唆しているように思われる。これは日本のように女性とLGBTを切り離して、時に対立構図の中に配置する捉え方とは異なっている。同様に、メキシコの議会選挙のアファーマティブ・アクションにおいても、「性的多様性」は先住民、障がい者、海外居住者など、十分な政治的代表性をもたない集団の一つとして位置づけられている。その背景には、1980年代末から各国は自国を先住民、アフリカ系、アジア系などを包含するさまざまな民族・文化からなる社会であることを憲法などに明記し、民族的・文化的多様性の尊重を標榜してきたことがある。性・ジェンダーの多様性はより広い社会的な多様性の一部でもある。単なるレトリックといえるかもしれないが、「多様性」という言葉は、LGBTを構成する諸集団の中にも、あるいは理不尽に差別や不利益を被っている他の集団との間にも、共通する根源的な問題があることを含意し、視野狭窄に陥りがちな意識を外に広げ、社会全体が多様性の尊重を目指していることを再確認させているように感じる。それに対して、日本で一般的なLBGT、性的少数者という表現は、その集団が直面する問題をより鮮明にあぶりだす一方で、社会全体の問題とのつながりや、他のグループと連携する可能性をみえにくくしているのではないだろうか。

終章　6か国比較からみるラテンアメリカのLGBT権利保障の特徴　277

4．日本への示唆と総括

　日本にはラテンアメリカが経験した民主化の高まりも、地域的な人権保護
枠組みもない。宗教と政治の結びつきやその社会的政治的な影響について
も、ないわけではないが、ラテンアメリカと日本では宗教の土壌そのもの
が異なっているため、現象的な類似性だけで論じることにはためらいがあ
る[12]。それぞれの国は固有の文脈と制約の中で運動を進めなければならな
い。だとすればラテンアメリカの経験や事例が日本にとってどのような意味
をもつのか、という疑問が生じるかもしれない。しかし日本より何歩も進ん
だ国がある地域として、また日本と同様にLGBTの権利をめぐって社会を
二分する議論が続いている地域として、ラテンアメリカの経験と実践から日
本が考えるべきことはあるはずである。またそれらに照らすことで、日本の
現状を異なった角度から捉え直すこともできよう。ここでは次の3点を指摘
したい。

　第1は前節の内容と重複する。LGBTの直面している問題はジェンダー規
範や異性愛規範に起因するところが大きいが、それらの規範はすべての人の
行動・思考を規定しているという認識が日本には弱いのではないか、という
点である。LGBTの権利は特別な集団に対する特権の付与ではなく、平等な
権利の保障、人権保障であるという原点に立ちもどって、差別や排除の根源
にあるものを見据え、無意識に受け入れている事柄を見直し、自身との関わ
りを意識しながら、LGBTの権利について考えていく姿勢が私たちには求め
られているのではないだろうか。

　第2は法制化の意義である。日本でも「LGBT理解増進法」[13]が2023年
6月成立・施行された。この法律には差別禁止は明記されず、「すべての国

---

〔12〕日本のセクシュアリティを研究するメキシコ人大学院生から、2023年1月30日、メキシコシ
　　ティでのインタビューのなかで、旧統一教会と自民党との関係がカトリック教会やエバンヘリコとメ
　　キシコの諸政党との関係に類似しているとの指摘があった。しかしメキシコの場合はすでに宗教
　　的教義が文化的価値として広く受け入れられているため、その影響力と広がりに鑑みて、一概に
　　旧統一教会の政治介入を同列に論じることはできない。むしろその他の右派団体も視座にいれて、
　　それらと保守政治家との「政治的相互依存関係」として捉えるほうがよいように思う。
〔13〕正式名称は「性的指向及びジェンダーアイデンティティの多様性に関する国民の理解の増進に
　　関する法律」。

民が安心して生活できるように配慮する」という、何を目的としているのか
と疑問に思わざるを得ないような曖昧な表現も加えられている。批判すべき
点は多いが、それでも法律が人々の意識が変わる契機となりうることをラテ
ンアメリカの事例は証明してきた。重要なのは、この法律にもとづきさらな
る議論を続けていくことであろう。

　第3は裁判によって判例を積み重ねていくことの重要性である。日本でも
近年、同性婚、性別適合手術〔14〕などに関する司法の新たな判断が相次いで
いる。同性婚が認められていない現状について、2021年以降、地裁で「違憲」
「違憲状態」とする判決が続き、2024年3月の札幌高裁では、「同性間の婚
姻も異性間と同じ程度に保障されている」、同性婚を認めない現行規定は「個
人の尊厳をなす人格が損なわれる事態になっている」と、踏み込んだ判断が
示された〔15〕。さらに、2023年7月には最高裁でトランス女性のトイレの
使用制限が違法とされ、2024年3月には同じく最高裁で、同性パートナー
も犯罪被害者遺族給付金の支給対象となることが認められた〔16〕。ラテンア
メリカでも同性婚認可を求める運動が高まる中で、同性カップルが法律家や
市民団体の支援を受けながら次々と訴訟を起こし、司法の判断を求めていっ
た。そしてそれは法解釈を明確にするためにも、社会の関心を喚起するため
にも有効な手段となった。日本におけるここ数年の司法判断からは、LGBT
の平等な権利の承認に向かう一つの流れができつつあるようにみえる。世論
も同性婚に関しては肯定的に捉える傾向にある〔17〕。しかし、日本会議に代

〔14〕性別変更要件としての性別適合手術に関する最高裁の判断については、序章注8を参照のこと。
〔15〕「婚姻の自由、同性婚　札幌高裁『認めないのは違憲』24条1項違反、初認定」『朝日新聞』
　　2024年3月15日。
〔16〕「同性パートナーも『支給対象』犯罪被害者遺族給付金、最高裁初判断」『朝日新聞』2024年3
　　月26日。
〔17〕2019年12月に40～69歳、1500人を対象に全国で実施された同性婚に関する意識調査によ
　　れば、賛成21.7％、やや賛成50.8％で、賛成が72％という結果であった。また86.9％が「誰にも
　　平等に結婚する権利がある」と回答した一方で、「社会のあり方が根本から覆されるので、慎重
　　であるべき」との回答が46.7％であった。回答者が同性婚を平等という観点から肯定的に捉えな
　　がらも、半数近くが変化に不安を感じていることが示された。石田仁・岩本健良他2020『同性婚
　　に関する意識調査報告書__公開版』https://www.marriageforall.jp>uploads.2020/10（2024年4月21
　　日閲覧）。調査方法が異なるため、安易な比較は慎むべきだが、同性婚支持が72％という日本の
　　結果は、アルゼンチン70％（2023年）と並び、ブラジル51％（2023年）、コスタリカ35％（2018
　　年）、メキシコ58％（2023年）を上回っている。コスタリカ以外の国は同性婚承認後の調査結果
　　である。"Opinion polls for same-sex marriage by country." https://en.wikipedia.org/wiki/LGBT_rights_in
　　_the_Americas（2024年4月21日閲覧）

表される保守系政治団体や宗教団体などと考えを同じくする一部の政治家の頑強な抵抗によって、政治の場での改革は進んでいない。

　LGBT の権利保障をめぐる議論で、それに反対する勢力が論拠とするのは国の文化・伝統の独自性や固有性である。ラテンアメリカではキリスト教的規範、日本では独自のイエ・家族制度のような伝統的価値観である。だが国の文化・伝統の独自性や固有性に拘泥することは、文化・伝統を「聖域化」し、そこに閉じこもることに他ならない。オープンで建設的な議論を進めるためには他国の事例を知ることが不可欠であり、その事例は偏るべきではない。しかもラテンアメリカには、これまで不可侵と考えられてきたカトリック的倫理規範に、「人権」理念を優先させた先例がある。そのような国においてさえも、現在も「宗教によるセクシュアリティの政治的争点化」「道徳規範と人権理念の抗争」が続き、それはこれからも続くことが予想されるが、この地域の多くの国が確実に不可逆的な方向へと歩を進めているのも事実である。

　LGBT の権利保障は非西欧社会にも拡大し、LGBT は多様な学術分野で研究されるべきテーマとなっている。これまで日本でまったく関心をもたれることがなかったラテンアメリカ地域に焦点をあてた本書では、LGBT に関して不寛容な文化をもち、決して人権意識の高い地域とはいえないラテンアメリカにおいても、固有の条件の中で取り得る手段を講じて、権利保障への道のりを歩んできた国があることを示した。日本における研究対象の偏りをいくらか是正し、非西欧社会へのアプローチや比較研究の一つのあり方を提示できたのではないかと考える。

【引用文献】
〈外国語文献〉
Pérez Guadalupe, José Luis y Sebastian Grundberger eds. 2018. *Evangélicos y poder en América Latina*. Lima: Konrad-Adenauer-Stiftung, Instituto de Estudios Social Cristianos. https://www.kas.de

索　引

【A ～ Z】

CHA　⇒　アルゼンチン同性愛コミュニティ

FSLN　⇒　サンディニスタ民族解放戦線

HIV／HIV エイズ　*28, 37, 38, 41, 42, 69, 89, 90, 94, 106, 111, 121, 180, 194, 200, 204, 244, 267*

LGBTI コアグループ　*48, 269*

LGBT 運動　*16, 17, 26, 38, 41, 52, 58, 59, 72, 111, 112, 133, 136, 156, 162, 165, 167, 168, 173, 175, 177, 187, 188, 189, 196, 197, 198, 200, 201, 204, 212, 213, 215, 216, 219, 220, 222, 223, 224, 234, 245, 248, 258, 265, 266, 267, 274*

LGBT コミュニティ　*24, 27, 85, 133, 134, 135, 136, 137, 138, 139, 142, 148, 152, 162, 163, 167, 168, 170, 171, 174, 178, 184, 185, 200, 201, 206, 217*

LGBT 団体／LGBT 運動団体　*138, 140, 142, 143, 194, 198, 199, 200, 201, 214, 216, 217, 219, 223, 248*

LGBT フォビア（嫌悪）　*28, 31, 32, 54, 56, 266*

LGBT 理解増進法　*11, 226, 277*

MHOL（リマ同性愛者運動）　*132, 136, 137, 139*

PAC　⇒　市民行動党

PT　⇒　労働者党

SOGI　⇒　性的指向・性自認

【ア行】

アファーマティブ・アクション　*53, 204, 215, 217, 275, 276*

アベラルド・アラヤ多様性運動　*245, 247, 248, 249*

アライ　*213, 214, 215, 222, 226*

アルゼンチン同性愛コミュニティ（CHA）　*37, 39, 45, 64, 72, 73, 74*

アンパロ　*132, 209, 210, 211, 218, 221, 222, 224*

イエ・家族制度　*279*

違憲　*16, 21, 115, 132, 145, 146, 195, 209, 210, 211, 215, 221, 222, 226, 232, 236, 237, 239, 247, 248, 249, 278*

異性愛規範　*12, 24, 27, 277*

エイズ　*10, 28, 37, 38, 39, 40, 41, 42, 45, 64, 69, 73, 74, 80, 87, 106, 111, 121, 122, 132, 136, 137, 141, 152, 156, 164, 165, 166, 168, 170, 174, 187, 194, 197, 200, 201, 206, 220, 223, 232, 234, 237, 243, 244, 245, 267, 268*

エイズと戦う全国協会　*244*

エノエ・ウランガ（Enoe Uranga）　*194, 207*

エバンヘリコ／エヴァンジェリカル　*15, 17, 18, 19, 32, 52, 54, 55, 57, 205, 265, 266, 271, 272, 273, 274, 277*

索　引　281

オプス・デイ　　144, 145, 148, 151

【カ行】

学生運動　　199, 206

カサ・アニミ　　85, 86, 87, 88, 89, 90, 91

家族主義　　30, 31, 32, 56, 273

家族法　　22, 32, 160, 173, 232, 236, 238, 239, 242, 248

カトリシズム　　13, 68, 82, 273

カトリック　　15, 17, 18, 32, 47, 54, 55, 58, 67, 68, 76, 79, 81, 82, 83, 86, 87, 112, 114, 140, 142, 143,144, 145, 148, 164, 168, 169, 171, 183, 205, 207, 214, 216, 233, 234, 235, 236, 242, 243, 249, 250, 252, 253, 254, 255, 256, 257, 258, 265, 266, 271, 272, 273

カトリック教会　　17, 18, 19, 24, 28, 29, 32, 40, 43, 52, 53, 54, 66, 67, 68, 69, 79, 80, 81, 82, 83, 84, 86, 87, 88, 113, 133, 135, 141, 142, 144, 147, 149, 150, 151, 156, 165, 166, 168, 169, 170, 171, 172, 173, 176, 177, 178, 183, 184, 188, 197, 204, 205, 233, 234, 235, 236, 243, 244, 250, 251, 252, 253, 255, 256, 257, 266, 271, 272, 273, 274, 277

家父長制　　27, 98, 162, 163

カルロス・ハウレギ（Carlos Jáuregui）／ハウレギ　　37, 45, 72, 73, 74, 80

寛容性／寛容（不寛容）　　11, 13, 16, 17, 30, 55, 66, 108, 109, 112, 124, 126, 133, 135, 138, 139, 141, 142, 148, 152, 153, 163, 181, 184, 185, 202, 204, 205, 206, 214, 215, 279

教皇フランシスコ／ローマ教皇　　55, 64, 80, 83, 84, 86, 151, 204

拒否権プレーヤー　　18, 58, 135, 147, 148, 149, 151, 153

キリスト教基礎共同体　　163, 169

キリストの家　　86, 87, 90

キルチネル（Nestor Carlos Kirchner）　　52, 64, 69, 70, 76, 94, 95, 101

クリスティーナ（Cristina Fernández）　　52, 64, 70, 76, 81, 95, 101

軍事政権／軍政　　34, 35, 37, 39, 42, 43, 49, 64, 67, 68, 70, 72, 79, 81, 82, 106, 107, 108, 109, 122, 136, 137, 257, 267

経済危機　　37, 38, 69, 136, 137, 138, 201, 240, 267, 268

警察法規　　64, 66, 69, 73, 74, 77

ゲリラ　　34, 45, 46, 68, 133, 137, 138, 144, 145, 156, 164, 181, 266, 268

コアウイラ州　　194, 195, 196, 199, 202, 203, 212, 213, 214, 215, 216, 217, 220, 222, 223

国際研究センター　　176, 184, 185, 188

国連人権理事会　　10, 32, 48, 50, 269

国家最高司法裁判所（SCJN）　　195, 206, 209, 210, 211, 212, 215, 218, 221, 222, 223, 224, 226, 269

国家差別予防委員会／国家差別防止委員会（CONAPRED）　　44, 194, 207, 212, 216

国家人権委員会（CNDH）　　44, 194, 206, 211, 212, 218, 222, 223, 224

国教　　232, 233, 234, 235, 250, 253, 256

【サ行】

最高裁判所／最高裁　　10, 15, 16, 19, 20, 21, 22, 23, 32, 57, 77, 106, 114, 115, 120, 125, 188, 226, 265, 269, 278

債務危機　　39, 42, 108, 200, 206

左派政権　　52, 127, 265

左派政治家　　135, 148, 149, 152, 153, 156

差別禁止法／差別の予防および撤廃のための連邦法　　14, 21, 44, 65, 73, 80, 194, 207, 208, 225

参加型審議会　　116, 117

サンディニスタ　　34, 40, 160, 161, 162, 163, 164, 165, 166, 167, 168, 169, 170, 173, 174, 178, 187, 188, 268

サンディニスタ革新運動　　165, 166, 167, 177, 180, 183

サンディニスタ民族解放戦線（FSLN）　　160, 163, 164, 165, 166, 167, 169, 173, 178, 179, 180, 183, 187

ジェンダー・アイデンティティ　　23, 55, 73, 74, 75, 78, 79, 83, 84, 101, 102, 171, 173, 181, 276

ジェンダー・アイデンティティ法　　23, 24, 58, 64, 76, 77, 78, 79, 84, 91, 94, 101, 121, 175, 188

ジェンダー・イデオロギー　　55, 56, 143, 236, 273

ジェンダー規範　　24, 25, 26, 27, 30, 31, 112, 277

ジェンダー教育　　56, 83, 142

ジェンダーの多様性　　11, 33, 44, 133, 152, 274, 275, 276

シスジェンダー　　21, 25, 275, 276

シビル・ユニオン／同性シビル・ユニオン／シビル・ユニオン制度／シビル・ユニオン法　　13, 14, 25, 46, 47, 64, 74, 75, 76, 116, 132, 133, 134, 135, 136, 143, 146, 147, 149, 150, 151, 155, 156, 195, 202, 203, 208, 215, 223, 234, 235, 241, 246, 247, 266

シビル・ユニオン制度　⇒　シビル・ユニオン

シビル・ユニオン法　⇒　シビル・ユニオン

司法　　15, 16, 20, 22, 24, 50, 57, 77, 106, 112, 114, 115, 116, 127, 133, 146, 194, 195, 206, 207, 211, 222, 224, 225, 226, 233, 234,236, 240, 241, 242, 243, 257, 265, 266, 268, 269, 278

司法制度改革／司法制度の改革　　115, 194, 206, 214, 225

市民行動党（PAC）　　53, 232, 238, 240, 241, 242, 243

社会保険　　208, 209

宗教教育　　67, 234, 235, 236, 253, 256

自由主義者　　250, 252, 253, 255

首都圏　　58, 135, 140, 149, 153, 156, 266

ジョグジャカルタ原則　　10, 48, 50, 269

女性・ジェンダー・多様性省　　64, 78, 91, 275

ショチケツァル財団　　174, 177, 179, 180, 181

新型コロナ　　94, 96, 134, 153, 245

人権改革／人権制度の改革　　206, 225

人工妊娠中絶　　18, 19, 64, 95, 113, 114,

150, 152, 156, 160, 166, 169, 170, 171,
178, 181, 183, 215, 271, 272, 273, 274

人民エイズ教育集団（CEP-SIDEA）　40,
165, 174

ストーンウォール暴動／ストーンウォー
ルの反乱　10, 33, 34, 35, 36, 71, 73,
121, 198

スラム司祭　86

スローガン　36, 56, 82, 98, 121, 122, 123,
124, 125, 126, 140, 142, 275

性教育／包括的性教育（ESI）　45, 56,
64, 75, 98, 234, 236

性的嗜好／嗜好　21, 44, 194, 207, 208,
210

性的指向　11, 21, 25, 43, 44, 47, 51, 64,
69, 70, 73, 74, 75, 83, 84, 140, 141, 156,
163, 171, 172, 173, 197, 202, 204, 207,
208, 226, 232, 237, 238, 244, 277

性的指向・性自認／SOGI　10, 11, 12,
20, 21, 24, 25, 31, 43, 47, 48, 49, 50, 57,
65, 98, 164, 268, 269, 270, 271, 274, 275

性的多様性／性の多様性　54, 58, 75, 92,
96, 97, 107, 112, 113, 119, 160, 167, 171,
173, 174, 175, 176, 180, 184, 187, 274,
275, 276

性的多様性オンブズマン　160, 173, 175,
176, 275

性同一性障害／性同一性障害特例法
16, 226

性とジェンダーの多様性／セクシュアリ
ティ・ジェンダー（の多様性）　11,
12, 13, 25, 26, 30, 33, 44, 46, 55, 57, 274,
275, 276

性別適合手術　15, 24, 25, 26, 77, 101,
106, 115, 208, 273, 278

性別変更／性別・名前の変更　10, 14,
15, 16, 20, 23, 24, 77, 78, 84, 195, 208,
226, 233, 237, 239, 240, 278

聖母ロス・アンヘレス　242, 254, 255

生命と家族のための市民の観測所　246

全国ユニット青と白（UNAB）　160, 167,
168, 177, 186

ソドミー法／ソドミー　12, 22, 29, 34,
46, 64, 66, 133, 160, 162, 165, 166, 167,
168, 169, 170, 171, 173, 174, 175, 177,
178, 179, 180, 182, 187, 188, 197, 232,
237

【タ行】

体外受精　242

ダニエル・オルテガ（Daniel Ortega）／
オルテガ　35, 46, 55, 160, 161, 162,
167, 168, 169, 170, 171, 173, 176, 177,
178, 182, 183, 185, 188, 266, 268

タマウリパス州　195, 196, 212, 213, 219,
220, 221, 222, 223, 224

多様性　11, 24, 32, 33, 36, 38, 55, 75, 87,
91, 96, 97, 98, 109, 113, 121, 122, 123,
124, 125, 126, 217, 226, 236, 245, 275,
276, 277

男女二元論　12, 24, 273

地域間格差　147, 153, 154

中米人権研究および促進センター（CIPAC）
245

出会いの場　160, 174, 175, 179, 180, 181,
186

同居社会法　　47, 194, 203, 208

同性愛解放戦線（FLH）　　64, 71, 72／同
　　性愛者解放戦線　　35, 37, 194, 198

同性愛嫌悪　⇒　ホモフォビア

同性婚　　10, 11, 13, 14, 15, 16, 18, 19, 20,
　　22, 32, 34, 38, 46, 47, 51, 52, 53, 55, 58,
　　64, 65, 75, 76, 80, 81, 83, 84, 101, 102,
　　106, 107, 109, 113, 114, 115, 116, 120,
　　124, 125, 132, 133, 134, 136, 140, 143,
　　145, 146, 147, 152, 156, 167, 173, 184,
　　188, 194, 195, 196, 203, 204, 207, 208,
　　209, 210, 211, 212, 213, 214, 215, 216,
　　217, 218, 219, 220, 221, 222, 223, 224,
　　225, 226, 232, 233, 234, 235, 236, 237,
　　238, 239, 241, 242, 243, 246, 247, 248,
　　249, 250, 255, 257, 265, 266, 269, 271,
　　273, 278

同性シビル・ユニオン　⇒　シビル・ユニ
　　オン

同性パートナーシップ制度　⇒　パート
　　ナーシップ制度

登録パートナーシップ制度　⇒　パート
　　ナーシップ制度

ドラ・テジェス（Dora Téllez）　　164, 165,
　　180, 186

トラベスティ／トラベスティサイド
　　85, 121, 123

トランス公職クオータ制度　　64, 78, 93,
　　95, 99, 102

トランスジェンダー　　11, 14, 25, 26, 29,
　　46, 58, 65, 76, 77, 78, 79, 84, 85, 86, 88,
　　91, 92, 93, 98, 100, 101, 102, 111, 115,
　　126, 127, 136, 172, 174, 175, 176, 181,

　　217, 232, 233, 237, 239, 244, 266, 276

トランスベスタイト／トランスヴェスタ
　　イト／異性装　　25, 26, 44, 74, 76, 77,
　　78, 79, 80, 85, 92, 137, 138, 152, 181, 217

【ナ行】

ナショナル・アイデンティティ　　58,
　　234, 236, 249, 250, 253, 254, 255, 257

ナンシー・カルデナス（Nancy Cárdenas）
　　／ナンシー・カルデナス協会　　194,
　　199, 215, 216, 223

南米南部共同市場（MERCOSUR）　　51,
　　268

日本　　11, 13, 14, 15, 16, 24, 32, 36, 48, 49,
　　57, 98, 116, 119, 121, 127, 196, 224, 225,
　　226, 233, 258, 274, 276, 277, 278, 279

ヌエボ・レオン州　　194, 195, 196, 211,
　　212, 213, 216, 217, 218, 219, 221, 222,
　　223, 224

農村／農村部／農村地域　　14, 58, 134,
　　135, 138, 149, 152, 153, 154, 155, 182,
　　266, 268

ノンバイナリー　　17, 23, 25, 26, 46, 64,
　　79, 240

【ハ行】

パートナーシップ制度／パートナーシップ
　　10, 13, 22, 24, 38, 42, 46, 121, 134, 225

排他性　　108, 124, 126

バチカン　　10, 55, 56, 83, 169, 171, 204,
　　214, 273

パトリア・ヒメネス（Patria Jiménez）
　　194, 207

犯罪／性（的）犯罪　　*12, 13, 20, 21, 22,*
24, 29, 30, 31, 43, 66, 85, 106, 114, 121,
124, 125, 126, 166, 171, 201, 237, 267,
278

表現したい性／ジェンダー表現　　*21, 25,*
26, 29

平等の権利のための戦線（FDI）　　*248*

フアン・ドミンゴ・ペロン（Juan Domingo
Perón）　　*67*

フェミニズム／フェミニスト　　*17, 24,*
132, 136, 162, 164, 166, 170, 173, 176,
177, 178, 179, 181, 182, 183, 186, 187,
188, 199, 200, 201, 206, 207, 266, 274

フェミニズム組織／フェミニスト組織
17, 19, 160, 166, 170, 171, 173, 174, 175,
176, 177, 178, 179, 180, 182, 183, 187,
188

福音派／プロテスタント福音派　　*17, 32,*
52, 54, 112, 113, 114, 124, 126, 133, 135,
138, 141, 142, 143, 145, 147, 148, 149,
150, 151, 156, 166, 168, 170, 171, 204,
205, 234, 235, 236, 242, 243, 255, 258,
266, 267, 271, 272

プライド・パレード　　*10, 14, 27, 34, 36,*
37, 38, 58, 64, 73, 75, 106, 107, 111, 119,
120, 121, 122, 123, 124, 125, 126, 127,
132, 134, 138, 139, 142, 147, 148, 167,
175, 177, 184, 185, 194, 199, 200, 215,
217, 219, 220, 222, 223, 224, 232, 243,
245, 246, 250, 258, 275

プロテスタント　　*17, 18, 38, 52, 55, 81,*
82, 107, 114, 143, 144, 204, 216, 234,
235, 271, 272

プロテスタント福音派　⇒　福音派

文化・伝統　　*13, 279*

米州機構（OAS）　　*10, 49, 50, 145, 160,*
270

米州人権裁判所　　*10, 20, 49, 50, 51, 58,*
145, 232, 233, 238, 239, 241, 242, 248,
257, 269, 270, 271

米州人権条約　　*10, 49, 50, 51, 232, 238,*
241, 248, 270, 271

ヘイトクライム法　　*233, 238, 243*

ヘイト国民投票　　*232, 234, 247*

ヘテロセクシュアル　　*21, 173, 237, 275,*
276

偏見から自由なセクシュアリティ　　*160,*
177, 180, 181, 184, 185, 187

ペンテコステ／ペンテコステ派　　*17, 81,*
82

包括的性教育（ESI）　⇒　性教育

暴力の時代　　*133, 138*

北米自由貿易協定（NAFTA, TLCAN）
44, 206, 214, 268

保守性　　*126, 216, 222, 223*

保守勢力　　*135, 144, 147, 149, 152, 168*

ホモセクシュアル　　*33, 35, 36, 161, 165,*
179, 244

ホモファイル運動　　*33, 198*

ホモフォビア／同性愛嫌悪　　*21, 45, 54,*
72, 106, 112, 121, 122, 126, 132, 138,
140, 162, 163, 166, 181, 186, 195, 197,
215, 220, 232, 241

【マ行】

マチスモ　　*13, 30, 31, 56, 71, 75, 91, 92,*

96, 98, 112, 163, 179, 189, 197, 273

麻薬　　72, 90, 138, 146, 219

麻薬予防撲滅計画庁　　90

マリアニスモ　　30, 31, 112

民主化　　14, 36, 37, 38, 42, 43, 45, 52, 106, 109, 126, 214, 257, 267, 268, 277

民事連帯契約（メキシコ・コアウイラ州）194, 203, 215, 223

民政移管　　39, 43, 45, 64, 68, 72, 73, 82, 101, 107, 108, 109, 110, 115, 124, 133, 137, 138, 156, 267, 268

民法改正　　22, 194, 195, 196, 207, 208, 211, 215, 218, 221, 222, 223, 224, 226

メキシコ合衆国憲法／合衆国憲法　　194, 196, 206, 207, 208, 209, 210, 211, 224, 225

メキシコシティ　　19, 27, 34, 36, 47, 194, 196, 197, 198, 201, 202, 203, 204, 205, 206, 207, 208, 209, 212, 215, 225, 274

メトロポリタン・コミュニティ・チャーチ（MCC, ICM）／メトロポリタン教会 52, 73, 170, 171, 194, 205, 217

モチャ・セリス学校　　86, 98, 99, 100, 101

モレノ市ダイバーシティ課　　85, 86, 91, 92, 93, 96

【ヤ行】

養子縁組　　16, 20, 22, 24, 32, 56, 65, 202

【ラ行】

連邦主義／連邦制　　20, 58, 196, 209, 223, 224, 226, 266

ロアナ・バーキンス（Lohana Berkins）77, 79, 90

労働者党（PT）　　48, 52, 54, 106, 108, 109, 110, 112, 117, 120, 124, 126, 149

ローマ教皇　⇒　教皇フランシスコ

ロサリオ・ムリージョ（Rosario Murillo）／ムリージョ　　160, 164, 169, 176, 184, 185, 188

【ワ行】

我らの世界　　35, 64, 70, 73

■編著者紹介（［　］内は担当章）
畑　惠子（はた　けいこ）［序章、終章］
早稲田大学 名誉教授
専門：ラテンアメリカ地域研究、メキシコ社会政策
主要業績：『ラテンアメリカ　地球規模課題の実践』(浦部浩之との共編著、新評論、2021年)、「性的マイノリティと人権──国際社会、日本、ラテンアメリカ」（大曾根寛他編『福祉社会へのアプローチ　下』成文堂、2019年）、「メキシコの貧困削減政策『プログレサーオポルトゥニダデス』と母性主義」（小林冨久子他編『ジェンダー研究／教育の深化のために』彩流社、2016年）など

■執筆者紹介（執筆順）
渡部　奈々（わたべ　なな）［1章］
獨協大学 非常勤講師
専門：宗教社会学、アルゼンチン研究
博士（学術）早稲田大学
主要業績：「現代アルゼンチンにおけるカトリック教会と国民宗教意識」（伊達聖伸・渡辺優編『西洋における宗教と世俗の変容──カトリック的伝統の再構成』〔西洋における宗教と世俗の変容1〕勁草書房、2024年）、「貧しい人々のための優先的選択──社会問題に取り組むアルゼンチンのカトリック教会」（畑惠子・浦部浩之編『ラテンアメリカ　地球規模課題の実践』新評論、2021年）、『アルゼンチンカトリック教会の変容──国家宗教から公共宗教へ』（成文堂、2017年）など

近田　亮平（こんた　りょうへい）［2章］
JETRO アジア経済研究所・ラテンアメリカ研究グループ長
専門：ブラジル地域研究、都市社会学、社会政策
博士（学術）東京外国語大学
主要業績：「ブラジルの性的マイノリティをめぐる権利保障」（『ラテンアメリカ・レポート』38(2)、2022年）、*The Housing Movement and the Urban Poor in São Paulo: Agency, Structure, and Institutionalization.* Maryland: Lexington Books, 2019、『躍動するブラジル──新しい変容と挑戦』（日本貿易振興機構アジア経済研究所、2013年）など

磯田　沙織（いそだ　さおり）［3章］
神田外語大学外国語学部 准教授
専門：比較政治学、南米政治
博士（政治学）筑波大学
主要業績：Isoda, Saori and Isamu Okada. "Carrera política multinivel de las autoridades peruanas bajo la prohibición de la reelección inmediata" *Revista Elecciones*, 23(27). 2024.「中途半端な地方分権化」（村上勇介編『現代ペルーの政治危機：揺れる民主主義と構造問題』国際書院、2024年）、「ペルーにおける政治的混乱」（『ラテンアメリカ・レポート』40(1)、2023年）など

松久　玲子（まつひさ　れいこ）[4章]
同志社大学 名誉教授
専門：ジェンダー論、ラテンアメリカ地域研究
博士（学術）東京外国語大学
主要業績：『国境を越えるラテンアメリカの女性たち』（編著、晃洋書房、2019年）、「ニカラグアにおける性的マイノリティの権利擁護運動——サンディニスタ革命から現代まで」（『社会科学』50(4)、2021年）、「メキシコにおける家事労働者の労働と人権をめぐる権利保障」（宇佐見耕編『ラテンアメリカと国際人権レジーム』晃洋書房、2024年）など

上村　淳志（うえむら　あつし）[5章]
高崎経済大学経済学部 非常勤講師
専門：文化人類学、ジェンダー・セクシュアリティ論、メキシコ地域研究
修士（社会学）一橋大学
主要業績：「メキシコの同性婚認可における最高司法裁判所の存在感——人権意識の進展、司法制度改革、2013年アンパロ法の施行」（『イベロアメリカ研究』45、2024年）、「現代メキシコにおける性文化の混淆実態——政治的状況によって異なる同性愛言説の共存形態」（『地域政策研究』〔高崎経済大学地域政策学部〕22(4)、2020年）、マイケル・タウシグ『美女と野獣』（上村淳志・田口陽子・浜田明範訳、水声社、2021年）など

尾尻　希和（おじり　きわ）[6章]
東京女子大学現代教養学部 教授
専門：比較政治学、中米・カリブ政治
博士（国際関係論）上智大学
主要業績：「コスタリカ2022年国政選挙とロドリゴ・チャベス政権」（『ラテンアメリカ・レポート』39(2)、2023年）、「米州人権システムとコスタリカにおける同性婚合法化プロセス」（『イベロアメリカ研究』43(1)、2022年）、"In Search of a National Consensus: Explaining Political Deadlock of Haiti in Theoretical Perspective"（『ラテンアメリカ研究年報』37、2017年）など

ラテンアメリカの LGBT
——権利保障に関する 6 か国の比較研究

2024年12月20日　初　版第1刷発行

編著者	畑　　惠　子
発行者	大　江　道　雅
発行所	株式会社　明石書店

〒101-0021 東京都千代田区外神田 6-9-5
電話　03（5818）1171
FAX　03（5818）1174
振替　00100-7-24505
https://www.akashi.co.jp

組版	明石書店デザイン室
印刷	株式会社文化カラー印刷
製本	本間製本株式会社

（定価はカバーに表示してあります）
ISBN978-4-7503-5860-4

JCOPY 〈出版者著作権管理機構　委託出版物〉
本書の無断複製は著作権法上での例外を除き禁じられています。複製される場合
は、そのつど事前に、出版者著作権管理機構（電話 03-5244-5088、FAX 03-5244-
5089、e-mail: info@jcopy.or.jp）の許諾を得てください。

OECDレインボー白書
LGBTインクルージョンへの道のり
経済協力開発機構（OECD）編著　濱田久美子訳
◎5400円

ピンクとブルーに分けない育児
ジェンダー・クリエイティブな子育ての記録
カイル・マイヤーズ著　上田勢子訳
◎2200円

ジェンダーで読み解く北海道社会
大地から未来を切り拓く女性たち
北海道ジェンダー研究会編
◎3200円

ウイスキー・ウーマン
バーボン、スコッチ、アイリッシュ・ウイスキーと女性たちの知られざる歴史
フレッド・ミニック著　浜本隆三、藤原崇訳
◎2700円

ジェット・セックス
スチュワーデスの歴史とアメリカ的「女性らしさ」の形成
ヴィクトリア・ヴァントック著　浜本隆三、藤原崇訳
◎3200円

兵士とセックス
第二次世界大戦下のフランスで米兵は何をしたのか？
メアリー・ルイーズ・ロバーツ著　佐藤文香監訳　西川美樹訳
◎3200円

「戦争体験」とジェンダー
アメリカ在郷軍人会の第二次世界大戦戦場巡礼を読み解く
望戸愛果著
◎4000円

難民とセクシュアリティ
アメリカにおける性的マイノリティの包摂と排除
工藤晴子著
◎3200円

崖の上の家
父なるものの凋落と復活
水田宗子著
◎2700円

女性の世界地図
女たちの経験・現在地・これから
ジョニー・シーガー著　中澤高志、大城直樹、荒又美陽、中川秀一、三浦尚子訳
◎3200円

家族・地域のなかの女性と労働
共稼ぎ労働文化のもとで
木本喜美子編著
◎3800円

同意　女性解放の思想の系譜をたどって
ジュヌヴィエーヴ・フレス著　石田久仁子訳
◎2000円

同性婚 だれもが自由に結婚する権利
同性婚人権救済弁護団編
◎2000円

見えない性的指向 アセクシュアルのすべて
誰にも性的魅力を感じない私たちについて
ジュリー・ソンドラ・デッカー著　上田勢子訳
◎2300円

同性愛と同性婚の政治学
ノーマルの虚像
アンドリュー・サリヴァン著　本山哲人、脇田玲子、加藤健太訳　板津木綿子監訳
◎3000円

フランスの同性婚と親子関係
ジェンダー平等と結婚・家族の変容
イレーヌ・テリー著　石田久仁子、井上たか子訳
◎2500円

〈価格は本体価格です〉

ジェンダーと政治理論 インターセクショナルなフェミニズムの地平
メアリー・ホークスワース著
新井美佐子、左髙慎也、島袋海理、見崎恵子訳
◎3200円

ジェンダーについて大学生が真剣に考えてみた あなたがあなたらしくいられるための29問
佐藤文香監修　一橋大学社会学部佐藤文香ゼミ三生一同著
◎1500円

ジェンダード・イノベーションの可能性
小川眞里子、鶴田想人、弓削尚子編著
◎2700円

ジェンダーに基づく暴力の連鎖を断ち切る 被害者/サバイバー中心ガバナンスによる包括的アプローチ
経済協力開発機構(OECD)編著　濱田久美子訳
◎3800円

ジェンダー研究が拓く知の地平
東海ジェンダー研究所記念論集編集委員会編
◎4000円

日常生活に埋め込まれたマイクロアグレッション 人種、ジェンダー、性的指向:マイノリティに向けられる無意識の差別
デラルド・ウィン・スー著　マイクロアグレッション研究会訳
◎3500円

フェミニスト男子の育て方 ジェンダー、同意、共感について伝えよう
ボビー・ウェグナー著　上田勢子訳
◎2000円

ホワイト・フェミニズムを解体する
カイラ・シュラー著　飯野由里子監訳　川副智子訳
◎3000円

トランスジェンダーと現代社会 多様化する性とあいまいな自己像をもつ人たちの生活世界
石井由香理著
◎3500円

トランスジェンダー問題 議論は正義のために
ショーン・フェイ著
高井ゆと里訳　清水晶子解説
◎2000円

マチズモの人類史 家父長制から「新しい男性」へ
イヴァン・ジャブロンカ著　村上良太訳
◎4300円

男性的なもの/女性的なものI　差異の思考
フランソワーズ・エリチエ著
井上たか子、石田久仁子訳
◎5500円

男性的なもの/女性的なものII　序列を解体する
フランソワーズ・エリチエ著　井上たか子、石田久仁子訳
◎5500円

ノンバイナリーがわかる本 heでもsheでもない、theyたちのこと
エリス・ヤング著　上田勢子訳
◎2400円

ノンバイナリー 30人が語るジェンダーとアイデンティティ
マイカ・ラジャノフ、スコット・ドウェイン編
山本晶子訳
◎3000円

第三の性「X」への道 男でも女でもない、ノンバイナリーとして生きる
ジェマ・ヒッキー著　上田勢子訳
◎2300円

〈価格は本体価格です〉

東南アジアと「LGBT」の政治
性的少数者をめぐって何が争われているのか
日下渉・青山薫、伊賀司、田村慶子編著
◎5400円

LGBTQの子どもへの学校ソーシャルワーク
エンパワメント視点からの実践モデル
寺田千栄子著
◎3300円

LGBTQってなに?
セクシュアル・マイノリティのためのハンドブック
ケリー・ヒューゲル著　上田勢子訳
◎2000円

人種・ジェンダーからみるアメリカ史
丘の上の超大国の500年
宮津多美子著
◎2500円

同性愛をめぐる歴史と法
尊厳としてのセクシュアリティ
世界人権問題叢書[94]　三成美保著
◎4000円

公正と包摂をめざす教育
OECD「多様性の持つ強み」プロジェクト報告書
経済協力開発機構(OECD)編著　佐藤仁、伊藤亜希子監訳
◎5400円

社会とつながる探究学習
生徒とともに考える22のテーマ
全国民主主義教育研究会編
◎2000円

生きづらさの民俗学
日常の中の差別・排除を捉える
及川祥平、川松あかり、辻本侑生編著
◎2800円

躍動するゲイ・ムーブメント
歴史を語るトリックスターたち
石田仁編著　斉藤巧弥、鹿野由行、三橋順子著
◎2500円

政治分野におけるジェンダー平等の推進
フランスと日本の女性議員の実情と意識
冨士谷あつ子、新川達郎編著
◎3500円

フランスに学ぶジェンダー平等と日本のこれから
パリテ法制定20周年をこえて
冨士谷あつ子、新川達郎編著
◎2800円

「国際セクシュアリティ教育ガイダンス」活用ガイド
包括的性教育を教育・福祉・医療・保健の現場で実践するために
浅井春夫、谷村久美子、村末勇介、渡邉安衣子編著
◎2600円

埋没した世界
トランスジェンダーふたりの往復書簡
五月あかり、周司あきら著
◎2000円

バイアス習慣を断つためのワークショップ
ジェンダー公正を進める職場づくり
ウィスコンシン大学マディソン校WISELI編
◎2500円

いちばんやさしいアロマンティックやアセクシュアルのこと
三宅大二郎、今徳はる香、神林麻衣、中村健著
◎1600円

フェミニズムズ　グローバル・ヒストリー
ルーシー・デラップ著　幾島幸子訳
井野瀬久美惠解題　田中雅子翻訳協力
◎3500円

〈価格は本体価格です〉